# 良心

## 刘继祥诗文选

刘继祥 著

哈尔滨工程大学出版社

**图书在版编目(CIP)数据**

良心:刘继祥诗文选/刘继祥著. —哈尔滨:哈尔滨工程大学出版社,2017.5

ISBN 978-7-5661-1514-0

Ⅰ.①良… Ⅱ.①刘… Ⅲ.①诗集-中国-当代②散文集-中国-当代 Ⅳ.①I217.2

中国版本图书馆 CIP 数据核字(2017)第 096658 号

**责任编辑** 张忠远 马毓聪

**封面设计** Amber Design 琥珀视觉

---

**出版发行** 哈尔滨工程大学出版社

**社　　址** 哈尔滨市南岗区东大直街 124 号

**邮政编码** 150001

**发行电话** 0451-82519328

**传　　真** 0451-82519699

**经　　销** 新华书店

**印　　刷** 哈尔滨市石桥印务有限公司

**开　　本** 787 mm×1092 mm　1/16

**印　　张** 25

**字　　数** 360 千字

**版　　次** 2017 年 5 月第 1 版

**印　　次** 2017 年 5 月第 1 次印刷

**定　　价** 45.00 元

http://www.hrbeupress.com

E-mail:heupress@hrbeu.edu.cn

---

# 序

## 写心　修心　良心

——我看刘继祥

易存德

（一）对继祥的这种铁一样的坚持，我理解得远远不够

“我们往往是这样的，越放纵越空虚。在一个人的时候，我总是把脸朝向天空，我以为我会看到更多的事物。然而这样做是徒劳的，我只看到了游鱼、黯淡的星辰和纷繁的昨天。”（《刘继祥长篇小说选·情感游戏》）这是一部以感伤为主题的小说，但在他的笔下变得既不像郁达夫式的极端的主观、抒情与淋漓尽致的宣泄，也不似唐诗宋词意境中的缠绵悱恻、婉约凄楚，在这里，一切纯主观的情感都被契诃夫式的冷静客观化了，足以见得继祥的创作走向了一个新的模式。

由此我想，我对继祥创作的了解，除了表面的认知，对他的内心世界和心路历程了解得还是太少，特别是当继祥把他创作的 80 多万字的《刘继祥长篇小说选》和《良心——刘继祥诗文选》《山远人远——刘继祥纪实文学选》《蕙兰——刘继祥小说选》的书稿摆在我面前，我细细品读了一些篇章后，心里不禁为之一振。文字、细节揭示人物性格，描写得非常厚实、生动而又别具风采，总是给人以启发、思考及遐想。“当绿色原野上/有蝴蝶翩翩/如儿时的你/当沉沉黑夜/静静躺在河边/梦

幻般流连/我寻觅好久的小路呵/黎明的田间/有人从明媚的/春光前走过。"（《良心——刘继祥诗文选》）再如："此时，空寂的山里，孤零零地留下洪国一个人。太阳爬上了山头，正照耀着洪国所处的那狭小而独立的天地。他先是脱掉了裤子，然后又脱掉了短裤，使自然的洪国和精神的洪国裸露在阳光之下，诉说着一种原始的美和纯朴的欢乐。"（《山远人远——刘继祥纪实文学选》）"分手的时候，肖寒非动了感情，他说他要等她回来，他想有个家，他的家不能没有马佳。马佳说，她会考虑。巨大的波音飞机，声音像雷鸣一样地拔地而起，向着无边无际的远方飞去，转眼之间，便消失得无影无踪，而在肖寒非的耳边还残留着飞机震耳的轰鸣声。"（刘继祥《心泣》）在政务缠身的日子里，能有这么丰硕的成果，该是何等的毅力和境界！据他的同志讲，他起得早，基本上是夏天三四点、冬季五六点就来到办公室，先写一会儿，再背诵一些诗文，然后研究他的工作。特别是当了城管局长后，天天这个点到单位。这让我想起他在部队时做事雷厉风行、言谈举止干净利落。他在千人大会上脱稿演讲的场景、他指挥处置突发事件时镇静有序的魄力以及别人对他的应对能力的赞赏使我更觉得继祥是个值得研究的人物。他特别能起早，又特别能贪黑，几十年如一日地坚持，对这种执着，正如他的朋友所说："让人不佩服都不行。"我想，可不可以这样评价继祥：他是一个视事业如生命的工作狂、拓荒牛，领班子，带队伍，能干事，干成事，绝对忠诚可靠，有思路、有招数、有凝聚力、有感召力，能写能说的一个人。"既然我这么多年的努力、追求和执着/能让我心跳/让我激扬/让我成熟/让我坚定信念/让我战胜险阻/那么，我必须挺起一往无前的脊梁/扛起历史，肩住现实，顶向未来/因为，历史就是历史/规律就是规律/现实就是现实/希望就是希望/因为，我就是我。"（刘继祥《我就是我》）

继祥的体会是读书写作可以开阔视野、吐故纳新，把勤奋学习的成果转化为能力。他感到读书可以指导工作，让人懂得辩证法，掌握客观规律，增强工作的预见性和创造性。他深悟，读书可以修身养性，可以升华品格。正因如此，他能够坚持天天读一点、写一点，几十年来从未误过，已经成为一种习惯、乐趣，这是他的坚持。

继祥 1960 年 3 月生于黑龙江省拜泉县一个知识工人家庭。小学五年级时是红小兵团长，得以每周在全校师生面前朗诵课文，1972 年 6 月 1 日，在万人大会上代表全县青少年发表讲话，从此写作、朗诵一发而不可收。中学时是学生会主席，毕业后下乡插队时是青年队长。1978 年应征入伍，先后任武警基层部队指导员、教导员、处长、政委等职。转业后曾是市委办公厅的副处长，历任松北区党群工作部副部长、群团工作部部长、区直机关工委副书记、纪工委书记、区文明办主任、区总工会副主席、区文化旅游体育局局长、区城管局局长和城市管理和行政综合执法局局长等职。几十年来，不论是在深山老林的帐篷里，还是在灯火摇曳的旅途中，抑或是在窗明几净的办公室中，他总是夜以继日地用潜心耕耘来充实业余生活、丰富创作成果。翻开他的书稿，基本是干什么写什么。中学时写了《新绿向着太阳笑》《热烈的山东屯》，知青时写了《地主的女儿》，在黄金部队时写了《黄金魂》《山野人生》，转业后写了《上善若水》《心泣》《金泣》《水泣》《血泣》等，已先后有一千多万字作品问世，有的成为部队传统教育教材，有的成为开发建设、文化旅游特别是冰雪文化、城市管理的参考书。他从 10 岁起开始学写作、背诵诗文，至今从未间断过，一直在坚持，已成了一种习惯。他说，读书并写作，练就了敏锐的思维能力，对身心、对事业都有益处。“没有任何力量/可以撼动你的坚持/没有任何理由/可以让你忘却/信念的力量、奉献的光荣/也没有任何理由/可以让你忘却/这个城市，这里的每一天/都属于在里呼吸着的、行走着的/朴素的人民和亲人。”（刘继祥《城市的亲人》）

（二）继祥这种用心写心的境界体现在他写的书里，我挖掘得还不够深

如果说读书是一个人有没有求知心的标志，那么写作就是一个人有没有创造力和责任感的标志。读书是吸收，是继承；写作是创造，是超越。“当一个人读懂了世界，吸足了知识，并经过了实践的发展之后才可能写出属于他自己而又对世界有用的东西，这就叫贡献。”（梁衡《书与人的随想》）实际上，学习是他生活的第一需要。继祥中学时代就爱背诵诗词散文，就爱写。下乡后，在农村的茅屋土坑上，他不顾农活的苦累，或雨天，或夜晚，阅读了大量古今中外的名著，同文学结下不解之缘，在报刊上发表了散文《铲穷》、小说《栽富根》《地主的女儿》等，那时便已小有名气。“凌晨，霞光布满东方的天空，他就和社员来到东岗的地头，一铲一步地在垄沟间行进着，那秧苗下松散的黑土松软地在锄头下松动着。”用锄头和黑土说话，铲去的是僵硬，换取的是松软，极有象征性。“他在注视着她的眼睛，虽然平静如水，但隐隐发现似乎有淡淡的忧伤。他想去安抚她，但她的目光躲开了他。有一次她说：‘我会拖累你，我是地主的女儿。’但他很同情她。”（刘继祥《地主的女儿》）入伍之后，他又从连队的凡人小事写起，不断向报社、电台投稿，成为一名深受编辑和部队首长赏识的业余作者。天道酬勤，1979 年底，他被调到团政治处任报道员，从此，便一发而不可收，每个月都有数篇人物特写见诸杂志报端或广播电台。战士艰苦卓绝的吃苦精神和奉献精神为他提供了取之不尽、用之不竭的写作素材，责任心和使命感焕发了他旺盛的创作精神。他的写作水平不断提高，不久，他便先后被借调到《新青年》杂志和哈尔滨人民广播电台，成为一名见习记者。这时，他开始虚心地向记者、编辑学习采访，学习结构、立意、构思，学习布局谋篇、遣词造句。1982 年 9 月，他有幸到黑龙江大学中文系深造，开始系统地学习中外文学史、文学批评史、语言文学和文艺理论，不断强化生命资质中的文学含金量，这为他日后成为一名优秀

的军旅作家奠定了厚实而又坚实的理论基础。散文诗《兵》《向地下“银行”进军》和随笔《兵心不静》《一块纯金》等在《解放军报》发表，在战士中引起强烈反响。

1985 年 5 月，继祥被调到北京，在武警黄金部队指挥部组织处任职。1986 年，他给指挥部政委齐锐新写的调研报告《关于两个十万元户家庭的士兵在深山老林里淘金的调查》受到批示好评；为冶金部长、武警政委写的讲话均被采用，给冶金部长等机关干部演讲，感动了他们。在那里，他的视野更开阔了，接触的素材也更丰富多彩了。在短短的三年里，他的足迹在踏遍白山黑水之后，又遍及戈壁荒滩、巴山蜀水、云贵高原、湘江两岸和八百里秦川……他的一本本素材簿里，囊括了指挥部将军们的决心、信念以及 3 个总队、16 个支队中数百名指挥员、工程师和数千名普通战士的动人事迹。可以说，这一摞摞随他辗转的素材簿和剪辑册不啻为一条条品位极高的金矿脉，经作者以火热激情熔化后，终将成为一锭锭价值连城的文学金元宝。继祥 1988 年 3 月任连队指导员，曾先后在人烟稀少的大小兴安岭高寒地区勘察金矿，在那里，他们住帐篷、点油灯，爬冰卧雪、风餐露宿，经受着当年抗联战士们“火烤胸前暖，风吹背后寒”的艰苦磨炼。“风雨之夜的原始森林里，这顶帐篷被风雨包围着。脸色铁青的李连长躺在木杆支起的床上默默无语。他担心自己会因心脏病而起不来。卫生队长说必须下山到医院去，否则会出意外。然而，谈何容易，这里离医院一百多里，全是山路，要靠步行。指导员说担架已做好了，出 15 个人轮班抬，要保住他的命。指导员抱起连长放在担架上，15 个人顶着大雨向山外跋涉。”（刘继祥《黄金魂》）就是在这样的环境里，他仍然握着那支冻不僵的笔秉烛疾书，记下了黄金战士的动人业绩、互助故事和不懈追求，记下了黄金战士为当地居民扶贫济困、排忧解难的鱼水深情，记下了自己作为一名基层连队党务工作者的生命轨迹和情感历程……

继祥创作力的爆发期始于 1990 年。这一年 12 月，他奉命调任武警黄金总队教导队教导员，在花园式的总队机关大院的后楼之上，他独处一室，利用所有的业余时间和节假日，开始了系统的、有计划的创作。他的第一本书《黄金般的史诗》于1991年出版。一位将军在序言中指出："这是迄今为止第一部系统反映武警黄金部队为祖国的黄金事业艰苦奋斗、无私奉献的动人事迹的报告文学集。它的价值在于集首长、科技人员和武警战士于一体，融思想性、知识性、文学性和资料性为一体，是人民子弟兵中一个特殊兵种的光荣榜，是地质勘探队伍中一支劲旅的丰功碑。"继祥写道："我来自大地，山举着我，山是信念；我贴着山，和山同样坚强。""森林中有一种可怕的声响，像海的浪涛、人的呼喊、兽的嚎叫。战士们羡慕这冰天雪地以及简陋的生活方式。"（刘继祥《黄金般的史诗》）这一年年底，他的散文集《托着灿烂的梦》出版，这是作者在人生旅途中顺手采撷的一朵朵姹紫嫣红的鲜花，一枚枚芳香四溢的红果。"他手扶起的那东西，诉说着一种原始的美和纯朴的欢乐要求，像一支远古流传至今的魅力永存的牧歌。""浩大无边的荒原无边的沉默、无边的胸襟、无边的永恒无边地将他们笼罩着，一个声音、一个呼号，那是天籁地籁，是大山大川之籁。诉说着远古的峥嵘，书写着存在的艰辛。"（刘继祥《托着灿烂的梦》）

（三）对继祥这种军人的风骨，我和局外人一样难以测量

1992年，继祥任武警黄金部队一总队干部处处长。在这个异常敏感的岗位上，他除了显示出了超群脱俗的文字表达能力和口头表达能力之外，更主要的是显示出了独具高格的协调、平衡能力。他对干部考核认真，思维缜密，办事公平、公正。这期间，他写了数百篇随笔，叩问社会、权力、人生等课题。他协调、应酬之余，仍然坚持早晨提前两小时上班，边读书边写作。"只有这样做事才有修养，为人才有境界。这是不出现大的闪失的根源。"（刘继祥《著书的苦乐》）1996年，继祥调任总队医院政委。这一年，他用积累了十余年的素材，潜心撰写并出版了堪称"中国人民武警黄金部队成长纪实"的力作《黄金魂》。全书

5 章53 节，共23 万字，全景式又条分缕析地记述了黄金部队从无到有、从小到大的战斗历程和辉煌业绩。这部书的出版，是作者进入创作成熟期、收获期的突出标志。作为继祥的忘年交笔友，每每翻开这部长卷，我们都会情不自禁地联想到三十年前他肩上挎着黄书包奔波于深山老林间，想起那无数个潜心笔耕的通宵达旦的夜晚。夜，静悄悄地睡熟了；山岭，睡熟了；城市，睡熟了。然而，继祥的心，却醒着；笔，却醒着；文章，却醒着……“第二天上午，砂钻就开动了。吊锤的巨大撞击声在河谷上空回荡。这片大地上，除了雷霆还从未有过这么巨大的声响，连山峦树木都肃然起敬，甚至瑟瑟发抖。”“大兴安岭富有神秘的柔和的曲线，美得令人神往，也令人发颤。”（刘继祥《黄金魂》）

1997 年3 月，继祥当之无愧地先后加入了哈尔滨市作家协会、省作家协会、中国作家协会。转年，他又出版了一部关于婚恋、家庭的随感录《实话实说》。它记录了作者关于人生、关于男女和关于道德等诸多心理层面的真知灼见。那些俯拾皆是的格言警句不仅表明作者妙笔生花的娴熟，更表明他的知识结构已从军旅生活逐步向社会普遍关注的热点问题拓展，他的思绪已从文学层面跃上了美学层面和哲学层面的崭新高度。“你是站在婚姻的山峰上仰望爱情呢，还是站在爱情的山峰上仰望婚姻？为此，你是若有所得呢，还是若有所失？”“没有声响，没有色彩，没有浪花。难道生活就是平静和谐的吗？”（刘继祥《关于婚恋家庭的随想》）与《实话实说》同时出版的是一部长篇小说《山野人生》。在这部书中，作者以当代社会广阔的生活画面为背景，活灵活现地塑造出了武警黄金部队一批指战员的生动形象。这幅形象长卷无疑是对《黄金般的史诗》和《黄金魂》里展示的众多形象的有力补充和自然升华，是作者对自己心灵中所追求的理想人物和理想境界的展示，是作者对自己所从事的文学创作的一次阶段性的自觉总结。“如果没有荒原、没有高寒、没有险、没有苦甚至没有死，便没有这支黄金部队。”“孤零零的一顶破帐篷默默地扎在这密不透风的山谷里，像是一个灰色的庞然大物。”“城里人把他们当山里人，山里人把他们当城里人。”“他看着前面的三人，个个浑圆的屁股，腿部移动的起伏和那立体分明的身材骨架，真是一种原始的美，原始的快乐。”（刘继祥《山野人生》）同时，他的又一部歌颂武警部队的长篇纪实报告文学《忠诚》也出版发行。这是一部追溯武警部队战斗历程、歌颂武警光荣传统的好书，是一部描绘武警部队群英形象和战斗业绩的英雄谱，竖起了一座武警部队所向披靡、阔步前进的里程碑。这里有出神入化的精雕细刻，情景交融、形象兼备的描写和条分缕析、令人心悦诚服的理性思考。这说明，作者的笔永远是醒着的，心同样永远是醒着的……

1997 年 12 月，刘继祥调任武警哈尔滨指挥学校副政委。在此期间，他除了创作了歌词《太阳·国旗·哨位》《学员之歌》、报告文学《橄榄绿防线》《忠诚铸丰碑》、散文《黄金遥远》、随笔《在学海涵育中培基远行》《在自省慎独中升华境界》《在投身实践中冶炼淬火》以及学术论文《浅论新诗潮的诗美流向》之外，还于 2000 年出版了反映武警部队基层官兵生活的长篇小说《守望灵魂》，56 节计 18 万字，涉及人性的真、善、美，并深刻地指出，作为军人必须以忠诚为本、安宁为宗，心系祖国和人民，军人不仅是改革开放的守望者，更是灵魂的守望者。2001 年 2 月，继祥出版了三部人生随想录《叩问灵魂》《叩问爱情》《叩问诗人》，这同样是三部文章体载形式不同而直指人的灵魂的力作，再次说明了作者不仅精于美学层面和哲学层面的思索，更进一步开始了对人性、人本的思索。三部随笔共 36 万字，涉及人生、人道和人格，婚恋、家庭和爱情，深刻地指出，人应该怎样生，路应该怎样行……“谁能用心路历程诠释青春、目标、理想、磨难、修养和真善美呢?”（刘继祥《叩问灵魂》）“美不就是自由的象征吗？诗不就是自由的晶体吗？你是以人格的力量竖起人生的旗杆的吗?”（刘继祥《叩问诗人》）“你以为有了爱就会改变一切，拥有幸福和理解吗？在爱情上过于清醒，反而得不到爱情吗?”（刘继祥《叩问爱情》）

继祥其人首先是军人、警官，其次是位笔耕不辍、硕果累累的军旅作家。他的睿智与成熟，他的操守与气节，无不闪烁在他作品的爱与恨及喜怒哀乐之中。文如其人，继祥其作正如其人一样淳朴而机智，厚实而凝重。

（四）继祥用人格的力量竖起人生的标杆让我肃然起敬

书籍是我们视接千载、心通四海的桥梁，是每个人来到世界上首先要拿到的通行证。历时愈久，文明积累越多，人和书的关系就愈紧密。继祥正以书为伴远行，不停地读、不停地写。写作是检验一个人的学识、才智的最简单方法，读而有作，作而出新，力求高品位，使之“篇篇无空文，句句必尽规”，因为“有书酬岁月，无梦求荣华”。

从部队转业后，继祥总是在寻找平衡。他发现自己和同事比，给市委书记写的讲话、调研报告的水平差十万八千里，要强要脸的他心里很恐慌。他无法平衡自己的心态，他从心里说：“我服了，和他们没法比。”因为在过去的时光里，写讲话、写总结、写调研报告，他从心里不热爱，写起来在构思上、结构上有差距，写文学作品从心里讲，还比不了那些写手。但他从不自卑，对自己的能力没有怀疑。同时，他也在寻求中寻找自己的位置，并给自己一个实实在在的定位。故而有时通宵达旦也很快乐。像在部队一样，他每天都是提前两个多小时到办公室，处理应急工作。如果工作不紧张便习惯性地泡上浓茶，一边吸烟、一边发问，把整个自己都交给了清新而亮丽的早晨，交给了那些诱惑或困惑着他的萦绕在心头的问题，交给了他案头的那摞散页纸。这里有疑问、自问、质问、诘问和借问，但更多的是不问自明、无须回答的设问和反问。这样子一路写来，就累计提出了一些问题。这些问题就内容而言，固然都无一例外地胶着在文学作品上，但却是他积累多年的生命体验，广泛地涉及了对自然、社会、人生、艺术和美等诸多方面的感悟和浅见。应该说，《上善若水》是继《叩问灵魂》《叩问诗人》和《叩问爱情》等随笔著作之后的一部反思性、内省性的人生总结，是他在对人生和美探索方面如何拓展思路和弘扬个性的初步尝试，也是一块抛进文坛静水以期激起微澜的引玉之砖。就社会观和人生观而言，人各有志，因人而异。每个人都有每个人的主张，每个人都有每个人的写法，每个人更有每个人的活法。他不反对以文宣泄，但他更主张以文达情；他不反对潜心入世，但他更主张超然物外、动中求静、静中求谐；他不反对宦场腾达，以智慧、能力和理念做事，并使所为于官位无愧，于时代所需、环境所用无愧，但他更主张在业余时间，安于一张桌、一盏灯、一杯茶、一包烟、一支笔和几页稿纸，循规蹈矩地在方格中拾级而上，数十年如一日地把生活中的所得进行提炼概括，并以写为乐、写中求乐，以致其文也融融、其乐也无穷。

当年，他写的两部书起名叫《盛于久远》和《行于心田》，其实是根据自己性格来起的。人世间最宝贵的就是真、善、美，虽然做人、做事、做文很难尽善尽美，但应有这个追求。他常常想，人应该对得起自己，这个对得起就是不自欺欺人。因此，他说："我生活着，并且思索着，能没有所感、没有所问吗？"

是的，这里的许多问题，都是他在生活中思索的产物，是有感而发，朝于斯，夕于斯，日积月累的结果。所选的几首诗，的确是用心来诗化的，从而深悟了诗是艺术中的艺术，诗人是文学艺术中的圣人，自称为诗人的人是可笑的。所选的一些散文也是有感而发的，虽然有些直白，与美文还很有大的距离，但的确是一种心情所至。"除了理解，对虚幻与孤独的认识，连着重新存在的时间，遥远的海便是你的沉迷。"（刘继祥《沉迷》）继祥的论文也是力求言之有物，言之有理，言之精彩。"素质修养犹如攀登高峰，这一高峰直插璀璨的云端，是一种美不胜收的境界，然而，攀登这一高峰，既不像观花赏月那样悠闲自在，也不像湖面荡舟那样浪漫轻松，它伴随着艰难困苦的磨炼，渗透着血汗泪水的洗刷。"（刘继祥《更接飞虫打着人》）于人于己都友善、亲善、和善。文应该对得起世界，这个对得起就是美，把美好的东西献给世界而不是污染世界和心灵。当然，这里也有套话文章，也有大拼盘，但他觉得拼凑得好的人也是能人。在机关的日日夜夜里，他领教了这些能人的风采。他们那种敏捷的思维、开阔的眼界、概括提炼的能力，甚至引用、借用拼凑起来是那样严丝合缝，没有任何斧凿的痕迹，洋洋万言，又言之有物，令领导动容，又让读者动心。这种本事也是一种创造，非一日之功，非一般人所能。这种本事并非只是文才，而是一种综合能力的体现，因为这里的哲学思辨、抽象思索和形象展望，于国于民密切相关，有的成了科学决策，有的成了纲领性文件，有的成了牵引人们奋进的华章。不像有人说的："他们就会写点啥。"当然这种不屑一顾的口气也因时、因地、因人而异，在不同时期、不同场合，有时也会赢来赞许的、可望而不可即的目光："这人很能写，特别有才。"其实，他们有此功底和思维，加之不断修养，为干一番大事业提供了一种得天独厚的可能。继祥佩服他们，并还在模仿他们。"奔腾的松花江，用清甜的水滋润着两岸芬芳的土地。'一江居中，两地繁荣'的理想，正在'大气谋事，埋头干事，高质量成事'的松北精神的凝聚下逐步变成现实，一个美丽如画的新松北，在松花江北岸树起了一面旗帜。毫无疑问，松北区的开发建设，为老城哈尔滨延伸了绿色的呼吸通道，注入了年轻的生命活力，拉近了城市与自然的距离。"（刘继祥《大气塑造新松北》）

（五）从继祥的为官有建树、做文有著述的人生价值我体会到了"上善若水，盛于久远"的力量

在较深层次的理解方面，一个人能够深深地体验到自己洒脱的生命力和活泼的创造力，并将其应用在有益的事业和向上追求的过程中，是幸福的。人格的脊梁，能够支撑起行为的准则；精神的脊梁，能够支撑起言行的载体。我们试问继祥，你能以人格的力量首先征服自己的心，再以自己的心去征服别人的心吗?

继祥一直有理想，所以有追求；因为有追求，所以有压力，可谓"黾勉从事，不敢告劳。"（《诗经·十月之交》）这压力，源于角色的转

换。曾是上校，曾是决策者，曾有建树，曾舞文弄墨，也曾出口成章。本是二十五年的老兵，却一下子变成了从零开始的新兵，个中滋味，局外人难以体会。说句不该说的话，他的确想做事，继续独当一面，但“有为才能有位”在这里体现得十分明显，也就是说，你必须有得到上下认可的政绩才行。然而，得到认可何其难？同时，他又想为“文”，过去就有人告诫他当官与为文二者不可兼得，但他却我行我素，一直徘徊在做官与做文之间，为官亦有建树，为文亦有著述。这里，关键是有没有耐得黄卷青灯、孤砚冷墨的固守与勤奋。当然，这里的“文”和他自己多年爱好的“文”又是两码事。

多年的积淀使他在选择这条艰难而充满光明的道路时没有动摇意志，燃烧的依然是理想，不变的依然是追求。说实话，他很幸运，在军旅二十五年之后，能来到口碑载道、鸿儒硕学、政通人和、责任重大的首脑机关工作。他时刻都被这里团结敬业的氛围、厚实学养的精神、学贯天人的功底、精益求精的作风和高洁浩远的风范感动着。他为自己能成为这里的一员而感到荣耀和自豪。同时，也深感肩上担子的沉重和责任的庄严。“‘知之非坚，行之惟坚’，无论是自己的修习素养之经略，还是学海涵育之潜能，可谓即胸无点墨亦胸无城府。”（刘继祥《追求的格调》）压力与信心同在，更有各位领导及同事对他关爱有加、耳提面命、循循善诱、谆谆告诫。他写道：“在人生的漫漫征途上，能有多少人可与之相逢、相识、相处和相知？人与人之间，又能有多少人可与之会心、知心、交心乃至倾心？在这里我感受到了朋友的真诚和师生般的关爱。”（刘继祥《追求的格调》）

然而，不得不承认，每当领导交给他一份工作时，他都感到忐忑不安，这不安主要源于能力的适应和对情况的把握及对重大问题的认识上的差距，三十多年笔耕不辍的他真是汗颜。于是，他感到光有刻苦磨砺的意志是不够的，还要有领会神速的悟性。他又陷入苦恼，又回望过去。但他深知，过去的探求，那是过去的辉煌；而今天的探求，那才是通向未来的桥梁。他必须严肃地审视现实中的自我，并不断地使自己进入新的境界。他曾说：人生在世，不能没有能力。但光有能力而没有潜力也不行，潜力就是能力的后盾和源泉；光有潜力而没有耐力也不行，耐力就是潜力的外化和持久化，就是由能力分解成的感召力、诱惑力和凝聚力。“树木择地而繁荣，名花适土而独秀。”组织安排他在这样庄严而神圣的岗位工作并赋予他这样重大的责任，他热爱并且自信能为这项工作殚精竭虑、锲而不舍。

“写字者，写志也。”“书，如也，如其学，如其人，如其志，总之曰如其人而已。”（刘熙载《艺概》）搞综合、调研，当参谋，写讲话，何尝不如此。它能体现一个人的价值选择、理想取向、人生定位、道德操守。他在《行于心田》一书自序中写道：“我要继续发扬披览忘倦做学问，孜孜以求著文章的精神，刻苦于学海泛舟，辛劳于笔耕墨种，躲避于物质世界的诱惑、浮躁的包围、俗世的干扰，培养甘于寂寞的情怀和淡泊名利的心境。在政治上知恩，在生活上知足，在工作上知责。超越一己私利的狭隘动机，树立坚定理想和科学的修养观；超越直觉驱驶的情感障碍，确立真挚、炽热、高尚的修养情感；超越被动约束的行为习惯，形成高度自觉的修养行为；超越‘洁身自好’的境界取向，坚持在社会性实践中造就发展。从而改变浅尝自封的思维方式，建立深邃广涵的思维方式；改变单向偏执的思维方式，建立多维求变的思维方式；改变钝守自抑的思维方式，建立锐攻自强的思维方式。始终牢记发于点滴，行于心田，融于交流，盛于久远，上善若水，厚德载物的传统美德，在学海涵育中培基远行，在自我激励中超越自我，在‘自省’和‘慎独’中升华境界，在投身实践中冶炼淬火，在扬长效优中完善延伸。这便是我的追求。”

（六）继祥在自我调整、自我完善和自我超越中前行的意志和品质美化着我们的心田

漫长的人生过程是个选择的过程，也是征服的过程。谁能征服世俗

的罗网、名利的羁绊乃至健康的威胁；谁能征服技法的障碍、语言的贫乏以及自己的、编辑的和读者的鉴赏力。生活轻轻地呼唤着人们，也苦苦地折磨着人们。同时，也慷慨地美丽着、劳苦着人们。

《刘继祥长篇小说选》上下册共选出三部长篇，分别是《情感游戏》《熊火烈焰》和《心泣》。这三部长篇是继祥写作的精华，融入了他对人生的完整思考，也倾注了他的大量精力。凌晨三点他便开始写作，越写越有情致。同时，他还结集了六部文学读书笔记《深浅本末》《大小贵贱》《上下左右》《虚实厚薄》《远近高低》《是非曲直》，约120万字；创作了《金泣》《水泣》《地泣》三部90余万字的文学报告。此次由哈尔滨工程大学出版社出版的《良心——刘继祥诗文选》《山远人远——刘继祥纪实文学选》《蕙兰——刘继祥小说选》有他的近作，也有过去所写搁置一旁后重新修改的作品。“当我还是个孩子/手持灯盏/照亮贫寒的路/我看见依稀的灯光/洒满绿色的山河/我看见沉默的父亲/收起木梨/我看见哪些乡亲们/在屋前的水塘/蓄满博爱/储满宽容/这无声的教诲/一直流淌在我的血脉之间。”（刘继祥《冷藏真善美》）

有人说，人的最大差别在业余时间。不是业余的时候，是为了饭碗，故不能有丝毫懈怠。忙忙碌碌中的个中滋味只有自己能体会出其内涵，会从中获得不少乐趣和满足。有时业余时间和工作时间竟然也难以区分。别人回家了，他还要俯案笔耕，查阅资料，直到无疏漏为止，业余便变得更加忙碌。尽管如此，继祥的业余时间有时的确是属于自己的。

每天早晨，当他从梦境中走出并严肃地审视着现实中的自我时，总是自觉不自觉地进入了一个新的梦境。当收听气象台的天气预报时，也在观测自己的风云变幻；在茶杯里泡上诗意浓郁的早晨的同时，便神不守舍地坐在思索中，走在笔尖上了。“望着母亲骑着自行车在风雨中行进的背影，我想，我们能像您那样付出辛劳养您的老吗？无私奉献，是

母亲之于儿女，等到儿女明白了这一真谛的时候便也上了年纪了。”（刘继祥《妈，辛苦了》）

他以为，只有在业余时间里，在属于你自己的时间里，你才能充分暴露你自己，你才能充分放纵你自己，你才能自觉不自觉地体味你自己。所以，他总是观察着并思索着。当一个人正处于生命的正午时，不是光明正多，阴影正短吗？能在这时找回自己，找回并强化自己的自信心吗？这种自信心不是固执的，而是规律的；不是单向的，而是多维的。

最可悲的，是在物欲生猛的社会里失掉你自己。继祥在《业余的内涵》一文里写到：“诚然，我不能选择我的生命，但在我的生命的流程中，有了一种不是刻意的追求——我有爱好，我找到了体味自己的手段，我感到了自己活生生的存在。”

这能否是自我欣赏呢？自我欣赏不正是基于对自己的认识和把握，意在自我肯定、自我否定、自我调整、自我完善和自我超越吗？其中，不是蕴含着自觉、自爱、自重、自尊、自信、自律、自忏、自勉、自慰、自立、自裁、自问、自省和自足等多种心理因素吗？

爱好是一种充实，也是一种解脱。爱好好比脚上的鞋、身上的衣、口中的菜、身边的女人，合不合脚、舒不舒服、香还是不香、可心还是不可心，应该只有你自己知道。所以，写点东西不是为了发表，也不是为了让人知道自己有这方面的爱好，而是为了给自己看（他自己就写了一本 10 万余字的书《自己写给自己看的书》，虽文字有些拙劣，但总能给自己一些启发，故后来的文字有许多长进），是用来丰富自己、警省自己和充实内心的。写东西，无论是小说、散文，还是诗歌，总是要学着高人的方法，把自己的感受裁成合体的衣裳，炒成可口的菜肴，美化成可心的情人。“我仿佛找到了这种感觉，同时也深深体味到，这看起来洋洋洒洒但却歪歪斜斜的文字，也是捆绑自己的绳索，我的生命在行间流逝，无疑是‘自裁’！于是我顿悟，自裁也是生命延续的需要。”

（刘继祥《业余的内涵》）“我们深知，世界上任何富翁的财产都是可以计数的，而在我们松北形成的这种‘大气谋事，埋头干事和高质量成事’的金光四射、沉甸甸的松北魂，是任何计算机也无法统计的。它因蕴含着史诗的资质和底蕴而弥足珍贵！松北人正靠着它用辛勤的汗水和科学发展的能力谱写着奉献的史诗、创新的史诗和和谐的史诗!”（刘继祥《松北魂》）在《行于心田》一书的后记中，他曾这样表达自己：“每当我恪尽职守完成任务时，每当我喷云吐雾奋笔疾书时，我怎能不确确实实地感受到自己的生命力、创造力和爆发力在奔突呢？怎能不确确实实地感受到我活动着，并且表现着、创造着，甚至生气贯注、激情有加、一发而不可收呢？把每天都视为生命的重新开始，把每天都当作自己的生日来过，人生能不增添许多快乐吗？能不深深地相信每天都有一次日出、每天都有一道亮色吗？能不把每片绿叶都看成是一面昭示着生命、追求和希望的青春的旗帜吗？”

《良心——刘继祥诗文选》主要是他的诗歌、散文和随笔，特别是歌颂最底层、最辛苦的环卫工人的诗《城市的亲人》和《街路的良心》，感人至深。《山远人远——刘继祥纪实文学选》由两部纪实文学构成，一部是《冰雪人间》，专门描写冰雪与人的生活的联系，具有民俗、地域色彩，写得生动而活泼，写出了一个冰雪行者的低声吟唱；《山远人远》则是描写军旅生活，给人们一个崭新的图景，军人如山，军人是意志的钢铁。《蕙兰——刘继祥小说选》是由长篇小说《蕙兰》和中篇小说《指导员》《山里山外》构成，主要是写邻里间、家族间的真、善和朴实，真切而动情，写官场、写军旅与社会和人生和生活，表现军人的另一面。另外，两个短篇《新诗人和老眼镜》《我看仨打一》也别有意味。

“蕙兰跟随爸爸去接蕙欣。蕙兰和蕙欣是堂姐妹。蕙欣的父亲吕德旺早就去世了，蕙欣母亲带着蕙欣到娘家过了不到两年，就抗不住娘家的压力，再嫁了，蕙欣外公家派人给吕家捎信来，说愿意继续养蕙欣。

但如果蕙欣爷爷家希望接孙女过去，他们也不反对，因为毕竟蕙欣是吕家人。吕德名——蕙兰的父亲，蕙欣的伯伯，他很明了蕙欣外公家的意思，而自己和弟弟德旺的感情一直很好，不想让弟弟的孩子在他人屋檐下步履维艰。蕙兰非常喜欢这个妹妹。蕙兰的妈妈说：‘以后咱们要拿蕙欣当自己的孩子一样对待才好。’爸爸说：‘那是自然。蕙兰有什么，蕙欣也要有什么。’”（刘继祥《蕙兰》）这段简短的描述，道出了家族间的亲和与真善。继祥总是能把自己的所见所闻加以思考，从而将家族血脉之间、邻里之间的平凡细节描写刻画出来。他常常朗诵这样的诗句：“我的歌属于我自己，是飞旋的风，属于一切善良的、正直的、大脑和四肢都顽强地属于自己的和我站在一起的人们。”这是心灵的应答，这是人格的标杆。

当继祥把视野向社会、向和谐、向环境进一步拓展的时候，我们看到了他用文学描绘社会、用哲学分析事物、用责任把握时代赋予自己的使命。因此，他靠准确的判断处理问题，用和谐的思维凝聚部下，用人格的力量和处理问题的能力形成了一种知识的力量、修养的力量和永不言败的勇气。“那就是，给你一个人生的沙场，目标是：胜利，或者不再失败。”“他们探寻一块石头的固执，解密一朵野花的低语，向苍穹叩问高远，向心灵追寻宏大。用真诚的而不是矫饰的，精确的而不是偏颇的，睿智的而不是混沌的，大气的而不是局促的文字，为感动做完美的注解。”（刘继祥《盛于久远》）紧张、繁忙的工作之余，潜心坐下来思考点什么，能写点什么，本身就是一种境界。这业余的内涵，局外人难以测量。

# 目 录

# 诗选

# 城市的亲人

（一）

这一天
是从一条河流的苏醒开始的
当涛声漫过江堤坚固的围栏
你的脚步，是这片天空下
最坚韧的诗行
而你的孤独，是时间的刀斧
刻画的长卷
没有任何人可以写下疑问
除了你自己

你的脚步并不沉重

在青石的小路上
穿过晨雾中的街区
这是每天的必修课
去亲吻脚下的每一条路
去接近那些奔忙的人
你用手触摸
石头上的伤痕
你用眼睛丈量
一片绿化带的幸福与忧伤
你也用心体会
老百姓在这田畴般的都市森林里
惬意的眼神和会心的微笑

每一个清晨都是这样的
执着的坚守与刚毅
也手握着赤诚和朴拙
对于你，没有什么更能让你兴奋
除了这街道的靓丽、平坦
除了夜色阑珊中花朵的绽放
甚至一棵草从容的呼吸
因此，在每一个清晨
你的脚步都是轻快的、坚定的
笑容在晨曦中
温暖着初升的太阳
那些晨练的人会看见你
开心地攀谈几句
那些洒水车会看见你

水花里荡漾着欢乐的晨曲
那些即将远行的人会看见你
憨厚地打个招呼
那些树木会看见你
闪光的叶子
折射着万物的期待与安宁

每天的必修课都是这样开始的
朴素而坚定，没有任何细枝末节
每天的路都是这样反复的
没有任何捷径和坦途
当然，对于你
任何时候
你的心里都装着两个城市
一个是梦想中的
一个是现实中的
而你所有的努力
都是要让这个梦想变成现实

（二）

我们曾经漫步
这里的每一寸土地
如果用心触摸
那温度
那脚步的印痕
那眼神

在这些草木的记忆里
在这些路边石的无声的沉默里
在环卫工的长满老茧的掌心里
在亮星闪烁的眸光里
也在那些次第亮起的灯盏里
你，是最早叫醒梦想的人

多少年如一日
晨检归来，洗去一身的尘土
坐在藤椅里，思绪万千
有时，是澎湃的
有时，也有淡淡的忧伤
但更多的
是梦想与期待
尽管有时细雨也会填满回忆的小路
尽管有时寒风也会冻伤指尖的温情
但更多的是砥砺风雨的无悔与坚定
面对纷繁的世界
那份豪迈与从容
走着灿烂厚实的人生岁月
每一天都如此精炼
每一个细节
都可以放大成为激情的光辉
你的每一天都是重复的
而在这短暂的一天里
依然可以找到所有的印记
每一天，色彩都是斑斓的

交织着沉静与激情
复调式的歌唱和奔忙

（三）

你的一天，是从美好开始的
你的晨课里
除了清扫，除了那份责任和担当
还有那总是重新开始的行程

在眼睛的深处是大海
在声音的深处是江河
在文字的深处是苍穹
在苍穹的深处是家园
在家园的深处是安宁
在安宁的深处是激扬
在激扬的深处，是你的力量
是你的侠骨，当然也有柔情
在侠骨的深处，是你纯净的自我
是你面对驳杂的世界时
那份无畏的坦荡和铁一样的坚持

于是，这一天又有了另一种开始
城管日记上写下有力的字迹
关于一个井盖
可以严密到几时几刻必须撤换完毕
关于一个街角

可以细致到有多少路边石被碾碎
关于一片绿地
可以清晰到需要怎样的浇注和养护
关于一棵树
可以真诚到需要怎样的拥抱和修剪
关于一朵花
可以热爱到需要怎样的呵护与呼唤
关于一座桥
可以细心到有几处破损和水洼
关于一个招牌
可以明确到有多少超尺和不合规
关于这些，是你的另一种开始
这一天，就在这些具体的事物中
有了新的内容，也有了新的色彩
晨会上的事无巨细
落实上的分毫不差
巡检中的审己度人
大风雪中
冻僵的双手在漫天的风雪里
依然挥舞着干事创业的豪情
疏堵治漏一线
分毫不差的判断
和面对泥污与脏水的坚定
大暴雨中和环卫工一起摸爬滚打
被雨淋湿的眼睛里
依然闪烁着炙热的火焰

一天又一天
用阳光书写着艰辛
以风雨书写着平凡

没有任何力量
可以撼动你的坚持
没有任何理由
可以让你忘却
信念的力量、奉献的光荣
也没有任何理由
可以让你忘却
这个城市，这里的每一天
都属于在这里呼吸着的、行走着的
朴素的人民和亲人

（四）

在一百年前
一条铁路
勾连起家园与更遥远的世界
在一百年后
你阅读的城市
是爱和梦想的另一种表达

清风吹过你的城市
你一定
闻到了花香

你一定在花香里
升华了希望
江河流过你的城市
你一定在江河中
聆听了历史的朗诵
时间流过你的城市
你一定在时间里
阅读了城市的记忆

常常地，在雨中
我望见你们，捡起路边的垃圾
袖口里淌着雨水
裤脚湿漉漉的，可以拧出水
有时大雨倾盆
整个世界都淹没在雨里
而你们依然清晰
瑟缩着，却不忘这座城市
用心灵清洗
这美好的城市

当你漫步街头
当你和他们不期而遇
高贵的灵魂
不因外在的质朴而
黯然失色



你该感受到，温暖

你该感受到，宁馨
你该感受到，圣洁
你该感受到，澎湃

谁遗忘家园的美
谁就是真正的游子

谁在黄昏里凝望故土
谁就是伟大的诗人

谁在默默无声地奉献着
谁就是砥砺前行的管理者
这奉献的快乐
谁能诠释
这快乐的艰辛
谁能体会

（五）

当寒冬，大雪呼啸着
却打不垮你们
不停地清扫
不停地运送
眼眉都冻僵了
浑身却被汗水湿透
在一场大雪里
在无数场大雪里

就像冬天里的童话
在风雪热烈的撞击下
你们，是雕塑
尽管这个城市已经很美
但是谁也不敢想象
没有你们的生活会是怎样
当你的孩子，一个环卫工的孩子
当他在学校的讲台上演讲
他说，我的妈妈是街路上的保洁员
因此我们全家都有了职业病
我们走到哪儿，都习惯看看
地上有没有垃圾
如果有，我们一定捡起来
放到垃圾桶里
然后直起腰
平视街路上的人群和前行的车流
那一刻，演讲的孩子
感觉到无比的光荣
那一刻，掌声和泪水一起飞扬

是的，在我们热爱的这座城市
你可以漠视财富
在我们栖身的这座城市
你可以漠视繁华
但你不能漠视他们的存在

当一条大江

在久远的时光里
诠释这片土地的雄浑
一切似乎已经注定
从城市到城市
从家园到家园
我们所做的
仅仅是归来或寻找
我们所做的
是向维护尊严的人们致敬
当疯狂的“庞然大物”疾驰而来
当上面的沙土如同画家泼墨
在路上形成长长的彩带
当妈妈们挥帚抡锹迎着灰土
“庞然大物”回来了，停下了
那汉子跳下车含泪抢过扫把
扫啊扫啊
大汗淋漓
他跪下了
泪水洒在双膝

而一个城市的尊严
是文字
是文字写下的铿锵的历史
是精神
是奉献写就的非凡的篇章
而一个城市的尊严
是洁净，是洁净的

血管里流淌的梦想
是美好，是美好的
四季里生生不息的律动

（六）

当你在流光溢彩的街头
和他们不期而遇
请放慢脚步
请回头看看他们
捡起垃圾的手

当你在绿树成荫的公园里漫步
和他们擦肩而过
请你轻轻转过身去
请问候他们的辛劳

当你与爱人携手走过洁净的广场
请你看看
看看那些粗糙的手
看看那些坚毅的眼神
请你与他们对视
紧紧地握手

就像你不能
漠视花香浮在肩头
就像你不能

漠视绿树舞动清馨
就像你不能
漠视父亲深沉的爱
就像你不能
漠视母亲的叮咛
就像你不能
漠视你赖以生存的家园

当你在寒冬
看见一群环卫工
在一家小店里
小心地坐着
一手捧着一碗热粥
一手拿着热乎乎的包子
请你不要去注视
他们可能已经忙了大半夜
他们可能已经冻僵了双脚
他们可能已经饿了很久
当你看见他们围坐着
露出坦荡而又羞涩的笑容
你就知道什么是幸福
幸福原来如此简单

就像他们
也许你从不曾正眼相看
就像他们
也许从没有和你深情地表白

就像他们
默默打扫
默默修补
默默清洗
默默擦拭
但是他们不说
他们从不说出
对这座城市的热爱
他们只是在做——
最卑微的劳动
激荡着最伟大的情怀

他们是这座城市的亲人
他们是你的、我的、所有人的
——亲人
而你，就在他们身边
而我们就这样
享受美好的时代
却忘记那些粗壮的手
正为你雕刻一座最美丽的家园

（七）

一切都在阳光下
闪烁着最本质的光芒
他们夏天的汗滴
他们春天的风湿痛

他们秋天的微凉
他们冬天的结满霜雪的
额头与眼眸
他们手中的四季
他们在四季里的劳作
最高贵的往往在最低处
最低处的
却让我们无法企及
我们奢谈梦想
而清扫的人们已经
在凌晨三点的街路上
开始了一天的辛劳
我们在畅想未来
而洒水车已经在晨曦中
把你走过的路
洗得干干净净
我们还在四处奔走
整洁的装束
却装不下慌乱的心
而他们，已经直起腰身
装点这城市最深刻的美

晨曦还没有升起
夜幕还没有拉开
你们已经开始了工作
漆黑的楼道里，你们的脚步铿锵
无人的街头，你们开始繁忙的工作

清扫，捡拾，保洁……
上早自习的孩子手中的书本在颤抖
她远远地看见妈妈
她眼含热泪
妈妈，妈妈，你太辛苦了
孩子从收紧的怀抱里
拿出热气腾腾的早饭
轻轻地递到妈妈的手里
妈妈，你是伟大的妈妈

在淙淙流淌的城市的血脉里
他们清扫的
不仅仅是
石头的建筑
不仅仅是
沥青铺就的街道
在汹涌澎湃的城市的光芒里
他们修补的
不仅仅是断裂的桥
他们修剪的
不仅仅是开花的树

你听，红花流淌激情
你看，绿树绽放蓬勃
你去触摸，那桥的坚实
你去亲近，那广场的闪光
你去仰望，你的城市，你的家园

你更该去亲近——
你的亲人
他们，不仅仅是劳动者
他们何尝不是创造者、守望者
在生活的洪流里
他们，是你不曾仰望的风景
在你亲近的风景里
他们又是你
不曾仰望的另一种高度
而他们是谁？
你如此熟悉
却又如此陌生
你一直在俯视
却要在仰望时
发出那声声的赞叹

为什么你如此热爱这座城市
为什么你如此感恩白云与蓝天

如果你不知道这些
如果你无法找到答案
请迈开你的脚步
请亲近他们
——城市的亲人
原谅我这么久才告诉你他们是谁
因为只有他们才会告诉你——

为什么一滴水也会微笑
为什么一粒石子也会闪光
为什么一棵草也会跳舞
为什么一朵花也会吟诵诗歌
为什么少女的发梢栖息着白云
为什么少年的指尖有蝴蝶缠绕
为什么你的梦想可以从这里出发
又只能在这里——
闪烁着光辉，幸福地抵达

2015 年 10 月 10 日于办公室

# 街路的良心

（一）

朴实无华放在哪里都显得牵强
而你们的出现便看到了城市的笑脸
这笑脸是由内而外的
这笑脸看到了城市的实在与慈祥
毫无疑问
你们是城市最亲的人
透过朝霞的映衬
我看见你们用最平常的心
托起城市的良心
在最朴素的手中
托起这黎明中的城市

是的，把这朴素献给亲人

把这辛劳融进街路
把这无奈留给风雨
把这快乐注满阳光
扫帚条里吸满了故事
垃圾袋里储进了宽容
闪光服包容着温暖
工资折书写着满足
孩子上学了，脸上绽开了笑意
老伴儿病好了，餐桌摆上了老酒
储蓄卡释放着无忧

依然是这条路
扫的还是这条街
从道牙子起步
从这头扫到那头
又从那头扫回这头
听马达轰鸣
看七彩流动
感到好幸福啊
把欢喜洒向街头
只有你们能理解风的乡愁
只有你们能理解雨的低语
你们有时间进商店吗
你们有机会逛公园吗
你们看到络绎不绝的人群
你们看到川流不息的车群
在干净靓丽的马路上

你们什么都认识
你们什么都知道

那是除夕之夜
那是在环卫节前夕
那是暴风雪之夜
一群人走下车
拎着大包小裹
走进你们中间
走进你们的心田
夜灯下
灯饰旁
休息室
餐桌上
那满脸的哈气
那满目的白霜
那激动的心跳
紧紧连在一起
胸中涌动着阵阵热潮
什么都不缺了
真的，全身上下
从里到外
暖暖的软软的棉服
大棉鞋那厚厚的防滑又防冻的底
热气腾腾的小米粥
面香浓浓的大包子
家里能吃什么呀

无忧无虑的
吃得那样可口和香甜

你们挥舞着扫把
那扫把跟你们最亲
你们身上还别着小扫把、小铁锹
和捡垃圾的钎子
全副武装
推着三轮车左顾右盼
你们就是街路上的一道风景
你们就是人群中朵朵美丽的鲜花
地面清净
你们就有荣光
你们把垃圾装进口袋
投来的目光
就是你们的尊严
尊严就是你们自己
尊严就是你们默默无闻的劳作
尊严就是你们望风而笑，望雨而笑
尊严就是你们把自己当成城市的儿女
尊严就是人们把你们当成了
姐妹、兄弟、父老和亲人

白领在掌舵着一座城市
蓝领在经营着一座城市
那么
我们的环卫工人在城市的运行上

扮演着怎样的角色

从老弱病残
到阵容健壮
从弱势群体
到自豪尊严
你们注入给城市的情感无可替代
城市的人们的新陈代谢
没有你们将无法完成
只要城市运转
只要人们在大街小巷行走
只要城市的脸上洁净无瑕
那么
环卫工人
就是不可或缺的脊梁
拉着城市前行

生命本是单纯的
你们更单纯
因为单纯所以幸福
你们的职业也是单纯的
动作更是重复的
你们也知道朴拙而简单的自身
在扫街中见世面
在弯下腰拾起垃圾中
数着温暖
城市的美观协调

离不了建筑师、雕塑家、艺术大师
但细细品来
更离不开的应该是你们
单纯的、平凡的、简约的
每天都离不开的
是为干净弯腰低头清扫或拾捡的人

不能说你们有多高贵
就像你们从不说对城市的热爱
而呵护着脚下的街路
更不能说你们有多高的向往与追求
就如你们看见垃圾箱外有垃圾甚至痰迹
从不怪罪而默默擦拭
曾经
不管是夏天还是冬天
无论是晴日还是风雨
你们都把脸捂得严严的
那是为了遮挡风雨、日晒以及灰尘
但更多的遮挡是为了什么呢?
平心而论，不是脸面和尊严吗?

从你们那朴实而忧郁的眼神里
谁能读懂什么吗?
你们不想像街上行人那样
穿戴合体脸上带着笑容吗?
你们不想坐在酒馆里要上两个菜，喝点小酒吗?
都想

怎么能不想
在想象中半夜回到家
靠自己的劳动所得
和家人围在桌旁
有说有笑并谈论扫街路时发现的事物
吃得那个甜啊
睡得那个香啊
再上路的时候
你们不再遮住自己的脸
眼神与行人对视
在对方的眼神里
看到了自己的好看
风雪刮得门响的时候
超市的门开了
你们被让进屋里
喝上了姜汤
吃上了点心
你的腿抽筋了
疼得不能动了
超市老板端来一盆热水
脱掉你那沉沉的大鞋
给你洗搓
顿时，你的热泪和你周围的伙伴那澎湃的心
在这里升腾

你们很少言语
只知道把街路扫净

你们没有奢求
只知道靠扫街养家糊口
黎明时
看你们在弯腰捡拾
黄昏后
看你们，那是背影
在低头挥帚
时时，天天
只要身影在
便总是如此
你们是平凡的
你们是辛苦的
你们是社会和城市不可或缺的
因而是幸福的
是人们和社会尊重的、关心的
你们不是弱势群体
不是社会的最底层
在这个蒸蒸日上的城市里
理应有你们光荣的一席

（二）

当一棵树睁开眼睛
当一朵花吐出花蕊
当一条江激荡黎明
你们已经在晨曦中
为热爱的树木与花朵

修剪残枝
浇水养护
你们就是雨中的倩影
就是风中的肖像
树林形成风景
树影构思诗情
树丛掩盖了贫瘠
树荫遮挡了残缺
树木战胜了荒芜
你们数着叶片
你们量着根系
你们和树一起笑迎严寒酷暑
顶着八面来风
你们就是树的保姆
你们就是树的儿女

让绿色的火焰
更加蓬勃
让花朵
把城市装点得更加美丽
如同一朵花的绽放
如同一颗心的绚烂
你们站在树丛里
有说有笑
那情景
再杰出的画家
也画不出你们的神韵

再优秀的诗人
也咏不出斑斓中的气质
城市由灰而绿而蓝
那是你们手中的春芽
那是你们头上的秋叶

城市的亲人
需要绿树红花
用朴实书写着朴实
用辛劳舞动起辛劳
当人在景中
当城在林中
当梦想在你的手中
请停下来

——听割草机的“呜呜”声
请让绿草的芬芳
弥漫你生命的痕迹
也请看看你们
把清澈的水
注满花池与林带

是的，这是一座花园般的城
是的，你们看上去
一点也不惹人注目
但是，往往
最朴素、最有力的手

才能把最美的风景献上
用弱小孕育真诚
用朴实展示尊严
用尊严吐露辛劳
用辛劳凝聚心田
你们的动作简单而重复
你们的思虑清晰而轻松
生存得如此实在
生活得这般乐观

绿色的微笑
红色的
战栗的心
爱每一片叶子
那是心的形状
爱每一棵树
那是生命的茁壮
爱每一棵草
那是精神的象征
爱这城市的
每一个角落
只要有梦想
大地就能
开出最美的花
而我们的亲人
就能实现最美、最真的梦

修枝的铁剪
弯月一样刚柔并济
树篱上的雪
一束束地绽放
在最美的城市
才能容纳飞扬的心
在最美的城市
才能做最美的人

当初升的旭日
从城市的满目葱绿中
缓缓地、满怀希望地升起
亲人的笑容
荡漾在每一条大街小巷

只有勤劳的手
才能点亮这城市
点亮亲人心中的灯火
一座城市
一个家园
在园林般
舞动青春的光芒里
亲人们不该忘记
我们最普通的人
勤劳的双手
奉献了多少辛劳

回到家了
那轰鸣，那嘈杂
那热烈的拥挤
还在眼前，还在身旁，还在耳畔
身上的灰土和衣服包裹的汗泥
便替代了这一切
想洗个热水澡
可刚抓起一个热馒头
便完成了一切
家好温暖啊
与孩子，与爱人
在摆着一菜一汤的圆桌上
说着，笑着，吃着
那么开心，那么快乐，那么香甜
夜色尚未褪去
你便来到街上
又开始了新的循环
街路又开始梳洗打扮

舞动芬芳的人
一定有一颗美好的心
创造美丽的人
一定是美丽的天使
谁还关注你的外表
谁不心疼你皴裂的手
谁还敢说你卑微
谁不心疼你被风吹疼的脸

当你在月下赏花
当你在花前赏月
你可曾想过
这花是谁栽植
当你在林间漫步
当你漫步在林间
你可曾想过
这些树
要一双多么虔诚的手
去呵护
去珍惜

热爱你的城市
也要爱它们的缔造者
也要爱它们的养护者
爱那些看上去卑微的人
你的心才能真正地踏实
因为创造美的人
从来都是最实在的

（三）

用善良，换取快乐
用坚守，让整个城市安稳
心底的爱
就如浩浩松花江

城市离不开水
水是人的命脉
洁净的水
滋养着亲人
水的管线如同亲人的血管
不能有丝毫破损
如果大雨倾盆
街道被大水淹没
如果车辆泊在水中
险情迫在眉睫
如果地下管网出现问题
城市泡在污泥之中
如果井盖丢失
车辆和行人掉落其中
如果排水管线出现问题
如果排水泵被水淹没
如果生命财产受到威胁
如果……
不能有如果
如果是可怕的
如果是可预防的
只有你们的心
在洞穿着长长的
看不见的
甚而是昼夜轰鸣
并运转的马达

难道不是吗
当松花江的涛声
涌动温情
当塞北雪韵
流淌生命
用行动向生活致敬
用坚守的心温暖城市的冬天
每一个生命
每一个百姓
都是亲人

当排水工
为了最直接了解排水管道的实际情况
腰上拴着绳子
一只手电，一颗为百姓的心
钻进排水管线

你能想象吗
在管线里
躬着腰的人
阴暗、湿冷
在没有阳光的地下
你们的心
心是太阳
当寒风吹来
大雪封住泵站
施工现场

当冰冻一切
大地沉默
你们还在记录
让水流更畅
让城市更洁净
抢险突击
防患于未然
这是排水工作者
无名的英雄
当你昂首走过街道
可能他们正在
你脚下的管线里
忙于检查、疏通

我们所热爱的生活
和所有的流水
都需要你们的梳理
最美的心
往往不善于表达
最真的情
往往隐藏在心灵的深处
当你俯身
当你侧目
请记住
他们是无名英雄
他们是这个城市的
良心

# 风雪的笑脸

（组诗）

## 雪中的母亲

她看见自己的孩子
在很多人中间

——晚归时
她不敢抬起头

那孩子如同
此刻的雪
羞涩而又卑微

环卫工的孩子
有点痛恨雪

作为环卫工的母亲
忙碌着，雕塑般坚毅
冻僵的身躯
依然在劳作

害怕雪的母亲
不是一个优秀的环卫工

孩子从后面
紧紧抱住母亲
和她端起的雪

那么重
如同一整个地球的重量

环卫工的孩子
从来不会感到卑微
她转过身
用稚嫩的小手
擦去母亲额角的汗水

当着全天下人的面
当着所有的雪

## 雪中的孩子

他像一阵风
在洁白的雪中
冲向妈妈
和一个未知的明天

他们从不忐忑
关于未来
雪还在下着
先战胜雪
就是胜利

只是
突如其来的雪
掩盖了秋的荒凉

他是多么骄傲
他是雪的孩子
他多么骄傲
他的妈妈
是一个环卫工

此刻，他的妈妈
正和那些人们一起
在大雪里，挥舞扫把

俨然如刀剑般
一个侠客
一群英雄

她要一直扫下去
直到整个城市
又可以快乐地奔跑

## 雪中，喊出妈妈

妈妈，妈妈
他的妈妈没有听见

可是所有的雪都听见了
雪，和雪
纷纷抬起头来

环卫工的孩子
不会在雪中低下头去

他一点儿也不感到害怕
他的身后
跟着他一个班的同学
他们说
要帮助他的妈妈
扫雪，把雪送回老家去

他冲着漫天大雪
和在大雪中
弯下腰去的母亲们
喊出了那一声
——妈妈

## 环卫工的孩子和雪人

妈妈，你的汗水
沸腾了

妈妈，你的双手
磨出了血泡

妈妈，雪为什么
还不停下来

妈妈，我们堆雪人吧
把所有的雪
堆成雪人
你就再也不用
累死累活地清扫雪了

妈妈，你的腰
又弯下去了
妈妈，你的腰
再弯

就贴到地上了

可是妈妈
你为什么不让我堆雪人
你只顾铲雪
把雪运到远方

妈妈，你没时间堆雪人
而我，在这场雪里
就是一个雪孩子
一身素衣，满目忧伤

## 和雪孩子一起回家

雪太大了，孩子
城里的亲人
怕要出不去门了

孩子，环卫工的责任比天大
咱们不尽心
城里的亲人
就不能正常生活了

孩子，环卫工的孩子
不要仇恨雪
你只要爱它们就够了

孩子，你要爱上雪
和整个城市的重量
我们的腰是弯了

但是，咱的心
却是站着的

妈妈会带着
雪孩子，和你一起回家

## 去痛片

妈妈，你的环卫工服
兜好大
棉手套、棉口罩、棉袜子
妈妈
这就是全部的财富了吗

妈妈，儿子好想你
为了清扫大雪
你好像一出门
就搬走了整个家

妈妈，你还揣着去痛片
白色的药片
是雪炼就的吗

妈妈，你哪儿都疼
你的踝关节
你的膝关节
你的髋关节
你的肩关节
你的指关节

妈妈，你一疼的时候
冬天都在战栗
妈妈，你一疼的时候
天空就撕开了口子

妈妈，你哪儿都疼
而一下大雪
我的心就会
剧烈地，疼

## 铁铲

铁是那么冷
妈妈，这冬天
冻得你浑身僵硬

铁铲总是冷着脸
妈妈
你握着的手
是滚烫的

铁铲闪着光
妈妈，那些冷
直接冻到你的牙齿

但是你需要把热情
都倾注到
这冰冷的工具中
和你一起深入
去瓦解雪

你不停地铲
妈妈
你用铁铲
切开坚硬的雪
那么用力

好像要深入
地球的远处
妈妈，你要一铲铲地
挖雪
挖我们贫寒的生活
直到大地深处
有清泉
汩汩而出

直到把天空掏空了

妈妈
直到你老了
满头白发
雪就落在你的头顶
你变成了雪
最后的家

## 清雪车

呼呼的风声
大雪被轮子碾着

清雪车
运送着冬天
也运送着
无边无际的
冷

雪山也学会了奔跑
清雪车
就是一座座山
顶着雪

去童话的王国
也去生活的角落

雪不是一片一片的

雪和大地一样大
雪也和天空一样大

清雪车
所拥有的
并不是钢铁的脊梁
而是那些举起雪的手
而是那些环卫工
冒着热汗的脊背

“突突突”的清雪车
往返在冬天里
它们运送雪
和生活的、全部的
希望

## 运雪车

那么大的车
装满了雪
一车的雪
就是整个夏天的雨水
是整个秋天的落叶
是全世界爱人的眼泪
是整个人生里
最厚重的思想

是一个环卫工
给孩子换来的学费
是运雪车司机
给老妈妈买的止痛药

就好像
整个冬天
都要被它拉走

运雪车
飞快的脚步
那么迅疾
在雪中穿梭的
不仅仅是马达声
还有环卫工人
不时沸腾的
热血

那么响的马达声
运雪车
带着所有的人们
一起和冬天叫板

## 妈妈举起的

那么高的运雪车

妈妈举起手
又踮着脚
可她还是
够不着

可我不懂
妈妈，几十斤重的雪
你是怎样
把它装进车里

妈妈，这是
你的秘密吗

你弱小的身躯
不是举起了雪
而是我
不能低头的
一生

## 攥紧的手

关节肿得通红
两只手不能攥在一起

但还是要
攥住铲雪的工具

把铁都磨亮了
闪着比雪更亮的光

环卫工的手
比钳子还硬

刚刚放学回来的孩子
用双手掰
用呼气去暖
孩子急哭了
妈妈的手
怎么了

孩子你不用急
环卫工的拳头
一旦攥紧了
就再也
不会松开

## 冻僵的冬天

树都冻僵了身躯
我们的冬天
不给任何人
留情面

眉毛
也冻僵了
眼睛
只能看到
下雪的天空
和白茫茫的
大地

额头
也冻僵了
用雪去搓
用两只手
去砸

连思想
也被冻僵了
环卫工
不会算计
一个冬天
所有的
雪的重量

他们不停地运送
寻找和清扫
通往春天的
那条路

## 热汤面

热情的老板娘
悄悄地
把门推开一个缝儿

她看着
寒风中的环卫工
他们是谁
谁家孩子的妈妈
谁家母亲的儿子
谁家兄弟的姐妹
谁家姐妹的兄弟

连续十个小时了
环卫工们
没有停歇过
仿佛这个冬天
只和一场雪有关

快来吃碗面吧
热汤的！
老板娘热情招手

环卫工们
却只听见了雪的声音

雪从天空走来
踏过高压线的震颤
仿佛要让整个城市
喘息不止

吃碗热汤面吧
热汤的，不要钱
环卫工们
却只听见了
运雪车的马达声
轰鸣着
一次次
碾过
冷，和空荡荡
的思想

来吃碗面吧
老板娘一次次喊着
不一会儿
整条街
整个城市
都朝他们喊着
吃碗热汤面吧！
暖暖身子
暖暖心

## 凌晨四点的歌

冷风吹响
街道的长笛
大雪舞动
天地之间的空茫

有勤奋的人家
打开灯盏
准备一天的奔波
也有幸福的情侣
刚刚入梦

环卫工
小心地推开家门
他看见了
这场大雪
好大啊

厚厚的
没过了脚踝
和目光

她心里喊着
却不敢
惊动邻居

黑漆漆的
天地之间
只有雪
睁着眼睛

仿佛那么美的歌
在雪里唱
仿佛即将到来的
忙碌
也是幸福的

环卫工
快乐地走在雪中

不一会儿
大街上站满了
挺直腰板的
环卫工

## 风吹雪

风
那么硬

风
是刀子
那么锋利

风也吹
她上高中的女儿

她的女儿
悄悄抹眼泪
父亲
两天两夜没回家了

这是清晨
女儿悄悄
来到大雪中

她真恨这场雪
为啥不快点儿停下来
她真恨这寒风啊
为啥不只吹疼她一个人

## 羊毛鞋垫

羊毛，白白的
是热的
如同羊的情义
厚实而又乖巧

她男人粗壮的手
一层层地絮

照着她脚的样子

她在清扫
关于一场大雪
所能制造的
所有的麻烦

雪也是双面的
是风景，也是阻碍

她的责任
是让雪除了
成为风景
还不能阻挡
我们回家的路

雪是她击退的
千军万马

她男人把羊毛鞋垫
悄悄塞进
刚刚做好的棉鞋里

她浑身都是热的
仿佛冬天
从来没有来过

## 三块桃酥

桃酥
就是点心
最便宜的那种
张大姐，一个月
收入一千六百块钱
却要为女儿
买桃酥
让她半夜吃
孩子的学习
太累了

张大姐认为
桃酥就是
世界上最贵的点心

女儿可爱
正要高考
清秀而俊俏
一点儿也不像环卫工的孩子

可是，环卫工的孩子
到底该长什么样呢

她围着围巾
戴好帽子、手套
脸上的冻伤还没好
又涂了一层防冻霜

她一遍遍嘱咐女儿
路上小心
注意安全
她那么快乐
仿佛女儿就是她
最无价的宝贝

她因此富有
忙碌一上午
她饿了
伸手去掏兜里的凉馒头
但是她摸到了
三块桃酥
女儿悄悄放的
全世界最贵的
点心

## 最美的早餐

馒头
冒着热气
和雪一样白

热豆浆
被环卫工
捧在手里
舍不得喝
仿佛他们
捧着一片
温暖的大地

拼了整整一个通宵
雪都认输了
雪停在半空
面对环卫工
流下的是滚烫的泪

天下最美的早餐
在环卫工的手里
他们热爱
这劳累的日子
和疲惫之后
饥肠辘辘时
那一个接一个的
冒着热气的
朴素而庄严的
生活

## 环卫工夫妻档

他姓张
她姓李
他们共同育有一子
在华中师大读书

他每天惯于清扫
夏天的垃圾
秋天的落叶
冬天的白雪

而她惯于水洗
游人的痰
运土车的污泥
羊肉串的油腻

谁说他们
不属于这里
当你在这镜子般的
大理石上
看见自己伟岸的身躯
你还敢
讥讽他们的弱小？

环卫工夫妻档
住在广场的钟楼里
他们热爱这个城市
是二十四小时的
哪怕一根枯枝
被风吹落
在雪里
他们也会
以最快的速度
捡起来
轻轻地放到
垃圾箱里

## 擦拭的女人

他用热水洗抹布
不是为了自己的手
而是怕天气冷
洗不净理石地上的油污

端午过后
环卫工人们最忙碌
人群消散
垃圾遍地

大理石不再闪光
女环卫工

一遍遍地擦拭
数千米的广场
如同擦拭我们
空荡荡的心

## 老田纪事

大家都喊她老田
但是老田不老
四十七岁
从兰西老家到哈尔滨
站过大岗
卖过蔬菜
也给人家当过保姆

现在老田
把自己裹得严严实实地
走在大雪中
没人知道她是老田

只知道她是环卫工
雪被汗水打湿
滚进袖口里

于是她的身体里
就有无数条河流在涌动

对于一个环卫工来说
冬天难熬
但是没有人会抱怨
也包括老田

一千五六百元的工资
上高中的儿子
老田说
不敢给儿子补课
补了课
就没钱吃饭了

儿子不想念书了
去南方挣钱
也不想让妈妈当环卫工了

老田打了儿子一巴掌
用她环卫工的手

老田心疼儿子了
悄悄抹眼泪
泪水把雪打疼了
雪，都哭了

儿子放学回来
老田还在忙着
搬运雪

儿子饿了
赶紧掀开小饭桌上的碗
里面有
一碗白米饭
还破天荒地
加了一个胖鸡腿

## 土豆炖白菜

一到秋天
环卫工人们
就忙碌着
往家里搬白菜和土豆

土豆是最实诚的
和环卫工是一样的

白菜是最贴心的
依偎着环卫工的脸

他们把土豆和白菜
用棉被包着、裹着
让它们暖暖的
不像自己一样
年年冻伤
年年钻心地疼

我去做客
去看望那些白菜和土豆
作为城管局长
我也是一个环卫工
我和他们是一样的

他们激动于我的到来
说要用最好的饭菜招待我

半个小时后
他们端上来的是
土豆炖白菜
清白可人
清香悠远

## 老康日记摘录

大年三十
扫雪到初一凌晨
雪水泡烂了双脚
鞋子结满霜

端午节
擦广场上的长椅
碰倒游人的自行车
被谩骂、推搡

中秋节
清理小广告
在世贸大厦
被贴小广告的人打伤

九九重阳
扫瓜子皮
被嗑瓜子的女人
推倒辱骂

元旦夜下大雪
半夜一出家门
不小心滑倒
门牙掉了两颗

又是寒冬
巡视时
我遇到老康
翻看他的环卫工日记
最后一行写着
老康不老
做环卫工挺骄傲

## 三胖和两个鸡蛋

三胖并不胖
躺在厚厚的雪里

憨憨地笑

她的母亲
忙碌着，浑身冒热气

读初二的三胖
怀里揣着
食堂拿来的鸡蛋
悄悄递给妈妈

食堂的阿姨
问她为什么不吃掉鸡蛋

三胖依旧憨憨地笑着
她扬着脸说

老妈是环卫工
正在和大雪打持久战
两个鸡蛋
可以让她多坚持一小天儿

# 创业的性格

站在江南岸眺望
才发现松北的神奇
跨过松花江创业
才读懂了松北的气质
“一江居中，两岸繁荣”
澎湃着松北人的豪情

他们是雁阵中
奋勇当先的头雁
他们是星空中
亮得最久的星星
他们是花丛中
又香又美的花朵
他们是人群中
很高尚很纯粹

很值得赞美的人

这是一个孕育希望、孕育生机的时代
一个个新的憧憬又在萌生
昨天——已经离我们越来越远
今天——正迈开脚步向明天走近
愿我们都能牢牢抓住今天
莫虚掷生命中的任何瞬间
长长的岁月由分分秒秒组成
无数个瞬间连接便是永恒
追寻真理，追寻阳光
追寻更加美好的未来
追寻不断地完善
追寻最大的纯净

假如不去创新
那么松北大地会依然贫瘠
假如不去创造
那么哈尔滨的绿肺也会窒息
假如不去创业
大松北的蓝图
就会在想象中失去
平安和谐的盛景

这种不甘落后的志气
奋起直追的勇气
后来居上的豪气

形成了松北人勇于探索的气势
敢为人先的气概
尊重个性的气量
崇尚创新的气魄
竞相创新的气象
创造一瞬，承载永远
创业者看到了松北的曙光

当绿色原野上
有蝴蝶翩翩
如儿时的你
当沉沉黑夜
静静躺在河边
梦幻般流连
我寻觅好久的小路呵
黎明的田间
有人从明媚的
春光前走过

露珠儿在草尖上
轻轻地跳舞
花朵在田野中
释放着芬芳
碧绿的池塘
像一块块晶莹的宝石
在松北大地上
闪烁着纯净的光芒

布谷鸟啼着
湿地上的鹤舞
奔跑的小鹿
追逐着梦的逍遥
晚归的渔舟
唱着绿色的歌谣
清澈的金水河
像一条美丽的丝绦
在太阳岛上
把希望流淌

蝴蝶在塔头上
炫耀着妖娆
鱼儿在水中
舞动着逍遥
清新的空气
湛蓝的雨滴
歌唱着：
画廊百里沐春色
湿地万千书壮观

城在林中
道在绿中
房在园中
人在景中
清凌凌的水

为我们洗去
城市的铅华
蓝莹莹的天
映照创业者的荣光
清水清清
蓝天蓝蓝
一个绿色的梦想
已经扬起了帆

春天，这里激情萌动
万物在创业者的呼唤声中欢愉地醒来
吐绿的黄草
融化的冰雪
在建设者宽广的胸怀中一次次验证着执着
验证着无悔

夏日，如火的骄阳
燃烧着红腾腾的梦想
情在这里凝聚
心在这里相依
无论有多少艰难
无论有多少困苦
伟大的建设者
都会在这里创造不朽的奇迹

秋日，五彩斑斓
天高地远

采一束最美的花
画一幅最美的画
唱一只最动听的歌
涌动的激情
永远比火焰
更浓、更烈

冬天，永远是童话的世界
大地，身披洁白的雪装
比梦想更真实
比真实更恒久
一部传奇
在冰情雪韵中
无限延续

像潮汐舞动着汹涌的大海
像高山向往着高高的云端
像冰雪涤荡着遥远的春色
像少年挥舞着高远的蓝天
这就是——激情澎湃的松北
真情激荡的松北
把童话变成真实的松北
把梦想变成现实的松北

美酒只会让我们宿醉
大厦只会让我们安睡
心灵的储藏室里需要更真更美

空想只会使人短暂地陶醉
虚构只会使人片刻地欣慰
雪白的纸页上需要更多真实的词汇

蓝天划过苍鹰的健影
碧水描绘诗样的未来
一张张风景的名片
因为建设者的豪情
因为领导者的睿智
而更真、而更美

松北
使所有的苍白被智慧的风暴重新描绘
松北
使所有的虚无被务实的精神彻底粉碎。

松北
哈尔滨新区的伟大战略是在向
——向宇宙叩问高远
向未来追寻奇伟

只有风理解风的乡愁
只有雨理解雨的低语
当一江春水犁开
两岸的繁荣与壮美
当人气与文气和着志者的豪气

汇聚了大商之气
我们才能更深刻地
领会伟大的创业者
那才气、那豪气
那英雄之气
那壮美之气
那——会当凌绝顶，一览众山小
——的雄浑大气

多少高山翻过去了
多少大河趟过来了
坚强的松北人
睿智的松北人
果敢的松北人
迎难而上的松北人
将一片久远的荒原
建设成英雄的土地——腾飞的新区
真想驻足于这片风景
真想擦亮这片土地的
每一个章节
真想让我们飞扬的青春
飘扬成松北大地一面面猎猎的旗
像一滴水之于大海
像一棵树之于森林
像一片云之于苍穹
像一朵花之于原野
像一粒沙之于大漠

像一只鹰之于高山
松北——那坦荡的胸怀
那创业的激情
在时代的大幕下
现出迷人的广漠
勾勒无限的前景
那滔滔的江水在恒久的激情里
和我们一同，和所有的松北人
用粗犷的臂膊紧握的手
托起一个希望的太阳
——腾飞的松北
幸福的松北

# 我就是我

我就是我
即使所有别有用心的人都看不起我
告诉你吧，我也绝不会退缩
因为
那轻薄的神气，令我自信
那虚伪的面孔，令我坚强
那无为的言行，令我作呕
那得志的猖狂，令我担心
因为
我的信念总也不会泯灭
我的热血总也不会冷却
我的豪情总也不会改变
我的追求总也不会停歇
我的笔锋总也不会叹息
我的大脑总也不会萎缩

呵，我就是我

有人刚愎自用
有人偏听偏信
有人自以为是
有人没事整事
有人成了有用人的绊脚石
虚伪，有市场
丑恶，有人缘
浮滑，有人爱
实干，令人厌
沉默，受人欺
难道世间就是如此
难道天天喊叫的公平公正公道就这样成儿戏

人与人之间有多近
心与心之间有多远
我不相信天总是阴的
我不相信事总是假的
我不相信人总是恶的
我不相信水总是浑的
我更不相信天人毫无感应……
在人生的环行道上
有人牌走正章
有人旁门左道
有人为正义欢呼
有人为丑恶忙碌

有人为发展拼命
你看吧，在人生的大舞台上，若是撩开遮羞布
便会现出悲剧、闹剧和喜剧
有时我问自己
你到底是什么角色？

请相信吧
假恶丑的对面就是真善美
请相信吧
真善美的周围就是仁义礼
请相信吧
靠假恶丑生存的是短命的
请相信吧
举真善美旗帜的是牢固的

我不相信，我的一切努力
会付之东流
我不相信，我的所有追求
会化为泡影
我不相信，我的规律主张
会石沉大海
我不相信，我的真正成就
会心灰意冷
我不相信，我的稳健路程
会坎坷难平……

请相信吧，沉默的人总会拍案而起

请相信吧，执着的人总会扬帆出航
请相信吧，自信的人总会力大无比
请相信吧，坦率的人总会心想事成

问一问什么是历史
历史不是传说
历史不是故事
创造历史的人是大英雄
改写历史的人也是大英雄
是与非，真与假，美与丑，善与恶
不是在笑谈中
而是在规律上

我不能说，我的境界有多高
但我可以说，我的灵魂得到过锻造
我不能说，我的本事有多大
但我可以说，我的作为得到过验证
我不能说，我的贡献有多多
但我可以说，我的价值得到过升华
对人无害的人才是神
对世界无害的人才是人
推动历史进步
让人人都有尊严的人
总会受到人的敬仰
不管这人官爵显赫
还是地位卑下

人总是要有点精神的
人总是要有所作为的
人总是要体现性格的
人总是要像人的
倘若抛开了这些
无论他官多大、位多高、财多厚、气多粗
总会抛向云外九霄
假如感受不到
冬有冬的热烈
雪有雪的圣洁
夏有夏的冷酷
雨有雨的辛酸
春有春的寒潮
秋有秋的盛达
那么，离麻木不知还有多远
离愚蠢不知还有多近

我仰望天空
我心向大海
我神有良知
我气有知明
像一滴水之于大海那样渺小
像一棵树之于森林那样单薄
像一朵花之于原野那样微力
像一片云之于苍穹那样轻飘
像一粒砂之于大漠那样细毫
像一只鹰之于高山那样动静

像一个人之于天地那样低高
可要知道，小小的鼠标指挥着全球
水能载舟，水能覆舟

看竹的时候，我想过竹不折节
看山的时候，我想过山不低头
看水的时候，我想过水不停步
我要用这双劳动者的儿子的手
去拥抱我深爱的沃土
我要用大脑和四肢都属于自己的身心
去讴歌贡献非凡却默默无闻的人
我要用热烈跳动的心
去碰撞和了解我的那颗高贵的心

请相信吧，我就是再笨
我也知道深浅本末
请相信吧，我就是再憨
我也了解远近高低
请相信吧，我就是再愚
我也环视上下左右
请相信吧，我就是再浅
我也懂得是非曲直
请相信吧，我就是再白
我也明白大小贵贱
请相信吧，我就是再轻
我也深悟虚实厚薄

我知道从哪里出发
发于点滴
我明白从何处歇脚
行于心田
我懂得从哪里跨越
融于交流
我深悟从哪里创造
盛于久远
我了解从哪里突破
上善若水
我警醒从哪里振作
厚德载物
不是所有事物
都失去了平衡
不是一切怪事
都能得逞
不是一切热心
都被冷藏
不是一切贡献
都得不到承认

鸿儒硕学，我做不到
口碑载道，要靠一生
然而，我深深懂得
人生在世
不能没有能力
但光有能力而没有潜力不行

潜力就是能力的后盾和源泉
光有潜力而没有耐力不行
耐力就是潜力的外化和持久化
就是由能力分解成的感召力、诱惑力和凝聚力
在机遇与挑战面前
明确自己的位置和价值
确信自己的胆识与力量
确立自己的追求与目标
把每天都视为生命的重新开始
把每天都当作自己的生日来过
人生能不平添许多快乐吗
无论风多狂，雨多急，云多厚
我能不相信
每天都有一次日出，每天都有一道亮色吗
能不把每片绿叶
都看成是一面昭示着生命、追求和希望的青春的旗帜吗
我有骨，骨中有钙
我有汗，汗中有盐
既然我这么多年的努力、追求和执着
能让我心跳
让我激扬
让我成熟
让我坚定信念
让我战胜险阻
那么，我必须挺起一往无前的脊梁
扛起历史，肩住现实，顶向未来
因为，历史就是历史

规律就是规律

现实就是现实

希望就是希望

因为，我就是我

2010 年 7 月 31 日

# 冷藏真善美

那是冬天的一个夜晚
我一个人
徘徊在松花江边
冰扯脚步
雪撕脸庞
我好清醒啊
听冰雪沉吟
观寒风起舞
阴凉的心房升起热流

到了春天的一个黎明
我和许多人驻足在松花江桥上
看冰排横断
赏狂放不羁
我真激动啊

饮八面来风
望大江东去
游荡的灵魂撞出情思

走进烈日当空的一个正午
我与花草树木停止呼吸
盼微风四起
顾细雨降临
我好焦躁啊
心在环行道
神在立交桥
沉重的经脉叩问心灵

捧着秋风吹落的一粒种子
我和大地一起哭泣
怜生命脆弱
惜黄花落地
我好悲凉啊
叶黄纷飞的压抑
枝干光脱的无力
真善美，你在哪里？

精神的饥渴
物质的贫乏
酒桌上推杯换盏
攀登中你追我赶
心与心在撞击

神与神在躲闪
还一个真我
丢掉面具的真我
用多少年的奋斗
拉近与真善美的距离
挡住与假恶丑的接力
向命运抗争
向自我挑战
世事沧桑
人间正道

天生我材必有用
驶上真善美那规律的轨道
在大地里埋得多久
在时光里埋得多深
多么富贵的人都是如此贫贱的出身

我思我想
我有追求
我顾我盼
我在抗争
我说我写
我有向往
我哭我笑
我有荣光
我憨我傻
我一往无前

我浅我白
我一往情深
我高我低
我心想事成

我义我气
我知高识低
我乐我忧
我敢作敢为
我好自豪啊
用拼搏辨出真伪

当我还是一个孩子
手持灯盏
照亮贫寒的路
我看见依稀的星光
洒满绿色的山河
我看见沉默的父亲
收起木犁
我看见那些乡亲们
在屋前的水塘
蓄满博爱
储满宽容
这无声的教诲
一直流淌在我的
血脉之间

从不用谦虚
掩盖虚伪
从不用诚实
遮挡浮滑
当月朗星稀
大地一片宁静
我听见世间最美的声音
是母亲纺线的车子
发出咕噜噜的声响
是父亲编箩筐的手
发出的沙沙声
直到很多年以后
我依然被这朴素的温情包围
这生命的底色
这最初的锻造
让我知道真善美的可贵

从不忘记最初的纯粹
从不忘记
用人格的力量
竖起人生的旗杆
我，从年幼时
就懂得感恩，懂得
对一滴水
表达最真诚的谢意
我，从年幼时
就懂得报答，懂得

向一粒米
深深地弯下腰去

从不忘记最初的真挚
从不忘记
看水的时候
想到水不停步
我，从年少时
就懂得蜕变，懂得
对迂回的浅滩
说——我不在意
我，从年少时
就懂得升华，懂得
对迷茫的自己
说——我不放弃

从不忘记最初的梦想
从不忘记
看竹的时候
想到竹不折节
我，从年轻时
就懂得拼搏，懂得
向多舛的生活
发出最有力的挑战
我，从年轻时
就懂得跋涉，懂得
向最险峻的山峰

迈出勇敢的脚步

从不忘记最初的承诺
从不忘记
看山的时候
想到山不低头
我，中年时
已经变得沉稳
但是我并不滞重
我依然用闪亮的额头
面对阴霾的天空
我中年时
已经变得平静
但是我并不呆板
我依然用闪亮的双眸
面对正午的阳光
我依然用我中年的嗓音
向江河，向大地
向山川，向祖国
呐喊——我不放弃

追逐梦想
我有使不完的力气
发于点滴的力量
使我扬眉吐气
追求真我
我有用不尽的才气

融于交流的胸怀
令我心旷神怡
追寻真理
我有压不垮的志气
行于心田的境界
教我执着刚毅
追随真善美
我有输不掉的底气
上善若水的心地
诱我矢志不移

一直在践行一个信念
一直在穿越一条河流
一直在攀登一座高峰
一直在铸造一个梦想
一直在坚挺脊梁
无论是年少时
万人面前的演讲
还是知青时
纵论四书五经
无论是当兵时
跋山涉水绝对忠诚
还是当公仆
谋划策划
沉默前行
这一切啊
我都在真善美的光芒中

寻觅消失的珍贵

真善美
无须注解
就是注释了
局外人也难以测量
真善美
在我们的心尖上
和热血一起流淌

真善美
无须吹捧
因为解密一朵野花的低语
并不容易
真善美
在我们的目光中
和江河一起激荡

真善美
无须颂扬
因为探索一块石头的固执
也要时光
真善美
在我们的掌心上
和生命一起吟唱

无论是

一棵小草
在春天挺直了脊梁
无论是
一叶小舟
勇敢地搏击风浪
无论是
一只小鸟
在严冬拍响胸膛
无论是
一棵大树
在飓风中岿然屹立
无论是
你和我
在生活的大潮中
起起落落

——我们
天地万物
草木年华
都在
真善美的光芒中
快乐地成长
——我们
星汉灿烂
大地安宁
都在真善美的护佑下
幸福地歌唱

可能是一声问候
尽管话语很轻
可能是一句鼓舞
也许不够激扬
可能是一个眼神
不一定那么炙热
可能是一杯清茶
没有美酒那样浓烈
可能是一种包容
比不上江河博大
可能是一种修葺
没有纵容那样潇洒
可能是一种批评
没有吹捧那样惬意
……
真善美啊
在一山一水中孕育
真善美啊
在一草一木中呼吸
真善美啊
在一石一鸟中歌吟
真善美啊
在我们每个人的心中
如生命的花朵
常开不败
真善美啊

在我们每个人的心中
如甘霖
如春雨
如阳光
如母爱——
亘古常新
薪火相传
——如生生世世
如亿万斯年

2010 年 6 月 29 日草于工作室

# 文选

# 松北·美

四时分明，岂止春色可阅。

南北融会，不因一格而拘。

大乘景色，百变风光。

人为也罢，天工也罢，去过的景区越多，越难免会有雷同的感触。唯有松北是令人耳目一新的，它春夏秋冬四季分明，古今中外交融并汇，在守护着自然与和谐的同时，又时刻为悦己者激情而含蓄地变幻着。

“仁者乐山，智者乐水。”凡被誉为大美之处，无不因山水起源。哈尔滨松北，顾名思义，因位居哈尔滨松花江北岸得名。因此，要说松北，定要先说松花江。

江有江的个性，绝非所有的江水尽可以用“大江东去”或“小桥流水”三言两语轻易描绘。

松花江的水，春可观冰排横断、狂放不羁的气势，夏可见波光粼粼、行云流水的洒脱。

而秋风泛起的水似眼波横，恰似一位典雅宁静的贵妇，活在自我的世界里，顾盼自怜，随意，舒缓。

最与众不同的，当数冬季的松花江。你看那千里冰封的冷酷外表下，流动的却是波涛汹涌的热情。两岸的居民当然知道江水的秉性，生怕它寂寞，于是在零下三十摄氏度的天气中愿与江水快乐地共舞，这道冬泳风景线成了松花江最具个性的标志。

江中鱼种丰富，三花五罗应有尽有，若在冬天，亦能见“孤舟蓑笠翁，独钓寒江雪”的渔者自得其乐，实乃优哉游哉。

“移风易俗，莫过于乐。”一首《太阳岛上》让无数游人对歌词中那个青春浪漫的太阳岛充满了向往，使之成为驰名中外的避暑迎冬之地。

而太阳岛，就位于松北。乘船渡过松花江，就踏上了松北太阳岛的土地。质朴、粗犷、天然无饰的原野风光使其在游人的心目中成为长江以北可以称最的名岛，因此便有“南观鼓浪屿，北数太阳岛”一说。

这里，随处可寻哈尔滨的文脉。也许你乘凉的这棵老树，依旧记得瞿秋白早年游江的感怀；也许你凝望的荷塘月色，曾陪伴过朱自清一同划小船泛清波。

还有萧红在丽岛戏水的圆石，艾青呼唤的太阳，以及周立波、刘白羽住过的小屋，与岛上保留着的具有百年历史的二十六座俄罗斯建筑形成了时空交错、中西融会的独特意境。

岛上还新修建了具有观光、购物、住宿等功能的俄罗斯风情小镇，来往游客足不出国就可领略异国风情。

岛上汇聚着金源文化、黑土文化以及红色文化，并拥有哈尔滨冰雪文化展览馆、北方民艺精品馆、于庆成雕塑园、东北抗联纪念园等众多文化园地。

目前，景区已成为著名的风景旅游避暑胜地、5A级旅游景区和我国目前最大的城市沿江生态区，被联合国友好理事会授予“联合国（FOUN）生态示范岛屿”称号，被国家建设部授予“中国人居环境范例奖”。

荡舟芦苇中，偶见闲云野鹤。松北作为国家级生态城区，拥有大片的湿地，以及林木、塔头沼泽地及环岛水系所构成的生态自然观赏区。

每至盛夏，在松北的树荫下、草地上、沙滩中、江水里，游人嬉戏玩耍、野浴泛舟或沐浴阳光、席地野餐，习习的江风吹送着笑语欢歌，水鸟野鸭低飞相伴，使松北区成为充满阳光、欢乐的旅游胜地。



松北共有各类旅游资源三十余处，除5A级旅游景区太阳岛还有哈尔滨极地馆、黑龙江省科技馆、东北虎林园、东金葡萄园连成一线，美丽的金水河，别具韵味的“一湖三岛”，庙台子、化家村、翁泉屯、杏山和独有的大亮子湿地构成了独具特色的松北一日游。

湿地，古人称之为“薮”或“泽”或“海”。被誉为“自然之肾”的湿地，包括湖泊、沼泽以及沿海滩涂等多种形式。

松北的湿地是我国综合环境良好的湿地之一，这里的空气纯净、湿润，鸟语林、石头小路、摇琴室、栖息岛、淡水鱼塘散发原汁原味的原生态气息……悠闲的垂钓人，伴着悠扬的歌声，在松北湿地旅游区怡情养性将成为都市人的一大享受。

松北的团子山与杏山传说中是龟蛇二仙所变。杏山原来称沙力虎后哨，是元朝时期一个叫沙力虎的将军的驻地。整条山脉犹如一条大蛇，蜿蜒舒展。多种稀有树种和植物遍布其中，历史久远的天然洞穴和储备仓库依稀散发着当年的意蕴，从这里我们似乎可以品读更多当年的故事。

因为冰雪，方有冬日幻想。而只有松北，才能给我们一个纯粹的完整的冬天。

冰雪是上天赐给松北的尤物，松北亦将冰雪的魅力发挥到了极致。

在松北的冰雪世界里，不分年龄的差异，不分肤色的界限，一切都回归本真，大人与孩子们共戏，人与动物互逐，穿上厚厚的滑雪服，坐上马拉爬犁，滑雪橇、抽冰尜、乘冰帆、堆雪人，冰与雪、情与爱、色彩与品位，以一种凝华的方式组合在一起，极地的冰冷、极度的热情使太阳岛幻化为一方纯洁快乐的人间天堂。

举世闻名的“中国·冰雪大世界”“中国·哈尔滨太阳岛国际雪雕艺术博览会”都在松北举行。我国首家冰雪文化研究会也在松北成立，与早些时候成为5A级旅游景区的太阳岛一同成为国家旅游名片。松北还有国内第一家集冰雪文化、冰雪年历史、冰雪艺术为一体的哈尔滨冰雪文化展览馆。

松北创造过世界最长的雪雕、最大的冰饭店、第一家冰旅馆、最大的中国结、最小的载人火车等巧夺天工之作，很多作品已经冲击吉尼斯世界纪录。

早在19世纪末，随着中东铁路的修建，大批俄罗斯商旅踏上了这片乐土，为松北注入了俄罗斯民族特有的热情。古老的俄式建筑，能歌善舞的松北农人，家家户户自制的红肠、干肠、大列巴面包、格瓦斯汽酒，都彰显着深深的欧陆情节。

松北也是许多人对中国领地的第一向往，每年有无数的游客来此观光，松北的风情为他们镌刻完美的中国印象。松北还创建了俄罗斯艺术馆、俄罗斯皇家金色剧院、俄罗斯画家村等文化展馆，更好地促进了中俄文化的交流。

松北是名副其实的美食胜地，这里的美食以黑土农家乐为主调，兼具朝鲜族、赫哲族、满族以及俄罗斯特色，小吃大餐一应俱有。

其中，世贸大道是松北著名的美食一条街，而化家村、龙江第一村、龙华渔村、莲花渔村都是以鱼宴为主，且采用最传统的手法炮制：先架上一灶柴火，再将在松花江里新打捞上来的新鲜鱼放在铁锅里一炖，放点农民自制的粉条、豆腐、玉米大饼子，一开锅，那叫一鲜美。

在龙江第一村，家家有饭店，户户有生意，餐饮、交通、旅游等行业做得如火如荼。游人玩累了，尽可以坐在炕头喝着大麦茶耐心地等待着主人为其烹制的炸小鱼、拌小虾、小咸鱼大饼子，还有爽口的酸菜炖骨头、野味十足的小鸡炖蘑菇，以及新鲜的肥鲤、花鲢、长鲶……

此外，天香美食的狗肉是地道的朝鲜做法，胖姐炖鸡是散养的小笨鸡，对青烤鹅是芦苇地里长大的鹅，都是质朴传统的最具松北特色的农家乐美食。

松北的葡萄熟了……

层层叠叠翡翠楼，娇艳欲滴显娇羞，珍珠满地流。这就是位于松北号称东北吐鲁番的东金葡萄园。

东金葡萄园在金秋时节以圆溜溜的葡萄沉甸甸地展示着成熟与丰盈之美，真正是“流金滴玉翡翠楼”。

东金葡萄园内还有葡萄酒堡、葡萄博物馆。每逢假日，许多情侣或三口之家便快乐地来到东金葡萄园，轻松愉快地享受到了休闲、采摘、品鲜的野趣。

一江居中，两岸繁荣，大乘景色，百变风光。松北的魅力再怎样描述也不及身临其境的好。展望未来，松北将成功地创建北国水城、科技新城。

实践证明，松北区的开发建设为老城哈尔滨延伸了绿色的呼吸通道，注入了年轻的生命活力，拉近了城市与自然的距离。

波涛滚滚松花江，一泻千里奔海洋。阅尽两岸多少事，人间正道是沧桑。最是一年春好处，北方智谷显荣光。人杰地灵松北情，水韵新城映朝阳。

# 松北·雪

寒地黑土，拒俗尘于千里；

雪域平原，守至美为永恒；

独傲江山外，纯净天地间，松北——雪！

## （一）

人们热恋冬雪，因为她妩媚多姿；人们歌唱冬雪，因为她像白玉一样圣洁。

雪，是有灵魂的；雪，是有灵性的。让我们跟着冬天的风走进红火的松北，让我们随着优美的诗走进冬天的乐园。当北国名城哈尔滨的第一场雪在松北胜地如期而至，我们不禁发出这样的赞叹——

松北的雪真美呀，那翩翩起舞的雪花，就像那一张张冬天的请柬，就像那一篇篇神奇的童话，吸引着热爱冰雪的人们。

## （二）

松北，位于松嫩平原东部，以原生态的自然环境和纯净无瑕的冰雪资源闻名世界。它隶属于哈尔滨市，与主城区仅一江之隔，游客无须跋山涉水，只需过了松花江，就能将北方冰雪的自然之美与精雕艺术尽收眼底，便利的地域优势无可比拟。

松北雪，又名天鹅雪，雪质优异，天然纯净。

同在哈尔滨，每逢雪季，松北的雪总要比其他地方下得厚，雪期更长，雪片更大，雪花更松、更白。老乡们说，这是因为松北人杰地灵；环境专家们说，这是因为松北地处江漫滩湿地草原型沿江生态区，高度绿化，人口稀疏，常年温度低于市区2～3摄氏度，形成了难得的局部优良小环境。为了保护雪质不受污染，松北重要雪景区采用无机动车封闭管制，马车和狗拉爬犁在当地依旧作为主要的交通工具。

## (三)

一方水土一方人。雪，是松北人的源，几百年来，它由生命之源转变为经济之源，生生不息地养育了一代又一代的松北人。

大约在金源文化时期，一支游牧民族来到了松北，突然天降大雪，冰河封冻，牧民无法迁徙，于是就地安居。没有水源，就化雪为水，用以煮饭、饮用……次年春天，冰雪融化，润泽了黑土，灌溉了植物，平原一片生机，牧民们喜出望外，认为这是上天赐予他们的乐土，从此便定居在这里，并将雪作为圣洁、吉祥的象征。

松北的大人孩子到现在依旧保持着“渴了吃把雪”的习惯。

## (四)

同时，以雪为令，雪一下，标志着冬天真正地来了。松北人进入了“猫冬”的休闲阶段。这时，妇女们就开始烤火盆、炒瓜子、蒸黏豆包、包冻饺子、腌酸菜、杀年猪。

杀年猪在松北的传统中是件大事，一定要请亲朋好友一同热闹一下。先将早就准备好的大铁锅烧得滚烫，再将大白菜酸菜切成丝，放上粉条、拆骨肉、冻豆腐、血肠一起炖，炉子里的玉米秆烧得“嘎嘎”作响，几个小时后，一大锅杀猪菜就炖好了。临到出锅之前，一定要取一小碗干净、新鲜的雪放到锅里做点睛之笔。

这时，南北大炕的高桌摆上了，除了杀猪菜，还有黄米干饭配大油熬汤，膀蹄肘子也切碎了端上。四大盘子里，一定要先吃血肠。

男人们划拳猜令，大碗喝酒、大口吃肉，女人们也毫不逊色，自成一桌，爽朗地吃着、喝着、说着、笑着。条件好的还会请台戏班子，唱一通热闹的松北二人转。

小孩子们吃完先下了桌，穿花棉袄小姑娘们在火炕上玩起了数猪嘎拉哈（猪、羊等动物的膝盖骨，源自满语 gachuha），小子们就跑到了外面堆雪人、打雪仗，用卫的箩（东北方言，是俄语的音译，意为上粗下细的水桶）冻冰灯……

如果说杀猪菜和小鸡炖蘑菇是传统的松北美食，那么龙江特色鱼宴、朝鲜民族菜、清真风味美食、对青鹅宴、欧陆特色美食、松北特色餐饮，就是现代化松北饮食文明的标志。

## （五）

“江上晚来堪画处，渔人披得一蓑归。”与此景相仿，年前，在纯白的雪地上，常常会看到办年货的人们赶着马车乘兴归来。车夫头戴狗皮帽子、身穿大皮猴儿、脚套乌拉草絮的羊毛毡疙瘩，眉毛都变成了白色；车上的人们脸上洋溢着收获的喜悦，身上透着节日的气氛，按捺不住的是对未来的憧憬……马鞭一扬，马儿加快了速度奔跑起来，马铃“叮叮当当”有节奏地响着，此情此景，把个真正的松北传统服饰演绎得淋漓尽致。

## （六）

抽冰尜、滑冰板、支爬犁是松北传统的雪中娱乐活动。而现代的雪地娱乐活动则因为增加了雪橇、冰雪滑梯、雪地摩托、雪地自行车、雪地风筝等项目而更加丰富多彩、惊险刺激。大人的项目如此多样，小孩子的也同样精彩。在雪博园中，各式卡通造型的短道滑梯、雪地小火车、欢乐战城、淘气堡、小蜜蜂、儿童爬山车等游乐项目，让孩子们乐不思蜀。

## （七）



“冬有三天雪，人道十年丰。”

松北传统的雪文化，以在雪中祈福为主，目的是为了获得明年的大丰收。

为了感谢上天的护佑，男女老少一同扭起了大秧歌，漫天的锣鼓喧嚣，喇叭唢呐齐欢奏，为宁静的松北增添了无尽的喜气。

另外，一年一度的泼雪节是松北传统的节日。

人们相互泼雪，在雪中打滚，这样就可以去掉一身的晦气和不快，好运和开心就会重新开始。

由于中外游客的不断涉足，在保留传统之外，松北的雪文化有了更多浪漫、时尚的新颖形式。

在松北雪中许愿就是其中一个，据说是很灵的。

只要在雪中挖个雪洞，然后虔诚地将你的愿望对着洞口诉说，再用雪封上，在明年雪化时，你的愿望就可以实现。如果你爱一个人，和他一起，捧一捧松北雪互相洒在头上，就会白头偕老。

很多情侣都选择在这里举行浪漫的雪中婚礼，祈求生活幸福。家长们会在雪中为孩子们举行成人礼，祈求前途美满光明。

## （八）

松北雪景以自然景观和人文景观相得益彰闻名。

自然景观无须装饰，变化无常又各有千秋。小雪，轻素剪云端；中雪，漫天任逍遥；大雪，磅礴肃大地！若是遇到风公作兴，则更能领略到松北雪的豪迈！大雪过后，野村木舍、青松白桦都披上了厚厚雪毯，苍茫雪海，银装世界，雾凇、树挂、炊烟人家……一切浑然天成，不在画中，胜似画中。

松北太阳岛是国家5A级旅游景区，现已成为中国雪雕、冰灯艺术的发源地，在此举办的雪博会是目前国内开发最早、规模最大的冬季主题乐园。

太阳岛雪博会，已经成为一种呼唤、一个品牌、一个盛典，掀起了旅游的白色浪潮。

它是一座精神的家园，是一座艺术的丰碑，为松北绘出多彩的画卷，为新区创造出丰韵和壮美。

夜观松北雪博会，更是别有一番滋味。白天素雅冷峻的雪雕，在夜晚突然间绚烂起来，像是童话中的梦幻国度。一座座雪雕栩栩如生，光怪陆离，让人目不暇接。

## （九）

“画堂晨起，来报雪花飞坠。”松北雪的至美景色，已成为无数文人墨客的向往。

在画家和书法家的眼里，雪地就是最好的纸，树枝就是最顺的笔，随手拈来，信马由缰，一幅幅雪地画、雪地书法跃然蓝天白雪之间，天地人合而为一，松北的雪魂在此刻绽放！

而越来越多的作家们，更把松北当作世外桃源，初雪一至，便纷纷来到松北。纯净的松北雪肃清了杂念，无数的创作灵感潮涌而出。大作本天成，在这个纯白色的世界中，他们用文字书写了松北雪魂。

松北雪景还成就了无数知名的电影、电视剧，《夜幕下的哈尔滨》等名剧都在此取景，而雪幕电影更是松北的特色。

## （十）

又是一个冬天，那脚下的雪在热烈地歌唱；又是一个冬天，松北的雪开放着万千花蕊。

雪，是松北最珍贵的文化资源。松北区政府秉承科学发展、可持续发展的理念，将全区划分为生活区、创业区、旅游区和保护区，在走向世界与回归自然中力求平衡，在经济发展与环境保护中构筑和谐，使松北成为宜人居、宜创业、宜生活的理想之地。

“江山不夜雪千里，天地无私玉万家。”

辽阔的北方是和谐的舞台，迷人的松北是冰雪的画廊。

松北具备“寒地之王”的先天资源优势和实力。整合全球寒地城市的唯一性资源为松北所用，将“江城冰雪”文章做足，松北就会成为哈尔滨旅游产业发展和升级换代的开路先锋，成为带动黑龙江旅游资源向外输出的超级杠杆，成为哈尔滨创全国最佳旅游城市和世界冰雪旅游城市的核动力，成为带动哈尔滨和松北现代服务业发展的超级引擎。

# 木 头 屋

恩和哈达河横穿原始森林，河的西岸叫三十三站，其实只有一间用圆木垒筑的小屋，为猎人和伐木工人临时落脚之处。

爬了三十多年大山的高峰大校对这个小屋有很深的感情。夜深的时刻，下起了小雨。深山老林里没有比滴水之声更幽深、更触动听觉的了。那使人心绪不宁的回音，搅乱了他的睡眠；也可能是恍然入梦的一场小雨，淅淅沥沥敲打着陈旧的小屋……嘀嗒，嘀嗒，连续不断的水滴，在空气中滑动的声音是那么奇妙，仿佛旋转的风铃。流水声响延续，绵绵细雨敲打，高峰披衣起床走出小屋。天空多么幽静啊，深山多么清新啊，那些水珠般悬挂的星星，似乎随时都可能滴落下来，像雨水那样，落在他的头上、手上和眼里，而它们安静的样子，却像在喃喃自语，在树梢和小屋之上回响。

滴水之声，让他倾听，如同置身于一眼深井之中，心河浊浪滔滔，思绪复杂种种，情感波浪翻涌，周身热血沸腾。但同时，他被一汪泉涌的心绪湮没，被沉思和回忆的细沙无声地覆盖，又被水流冲散，远处的暗淡，近处的光线，以及视线之内的各种事物，都局限在相同的方向。相对于白昼里的浮光掠影的景象，寂静，犹如镜中的水银，它是生活的秘密，深藏于事物的内部。一个人在深夜里独自深思，说明他与这个世界建立了不同一般的联系。小屋周围的原始树木再也遮掩不住自己浓重的阴影，它的躯干，它的落叶，它的根系，密布在他的周围。在身边，他听到簌簌颤动的风声和环流全身的水声。他在喘息中畅饮风中的凉意。其实他的脚步已经放得很慢，甚至也不轻易挪动，他的脉动也是这样放慢了速度，几乎每一下跳动，都让他觉得强烈、清晰，声音比平常也扩大了几倍，比他听见的滴水之声，还要清脆、响亮。

他想到了二十一年前首次挺进这原始森林的情景。那天夜间气温降到零下二十多摄氏度，他们二十多个人不得不挤在这一间不到十平方米的木屋里（这木屋就是这里的香格里拉），靠体温互相取暖和烘干已经冻得硬硬的衣裤。他们坐了一夜，也酣睡了一夜。有的在梦中呼喊，有的在梦中呻吟，有的在梦中微笑。高峰在小屋外点着一堆篝火，烘烤着战士们的湿鞋湿袜。他在篝火的亮光下，在地形图上一次又一次地核对所走的路线。方圆几百里的原始森林里，这一小堆篝火烧得很旺。这火的颜色就是纯金的颜色。

天亮了，他们选好勘测线和钻探点，吊锤的撞击声在恩和哈达河上空回荡。这一片土地除了夏日的雷霆还没有听到过这么巨大的声响，树木、冰雪和山峰都抖动起来了。

高峰含泪捏着那片带金的沙土，一屁股坐在了雪地上，望着山出神。他回到小屋里，名为《关于恩和哈达河三十三站流域有脉金矿走向》的报告出笼。

二十一年后，高峰又回到这个小屋，这是他发现黄金的小屋，这是他情感发生巨大变化的小屋，这是他沿着二十一年前走过的路来验证并开掘大金矿的小屋。又见小屋，他的心里久久不能平静，他联想到这山的寂寞和孤独是成熟的寂寞和孤独，而高峰的成熟与联想、活跃与沉重、寂寞与孤独、奋发与成功、理想与现实，就像这大山一样，通向美丽、通向严峻、通向博大、通向和谐、通向科学和艺术的圣殿、通向勇敢和充实的人生。它在高峰的地质锤的敲打声中和高峰无险不踏的脚步声中，开始复苏。他有了一个梦想，一个无比灿烂的梦想。靠知识和才干，靠诚实而不自欺，没有过不去的大山大河，他的眼前是一片金子般的阳光。小屋，永远的小屋。

雨后的山路，变得更为险峻，真令人心惊肉跳。天近黄昏，大山苍茫。高峰顿觉“沉思默想”的分量。当一道阳光突然从一个山口射出，如飞瀑挂在对面的一座山头时，高峰突然被那景致弄了个目瞪口呆。那片阳光恰似装在了一个巨大的玻璃匣子里，而那匣子却正放在一个巨大的展览大厅里，把这道黄昏永久地保存了。“这是真正的黄昏!”黄，黄金的那种黄，金灿灿的；昏，半透明，半流质，被点点暮色浸染过了，调理过了。有黄有昏，黄昏交融。明晰的边界使它完完全全凸显裸露，一如一位全裸的少女躺卧在床，正殷切地等待一位大师的画笔……然而正当高峰陶醉于此时，那美妙的时刻、那片阳光消失了。大自然的迷人景观稍纵即逝。高峰苦想：永久，只是人类的一种幻想或梦想吧……

高峰马上意识到：人类在寻找消失。消失了的，人类才冠以珍贵之名。浩大无边的、荒原无边的、沉默无边的、胸襟无边的、永恒无边的世界，将他笼罩、浸泡、抚摸、撞击！于是高峰听到了一个声音、一个呼号，那是天籁，是地籁，是大山大川之籁。它们在奔走，在歌吟，在诉说着远古的峥嵘，在书写着存在的艰辛。生命短促，永恒之光驱赶着骚动的人类；大山永恒，片刻的乃至长久的相识感悟了高峰那艰辛而沉重的人生。

2003年6月6日于江苏宜兴某师

# 哨　　兵

金谷飘香的季节，我乘坐的越野车像一片绿叶般飘向祖国的最东端——抚远县。

凭窗望去，那黑得流油的土地，层林尽染的山峦，金波翻滚的麦海，在我的心中奏起了一支色彩斑斓的乐曲。我要去的抚远县中队就坐落在县城东南角一个偏僻的山沟里。

在队部，一边听着指导员董哲峰的介绍，一边顺手翻开《抚远县志》，我看到这本书竟然以“地利优势”的得意之笔这样写道：“抚远是伟大祖国版图中太阳升起最早的地方。”就这行字，一下子勾起了我看日出的心绪。指导员看出了我的心思，说：“来抚远不能不看日出。”于是，我想，抚远县中队，守望着安宁，也守望着日出。

我接连起了好几个大早，都因天气而未能如愿。

那天后半夜不到两点，我摸黑登上了抚远最高处，笑迎凉爽的风，以及随风飘来的阵阵山野的清香。我凝神远眺，看见一幅简单得像几何图形一样的景象，那猩红的圆与一条深沉黎黑的地平线相切，挂在遥远的天边。再仔细看去，那火红的太阳冉冉升起，在那无限苍茫寥廓的天空把灿烂的光辉洒下，大地上的一切都盈盈而生。阳光金色的因子渗入万物的体内，生命的血液是鲜红的，植物的血液是碧绿的。它还光华万顷地涌入黑龙江、乌苏里江、松花江三江交汇处。于是，仿佛万物都在感到自身元气的膨胀、生机的亢奋和力量的迸发……

带着看日出的兴奋和激动，我回到了中队的操场上，这里正在举行升旗仪式。中队的官兵们精神饱满、步履矫健，把理想信念凝聚在祖国的东端点上，使初升的太阳、飘扬的国旗和神圣的哨位一起把国歌唱响。此时的这一队橄榄绿，就像一团浓缩的阳光，紧紧依偎在太阳的身旁，把建设祖国的美好心愿、热爱祖国的赤胆忠心和守望安宁的重大使命融为一体。这时，我看到，那镌刻在操场护坡上的“把太阳迎进祖国，将青春献给警营”十四个大字熠熠生辉，折射出抚远县中队之魂的光彩。

随后，我找来一班长宋宪刚，这位脸膛黑里透红的小伙子给我讲了这样一件事：刚到抚远县中队的时候，他特别不愿意站早晨三点到五点这班岗，一是睡得正香不得不起床，二是下岗后回来还没等睡下，起床号又响了。有几个战友也和他一样，都有点这个感觉。指导员发现以后，找到他们，语重心长地说：“每天早晨能成为第一个见到太阳和国旗升起的人，不就是最值得自豪的事吗？”后来，他们都体会到了这瞬间的荣耀。

我听他侃侃而谈，很有兴致。他又给我讲了一件事。有一天吃午饭时，有位新战士说：“明天就过生日了，我妈怎么还没给我寄钱来呢？”指导员很在意这件事。当晚，就召集全体战士在一起，他问：“都谁不知道自己的生日？”回答是：“没有！”他又接着问：“谁能记住父母的生日？”战士们你看看我，我看看你，竟然没有一个能回答的。指导员一脸严肃，说：“这是为什么？为什么父母能记住我们的生日，我们却记不住父母的生日呢？”一阵沉默之后，他向大家讲了做孝子和做赤子的意义，讲了爱父母、爱中队与爱祖国的关系。一段简短的话语，使这些年轻的心灵豁然开朗。平时，中队每周选一两名升旗手，标准和条件很高，轻易无法当选，有的战士与此无缘。后来，中队把当天过生日的同志组织起来，让他们当升旗手，意在教育他们爱自己从爱祖国开始。这一活动，把大家的心激活了。他们在庄严、激越的国歌声中，在鲜艳、神圣的国旗下，领悟士兵的责任、义务和使命。指导员常说：“家家就这么一个孩子，他们的父母把孩子送到部队，不就是因为他们相信部队是一所关爱他们成长的大学校吗？我们这样做，就是让天下的父母知道，孩子在部队，他们就放心吧！”

又是一个清新的早晨，我和战友们把太阳迎进了祖国。鲜艳夺目，朝气蓬勃。我想，宇宙中还有什么比太阳更能够给予人类如此慷慨、无私、永恒一般的爱呢？那支响彻古今的意大利民歌《我的太阳》，不就是人类对太阳最灿烂的颂歌吗？抚远县中队的那张张灿烂的笑脸，不就是对太阳最赤诚的爱心吗？

2002年8月9日草于抚远县中队

# 风雪中的身影

我家有辆小自行车，那时，我对它印象并不深。

放寒假了。

我刚走下火车，那“冒烟儿雪”就铺天盖地而来。我不得不放下“帽耳朵”紧紧系上，戴上大口罩。走出站台，走出站口，我径直奔向斜对面的无轨电车站。等了大约有五六分钟，我穿皮鞋的脚被这寒冷袭击，如同猫咬似地疼，恨不能插上翅膀马上飞回家。我端着膀子，缩着脖子，不停地跺着脚。当我的目光转向柏油路时，风雪中，我突然发现一个非常熟悉的影子。一辆“24”小自行车，后面横着一块木板，板上驮着一个正方形大木箱，靠上边还有一个露出棉花的小棉被。骑车人头上扎着一块呈蓝色却有点发白的头巾，四边已耷拉着开线的线头足以证明岁月的久远。她眼睛不眨地面对着风雪，眼皮下能看出泪的痕迹，因为天太冷了。那红扑扑的脸告诉你，别说是下雪，哪怕是下刀子，她也毫不畏惧。流出的鼻涕来不及擦一下，于是便可看到结霜的冰碴儿。那坐在车座上的人身材胖胖的，着一件褪了色的蓝布衫，那袖口早已豁牙露齿，随风飞舞。那似乎看得出是“X”形的双腿一弯一弯地上下摆动。穿着那双大得像小孩枕头似的黑色棉鞋的脚，在车蹬上用着力，一下一下，稳稳当当。轮胎压得地上的雪“嘎吱嘎吱”响，留下一串儿车辙印儿……

看到这儿，我先是愣了一下，然后不顾一切地向这辆小自行车跑去，嘴里喊着：“妈妈！妈妈!”几乎同时，一辆面包车横过，来了个急刹车，司机探出头来大声喊：“不要命了!”我似乎没听见，连头也不回，快步追赶着。这时正巧她下车，她回头一看，立刻将头转过去，可是又马上转过来，眨了一下眼睛，那睫毛上的霜化成水，脸上绽开了笑容：“大成儿，你回来了。”

我叫着：“妈妈!”紧接着，从妈妈手里接过自行车，说：“妈，我来推。”我用力推着，觉得非常沉。我一边走，一边看着妈妈。妈妈喜形于色。我说：“妈，天这么冷，你出来干啥?”妈妈说：“快过年了，我上点海拉尔雪糕，卖得挺快。我约莫你这几天该回来了，啥都买好了，今年比去年全!”妈妈一口气说了这么多。这时，我发现妈突然停下，弯下腰去，用拳头砸着右腿膝盖。砸两下，走两步，又弯下腰去。我看到了她痛苦的表情。然后，她想要接过车子，说：“到咱家还有好几站，你坐车走，妈骑车。”我说：“妈，您坐车，我骑回去。”“你骑不了这车子!”她执意不肯，慢慢推开我：“等你到家了，我也就到家了。”说着，一脚蹬上自行车慢慢滑行，然后，非常熟练地将另一条腿迈上去，稳稳当当地行进在风雪中……

我看着远去的背影，心里实在不是滋味：妈妈都是五十六七岁的人了。我和哥哥小的时候，爸爸在外地执行任务，连续八九年照顾不了家，妈妈那时在纺织厂上班，上夜班时就将我和哥哥锁在屋里。那时，哥哥十岁，我六岁，就从没见妈妈的手闲过，做饭、洗衣、做棉被，天天忙碌。有一次，我打破了妈妈参加省劳模会得的奖状，气得妈妈照我屁股打了两下。我疼得哭了，妈也心疼地哭了。

妈妈退休的第二年，哥哥结婚前，妈妈从柜底翻出一个红布包，递给哥哥说：“大伟，这钱是给你结婚用的，你看着花。”哥哥接过钱，打开一看，是十捆厚厚一沓儿的大团结。

“这么多?”

“不用担心，你弟弟现在上学，用不了多少钱，边挣边花就够了。妈妈身子骨还行，等他结婚的时候，妈妈就挣出来了。妈妈不用你们管，我和你爸爸有点过河钱就行了。”

妈妈没有多少文化，但是她老人家很是开通，心眼儿好使，什么事都不怕难，特别是不怕苦。听妈妈说，她生我的第十天就下地干活。那时，妈妈在农村，推磨、摊煎饼，烟熏火燎烤得她直冒汗、淌眼泪。她坐在那里一下一下地把那发好的玉米面浆，放在平平的鏊子上，然后，熟练地一铲铲地转圈刮，非常均匀，薄得像层纸。这样机械地劳作，一上午就摊出大约有半米高的煎饼。干完这活，又要到离家十几里外的草甸上去打柴火。只见她用玻璃瓶子装好刚从井里打上来的水，包上几张饼、几棵大葱，然后，拉上那辆两个胶轮辐条粗得能载一千斤左右的推车，放上一把镰刀，小跑似地来到草甸子上。她动作麻利地打着草，约莫有两个钟头左右，她直起腰来，擦擦额头上的汗珠，往后捋捋头发，回头看看自己的劳动成果，只见那五十多平方米的草成片地躺在那儿。

烈日当空，她的周围已垛起了一人多高的小草山。吃完饭，装好车，满载而归……

我想着，车已到站。我往后望了望，只见妈妈也追了过来，笑呵呵地领我回家……

妈妈从阳台上拿进屋一块包着的肉，然后，看看表将煤气灶点燃，放上一个大闷罐，不一会儿，那大碴子粥味扑鼻而来，她用勺子搅了几下，然后关掉煤气灶，又把一个盛满小咸菜的大饭盒装进三角布兜里，套进胳膊肘。她双手提着闷罐，边走边说："大成儿，你先歇一会儿，妈去医院门口把这些大碴子粥卖了，用不了半小时就能回来。"说着，她用膝盖碰开门，把闷罐放在那小自行车的货架上，把布兜挂在车把上，推起车，一步一步向前走去……

我洗了一把脸，然后就来到厨房。厨房没有一点引起食欲的香味。我打开碗柜，看到一小碗咸菜、一小碟大酱、几个馒头，我又看看菜板上的菜刀，那是生了锈的菜刀。于是，我的心里酸溜溜的：爸爸妈妈为了我能在大学吃好、学习好，竟然每天以咸菜、大酱熬日子，那菜刀上的锈足以证明他们已好长时间不吃肉了，而他们竟每月都一分不差地寄给我两百元钱。特别是到星期天，我还和几个说得来的同学一起到饭店喝酒。有时点的菜刚上桌，谁也没动一口我们便甩袖而去，似乎这样才潇洒。我站在厨房里一动也不动，眼前晃动着风雪中那驮着木箱的车影和眼前的这一切……

不一会儿，妈妈回来了，一进门就说："大成，饿了吧？先忍着点，妈去打开水，回来给你做饭。"说着，她两手提着两个掉了把的现用铁丝当把的铝壶出门。我忙上前，说："妈，我去打!"

她把拎壶的手往回一挪，说："不行，那别烫着你!"她走出门，将壶挂在两边的车把上，蹬着车就走。过了十来分钟，妈拎水回来，灌在暖壶里。开电饭锅，倒水，淘米，切肉，打鸡蛋。工夫不大，厨房里升腾起炖肉的香味，我的食欲来了，又跑进厨房去。妈妈一边擦着手一边亲切地说："明天，妈给你炖小鸡儿，再加点蘑菇，可香了。"

我看着妈妈那褪了色的蓝布衣服，心中不禁想起了什么。打我记事起，妈妈就穿着它，一年四季，总是这么一身儿。当我抬起头来的时候，突然发现妈妈的头上已有了白发，那黑里透红的脸分明可以看出妈妈是老太太了。我用牙咬着下嘴唇，眼睛不敢再看。而这时，妈妈又拧开水龙头，洗起了衣服，嘴里还哼着像二人转那调似的小曲。

晚上，我打开电视。妈妈坐在一旁认真地数着那一毛、一分的钱，数完后，也坐在那里看电视。我想跟妈妈唠唠嗑，可妈妈坐在那里睡着了。妈妈实在是太累了……

第二天一早，当我睁开眼睛的时候，妈妈早已蹬上那辆小自行车卖大碴子粥去了。我刚起床，妈妈就回来了，一身寒气。妈妈说："没什么事儿，多睡一会儿吧!"然后又说，"再等两年，你一毕业就给你结婚，钱不用愁。"

我一时不知说什么才是，就说："妈您一天太累了，可千万别累坏了身体。"

妈说："哪有累坏了的，你们哥俩都有出息了，爸妈就高兴。你爸这两天也该回来了，到时你哥哥、嫂子都回来过个团圆年。"

多好的妈妈呀！然而我们能像您对待我们这样去养您的老吗？

一晃儿寒假过去了。

当我踏上火车的时候，我的眼前依然闪现着那辆小自车前行的情景……

1991 年 7 月 6 日于教导员室

# 一包黄豆

我和诗论家阎身寸是好朋友。那次，去成都前，我来到他家，问他有事没有。只见他正亲手用厚厚的麻布缝着一包黄豆，他急忙放下手中的线，高兴地站起来说："是吗？正好，你把这包黄豆带去，送到资县中学我的老师那里，我就不用邮了。"说完，他又再一次拿起针线十分认真地缝完最后几针，手显得笨拙却非常虔诚，然后递到我的手里。这包黄豆约莫有五六斤的样子。于是，我说："也只能带这么多，坐飞机去，重了不让带。"

听完我的话，他说："一定要把这包黄豆带给季老师，我一辈子都不应该忘记他，上中学时他用严厉而又耐心的目光教诲引导我。那是挨饿的年头，他省吃俭用，全家老幼六口要靠他的工资，还要瞒着他爱人，每月给我五元钱，那时我连条棉裤都没有。"说这番话时，他的眼里滚动着泪花，透过那厚厚的近视镜片一闪一闪的。

我也似乎被感动了。

他给我写好地址，又写了一封两页稿纸的信，认真地看了一遍，装在信封里，然后递给我说："拜托了。"

"放心吧，我一定送到。"

第二天上午，我带着这包黄豆，觉得沉甸甸的，我顿觉老阎要从这么远的地方给老师带包黄豆的深刻而又神圣的意义。我和老阎是做学问的，感情甚笃。他搞诗论，我搞美学，我们在这荆棘丛生的道路上，都曾有过共同的感受：谁的成长道路上，没有老师的辛勤汗水呢？父母对于儿女的奉献是无私的，也是无价的，而老师对于学生奉献亦应是无私、无价的，师生之情，师生之爱，老阎这一举动是精神之举。故而，我佩服老阎的情感油然而生：他在哈尔滨，在黑龙江省各界人士中已名声大振、硕果累累，而他仍在辛勤地耕耘，从早晨三点写到上午十点，一包烟、两壶水，晚上讲课，交通工具是他那辆万用的自行车，不管是风雨之中，还是寒冷之夜。尽管如此，他还时时记起他的老师。去年，得知老师的女儿考上了重庆大学，并且知道老师已年近花甲，地处偏僻，工资微薄，体力不支，他就毫不犹豫地把《诗歌美学》一书的稿酬六百元分文不少地寄去。这是怎样的师生之情啊！

于是，我似乎感到这送黄豆的任务是多么沉重！

飞机在北京机场降落。我首先拎起那包黄豆直下舷梯，大约半小时左右，又乘机飞往成都。

到了成都，我无心休息，也无心思办事，心急火燎地要去完成朋友这神圣的重托。于是，第二天一早，我就在一位朋友那里借了一台桑塔纳径直驶向距成都三百里的资县。

车到资县，我发现这里虽是县城，但却显得破旧，几乎与时代不合拍。车停下来问路，总是有许多人围过来看着这车，似乎是第一次见到这么好的车。打听之后才知道这里就只有一所中学，靠县城的东侧。我驱车前往，看见一个挺大的院子，几幢平房，大门上挂着中学的大长牌子。车开进去，一众师生转过身来，看着这辆车。我下车，问一个中年老师："同志，李春和老师怎么找？"

那老师似乎觉得这是一种荣幸，说："我给你去找。"说着，他快步跑向一间房子。

不一会儿，一个满头白发，戴着用细绳拴在耳朵上的花镜，着一身褪了色的灰衣服的老人快步从屋里走出来。我断定他就是我要找的李老师！

那中年老师说："这就是李老师。"

我忙上前两步，紧紧抓住老人的手，自我介绍说："我是从哈尔滨来的，是您的学生阎身寸的好朋友。"这时，我见他那张布满皱纹的脸上露出了笑容，问道："阎身寸，他现在怎么样?"

于是，我从车里取出那包黄豆，又从兜里掏出老阎的亲笔信，递给李老师，说："这是阎身寸让我给您带的信和一包黄豆。"

只见李老师抬起那颤抖的双手，接过了黄豆，又接过了信。当他打开信，看了两行之后，他不得不停下来，摘下老花镜，用衣袖擦着那眼眶里溢出的泪水。

这时，这里已围满了上百名师生，都在看着这里发生了什么事情。

我看着这情景，心想：假如李老师知道这包黄豆是从哈尔滨乘飞机飞到北京又飞到成都，然后用桑塔纳轿车直接送到他的手里的话，老人的心中会涌起怎样的情感呵!

李老师似乎从激动中平静下来，高兴地说："快，快进屋坐。"

师生们主动让开道，夹道欢迎似地把我送到屋里。李老师说："我和身寸已二十多年没见面了，但他每年都给我寄来他写的东西，他已寄来两本书，我每次收到都要念给我的学生听!"

我说："李老师，我从身寸那里得知，您不仅教学上有造诣，而且心肠也特别好哇。"

"哪146里哪里，还是学生好啊！我什么时候也忘不了这些好学生呵。"

李老师越谈越激动，非要留我们吃饭不可，我婉言谢绝了。与李老师辞别时，我的心里涌起了一股热浪。直到我们的车离开校门上了公路，我回头看时，李老师还站在那里向我们招手。

回来的路上，我思绪万千：老师应该最受尊重。他们付出的心血，那是于人类受益无穷的。只要人类在进化，那么老师应是最神圣的。他们是升起在讲台上的太阳，那阳光、那雨露、那面容、那心理、那用激情弹奏出的每一首歌，都是神圣的、高尚的。

1991年7月于武警总队教导队小楼教导员室

# 这 杯 水

这一天是大暑，瓦蓝瓦蓝的天空没有一丝游云。一中高二 3 班的教室里，热气扑面，同学们一边写字，一边用书扇着风。张望老师写完几行字后，回转过身，脸上的汗珠子“滴答滴答”地往下掉，不时地用手帕擦着汗，就在这时，她发现课桌上放着一杯水，这水是哪来的呢？

张老师心里乐极了。三伏盛夏，口干舌燥的时候，看到这杯清凉瓦亮的水，心都有些醉了。张老师刚要伸手，就立即把手收回来了，“这水虽好，但我不能喝啊！”她望着张张脸上挂着汗珠的同学们，把杯举起来说：“同学们，谁喝水？”同学们望着老师没有吱声。这时，一位中等个头，说话声调高昂，名叫李宝的男同学站起来说：“张老师，这杯水是献给您的！”听了这话，张老师眼角热了，仿佛已经止渴了。她说：“不，你们喝吧！”李宝又说：“张老师，我们喝了只能一个人解渴，您喝了，我们六十多人都能解渴啊！”张老师放下手中的粉笔，双手捧起这杯水，“咕噜咕噜”地喝起来，真是甜美极了，冰凉的甜水流进她心里。她刚放下杯，李宝又从桌子底下拿出一把新暖壶，上面贴着一张红纸条，仔细一看，还有端端正正的一行字：“老师，我们敬您一杯水！”只见李宝走到前面，打开壶盖，把水倒进杯里。“哗哗”的水声，把张老师的心震颤了：这是多好的同学啊！她笑得那么开怀和舒心。

张老师望着同学们的张张笑脸，又看了看壶上“老师，我们敬您一杯水！”的字样，感动地说：“谢谢同学们！”同学们看着张老师喝下这杯水，心里感到甜蜜蜜的。

1982 年 6 月于《新青年》杂志社第一编辑室

# 朋　友

那是一个绿意正浓的日子，你来到邮局，把一个月的全部收入——六张一元钱数了又数，递给营业员，邮给远方正在读大学的中学时期的同学、下乡插队时的战友。往回走的路上，你心想：读大学用脑筋，需要营养，况且这位“光腚娃娃”父亲病重，需要大量的钱。除了写信安慰之外，你还能做点什么呢？你的家也不宽裕，全家六口，老父工资全部收入只有七十元；老母无论是酷暑还是严冬，以每辆两分钱的价格照管自行车；大弟二弟都在读大学，姐姐待业。老父全部收入都要寄到两个弟弟手中，你回到家时从来看不到一丝菜影，只是咸菜、大酱。家里想照顾你，但力不从心，你也想为家里做一点贡献，但亦有同样的处境…… 你却想为朋友出力，而忘了自己、忘了家，所以把全月津贴全部寄出。

这六张一元的人民币难道就只是钱吗？不，那是你的一颗心，一颗洁白如玉、赤热如火的心啊！然而你却仍因只能为朋友出一点微薄之力而不能解决什么问题而内疚，那时你才二十岁。从十岁起，诚实而又有教养的父母的言行就影响着你和你的姐姐弟弟：做事要对得起良心，这潜移默化的道德对你的感染至深。

六元钱寄走了，你便囊中空空，没钱买牙膏、香皂，更没法和别人一起星期天到饭店改善一下生活。所以，业余时间你只能坐下来看书、写作。你说：“我的好多同学都出息了，他们学习好，我只有不停地学习本领才能和他们长久地交往下去。”

后来，你到大学进修，仅有的伙食费又不够一天吃三顿的，你就有时一天吃一顿或两顿；花不起住宿费，你干脆就住在老师的办公桌上，晚上铺盖一铺，白天铺盖一卷放进纸盒里。半年下来，你的头发没有一点色彩，脸色露出营养不良的症状，而你从不叫一声苦，依然将省下来的钱寄给他们。你从心里感觉到做了件该做的事，而你又不愿讲给别人听，更不愿透露你目前的困难和处境，总是说："一天挺好，不缺吃不缺穿挺充实。"一天，一个战友来找你，请你参加欢送一个战友转业的宴会，你推托说："实在没有时间，代我问他好。"是没有时间吗？你面带难色，你那位战友说你不够意思。可是，他哪里知道，你连吃饭的钱都紧巴巴的啊。你惭愧地低下了头，不管那位战友是否理解你，你什么也没再说，目送着你那位头也不回的战友。

一年以后，爱情在你心里萌动。你看上了中学时比你低两届的同学，她眉清目秀，善良而诚实。你觉得她就是你心目中的伴侣，日思夜想，总想表露自己的内心世界。而恰恰在这时，你的"光腚娃娃"和你一起探讨找对象这个问题时，公开向你袒露：他爱上了一个人。这个人就是你所寻觅的，你心里一惊，然而却十分镇静地说："我看行。"他说："你们认识，能不能给我提一下。"你说："行。"然后你又笑呵呵地说："真是咱们村里的年轻人。"你的朋友一时尚未弄清你说的是什么意思，你便走了。

一回到家，你坐立不安，心想：爱情是自私的，可是不能夺朋友之爱，尽管也很爱她，但不能将朋友置于一边而不顾。你的心里倒海翻江。在你的心里，你这个同学各方面都比自己强，他和她更般配。因此，你执意要忍痛割爱，大胆地为他介绍。后来，这件事的内幕曝光以后，你的朋友知道了你的一切……

随着岁月的流逝和你思想的成熟，你越来越深刻地体会到人品和朋友两个概念的深刻含义。

这年秋天，你带着辛勤的耕耘和丰硕的果实再次从基层步入机关。当时办公室的一个重要位置空着，人们的目光几乎同时对准了你。你并没有得意忘形，但群众的猜测是有一定道理的：一是你今年有点政绩；

二是你一直是做此工作，轻车熟路；三是你是领导的老部下，比较了解情况；四是你人缘不错。然而，正在你想当这个角色的时候，也有几个人想当，而且为达到此目的正在想方设法。一天晚上，你的一个朋友来找你，说：“我桌子已为你擦好了，愿做你的下级。”那时，你并未听出这是恭维，因为你对他的信任有时胜过对自己的信任。你一笑，说：“我干不了，我水平不行！”显然是一种言不由衷的谦虚。接着，你似乎从他的神色中看出了一种难以名状的表情，你看着他，他也看着你，沉默片刻，他说：“说实话，我从心里盼你去，可是话又说回来，我提不了职，就分不到房子，就结不了婚，目前机会难得。”你恍然大悟，略一思索，说：“若是我提而影响你，那我让出来，朋友一场我有这个风格，我也要够这个意思，一会儿，我就带你找领导说这事。”说完，你拽着他的胳膊去找领导，落座后，你开门见山：“他干，比我干那个职务要强得多，他才思敏捷，我推荐他。”领导笑了，那是发自内心的笑。第二天，你要去北京开会。临走前，领导找到你，说：“这个位置你干更合适，你若是答应，我们马上打报告。”你仍执意说：“还是让他干吧，他提不了职就没房子，就结不了婚。我不差这。”

领导说：“你真是宽宏大量，真让人佩服。”这虽说是内部消息，但从中能看出你什么呢？在当今有些人脑袋削个尖往上爬的时候，你却把这一职让出来，这只是一职吗？它关系到你的当时和今后，你想过吗？除了说你“够朋友”之外，你还得到了什么呢？

然而，你很坦然，很高兴，总算又为朋友出了一把力，可是，别人能这样理解吗？你却说：“做点事，不能总要求别人都理解，自己感到无愧就行了。”

“朋友”，只有两个字，但它的含意，两个字能解释清楚吗？

孩提阶段，青年时期，成熟时代，各有各的答案。你现在得到的是哪个答案呢？

又是一个绿意醉人的夜晚，你和你远道的朋友在交谈着，直到月光洒满杨柳……

1991年7月于教导员室

# 缘　　分

今天是周六，下班早。我洗完澡，回到家，兴致特别好，打好土豆皮，用电饭锅蒸上饭，就开始炒菜。放了几块瘦肉烩锅，香味在厨房里升腾。

这时，厨房的门开了，爱人一边摘包一边说："嗬，好香啊！"放下包，她兴冲冲地朝我过来，说："今儿个太阳从哪边出来了，你还做上饭了。"她感到很惊奇。

我一边用炒勺颠着菜，一边风趣地说："你丈夫现在行了，也知道疼媳妇了。"

爱人喜形于色，努努嘴。我看她一眼，觉得她长得真美，那瓜子脸，柳叶眉，丹凤眼，樱桃嘴，窈窕的身材着一身浅色西装，既严肃庄重又顺眼流行。

我转过脸来，偷偷一乐。

她说："你乐什么？别忘了，咱们结婚的时候，你还是个大兵呢?!"

我也不示弱，说："怎么？后悔了？还来得及！"说着，淘气儿子跑过来了："什么来得及来不及的！"说着，就从他妈妈的小包里掏这掏那，掏了半天，很失望，一边央求，一边撒娇："妈，大大泡泡糖呢？你昨晚不说给我买大大泡泡糖吗？说话不算数啊？"说着，坐在他妈妈的腿上。我把菜倒在一个大瓷碗里，从碗柜拿来筷子和碗，把早已准备好的一盘酱牛肉往桌子上一端："嘿，尝尝咱哥们儿的手艺。"

我和爱人、孩子高高兴兴地吃饭。

爱人一边吃一边说："真有意思，一晃儿咱们结婚七八年了，想起恋爱那阵子，真挺有意思。”

“那当然了，你没看你嫁给谁了。”我有意使气氛再活跃起来。

她说：“说实在的，我就相中你那个劲儿，可能这就是男子汉。”

“那说明你有眼光，你老头儿现在是堂堂的军官。”我给儿子夹了一块土豆，挑了一块瘦肉，又给爱人夹了一块。餐桌上顿时升起了一股暖意。

她说：“看来谁嫁给谁，这真是缘分。”

吃完了饭，孩子早跑出去打秋千去了。

我和爱人谁也没有离开饭桌，那剩菜和等待洗刷的碗盘原封不动地摆在那儿，我俩像谈恋爱一样，回忆着从恋爱到结婚这段令人难忘的经历……

当兵的第二年冬天，我有机会出差，领导准我回家去待三天，我高兴不已。那时我才二十一岁，回到家，父母乐坏了，见我穿着草绿色军装，一再说：“大儿长高了，也长胖了！”我陶醉在父母姐弟团圆的欢乐之中。

爸爸说：“你到乡下看看爷爷奶奶和姥姥去，他们都想念你；还要去看看当兵走那天送你上车的邻居和你刘姑、姑父。”

第二天下乡回来，我就去看了刘姑和姑父。刚一迈进门，透过热气腾腾的雾气，我忽然发现一个熟悉的面孔。那瓜子脸、柳叶眉和双眼皮下总是闪着笑意的眼睛，平平的肩膀穿着一件红色毛衣，越发突出了她特有的少女韵味。我脑子里一闪，她念中学时低我两届，现在长这么大了。

不容得我想完，她叫了一声：“大哥，你回来了？”

我似乎没听见，朝她笑笑，就去拉里屋的门，一进门，一个胖圆脸的小姑娘热情地说：“大哥，你回来了？”

我说：“回来了。”

刘姑和姑父笑脸相迎：“大臣回来了！”

“刘姑，姑父，你们好啊！”我立正敬了个军礼，然后坐下来。

她端来水，又拿来烟，让我喝水、抽烟。如果我没记错的话，她叫佳秀。

我问她：“你现在做什么？”

她大大方方地说：“在公社小学教学。”

说到这儿，我才知道，她已经中师毕业了，是学美术的，能画一手好画儿。

然后我同刘姑和姑父谈了起来，他们都是见过世面的老人，通情达理，又很开明，说话很招人听。他们问这问那，我一一回答，回答的时候虽语言流利，但心在“突突”地跳。我觉得这是一个幸福美满、充满欢乐和用知识武装的家庭，比起我家来，生活上要富裕得多，但我们共同的特点是：父母都很根本、老实，注重后代的学习和成长。

回到家，我总觉得心神不安，真有点神不守舍。说句坦率的话，在对她有这么好的印象之前，中学时，我曾对低我一年的一位女同学有好感。这种好感发自少年之心。她那在台上讲话的端庄面孔和令人多看一眼的大眼睛及闪着红晕的胖圆脸，确能勾住一个少年的魂。我曾找她谈过几次心。那是经过精心准备之后，或者说背好“台词”之后才找她的，谈学习，谈理想，谈人生。她只是听我讲，不插言，有时对我笑一笑。我找机会找她，她都能来，谈的全是美好的憧憬。所以，站在她面前，我有时一投足、一举手都很讲究。特别是有她在场时，我的讲话就更加注意用词和所表现出来的气质。在我当兵走那天，在十字路口，想奇迹般地让她出现，然而她没有。我当兵的第二年她考上了大学，那时，我正在一个地质队实习，后来通过一个青年点时期的朋友去找她，恰巧在路上碰见。只见她低着头，一步一步，稳稳当当，还是穿着那件灰色的棉长大衣，背着书包，似乎在思考什么问题，又似乎有什么疑虑。我走到她跟前，不知所措，忙举手敬礼。按理我比她大，不应敬礼，可能我从心里太尊敬她了。她伸过没摘手套的右手，同我现摘去手套的手一握，两眼相视，互相叫着彼此的名字，然后留下通信地址，介绍了一下情况，就分开了。

这次在操场上这一握手，我和她都没忘记。后来通信，一周就是两封，相互间都很长，但通篇没有一点别的意思。互相对对方的倾慕，言词都是很美、很让人愉快的。

不到两个月，我要去报社学习。这回我可高兴了，一是可以学到知识了，二是可以抽时间与她面谈。因此，我当即写信给她，告诉她可以随时面谈了。然而，正当我要上车时，接到了她的回信。这信和以往不同的是在我名字前的“尊敬”二字已去掉，并说学习很紧，无暇面谈，而且这是宝贵时期，应把精力放在学习上。如当头一棒。我从此再没写信，再没同她见面。但我心里想着她，后来，觉得自己是个兵，与大学生谈不来，就打消了下一步的念头……

因此，在刘姑家发现佳秀出落得如此美丽，我便又动了心。在103中学念书时，我对她印象就不错，只是觉得她小，没去想和她谈点青年人成家的事。那时，我每天早晨去练长跑，她去写生，早晨五点，就在单双杠那块儿一边练，一边看她来没来。当我发现她背着个大本子，骑着自行车从我面前驰过时，我早已六神无主…… 今黑儿，当再看见她时，我的眼前又勾勒出这幅画卷……

妈妈铺好了被，我躺下，妈妈说：“大儿，找个对象吧。”

我说：“先不找。”

“有好几个‘上赶子’咱们的。”

“先不忙，过一年再说吧。”

妈说：“你想找什么样的？”

我说：“要是刘姑家的佳秀有人给介绍的话，咱就同意。”

妈妈似乎想了想，对爸爸说：“还真没人提她。那可是个好人家，要是能成亲，那可真不错。”

第二天晚上，我刚要出门，来了一个白发老头儿。他是我同学的爸爸，我叫他李大爷。我把他迎进屋，热情招待。他刚点着一支烟，然后对我妈说："怎么样，那天提的那事儿？"

妈妈笑呵呵地说："这不正给大臣商量吗，我看挺好。"

"就是，那闺女多水灵。"

妈说："就是咱后院的山己，你天天看着。"

我没吱声。

这时，只见门被推开，进来的是我刘姑和姑父。我赶紧站起来，赶紧让座。

他们和李大爷都认识，互相问着话，大约有十多分钟，李大爷似乎看出点什么门道，起身告辞。我们全家将他送到门外，还邀请他有空来。回到屋，我觉得和刘姑、姑父特别亲热，谈话也有内容。我父母同他们都是老同事，谈话自如。很明显，他们的到来是因为我明天要走，尽我父母老同事之情，没有其他意思。他们起身要走时，我一下子站起来，当时也不知从哪儿来的勇敢劲儿，热血奔涌，激情满怀，说："刘姑、姑父，我想给你们说件事儿，要是佳秀还没处对象的话，我想和她交个朋友。"我一气儿说了这么多。

只见他们都站在那儿，我父母也站在那儿，可以看出我给他们出了难题，他们没有这个准备呀！刘姑和姑父相互看了看，然后，刘姑说："你明天去问问佳秀，这是你们俩的事，我们当老人的没意见。"

我心里好一阵欢喜，有希望，要穷追不舍。我将刘姑和姑父送到门外，又送上正大街公路，还想说点什么，却说不出来了。

第二天，刚吃完早饭，我就来到刘姑家。姑父已经上班去了，只有刘姑和佳秀在家。只见佳秀擦着门框上的灰，然后坐了下来。这时，刘姑到厨房收拾着什么。

我问："我刘姑跟你说了吗？"

她表情严肃，十分认真，说："年龄还小，这事不想考虑这么早。"

"还小吗？我已二十一马上就二十二，你已十九马上就二十了，你给我个准话儿，你同不同意？”

她没有表态，起身推开里屋的门，进去了。门没关，我也跟了进去，只见她站在立柜的大镜子前，摆弄着头发。我和她并肩站立，看着镜子，说：“比比谁高！”

她马上离开，我说：“你嫌我个子矮吗？”

“有点儿。”

“矮是矮了点，但个子小不一定没出息呀！”

她又起身到外屋。

我说：“你是否同意，给个准信儿。”

“心急吃不了热饺子。这事儿能急于求成吗？我要是同意的话也不能定下来，得处一段时间看看，也就是说同意处，而不同意定。”

听了这段话，我觉得她仿佛比我大许多，她懂得这么多道理，相比之下，我太简单了。

我心里不通，又不想失身份，就说：“晚上我就要走了，可能要到大兴安岭漠河去，我先给你写信，信上联系。”

她说：“好吧！”

然后，她送我到门口。等我走了几步，回头看时，她已离开门口进屋了。

我心里很不托底。

中午，我中学关系最好的同学请我喝酒。喝酒之前，他说，他相中了一个人，并说出了她的名字，我一下子愣住了。

他说：“你熟悉，让你爸我刘叔叔方便的时候给提一下。”

我点头说：“行。”

不知怎么搞的，我突然觉得他和她都是中专毕业，可能行，只是不知她是否同意。他们原来在一个大院学习过。开始喝酒，我猛一下子喝进一杯，不到五分钟，脸通红，又喝了一杯，和我的同学又碰了一杯，这时，我就觉得天旋地转。又喝了多少杯，我不知道了，是我的同学和他的父亲送我回的家。

老实说，我心情不好。我对这位上了学又分配了工作的同学羡慕极了，而当时当兵的已成了等外的人，我心挺高，又富于思想，有时又很外露，加之纯朴又简单，所以遇事没有雅量。至此，我已自卑。我可以无数次地在大会上讲话，都是那样流利动听，并且我还有相当的组织能力，可这些竟然招不来一个女子的爱慕。我虽然个子矮一点，但不乏男子汉风度，五官端正超出一般的人，至少可以算个中等人吧？这不算，我心眼实、心眼好，无论如何，我都会对她好的。可是，我心目中的女子，咋追求不到手呢？

带着种种遗憾和自卑回到了部队，刚一进屋，那满屋的白霜和冰凉的炕，使我的心更凉了。过了十天，我随部队一起去洛古河，我国最北端最冷的地方执行任务，那里几乎与世隔绝。坐了六天六夜的闷罐车，下车一看，皑皑白雪，高山峻岭，一片荒凉。在这样的环境里苦熬着，精神毫无寄托，思想也很消沉，默默无语，仿佛看什么都来气。在这种心绪下，我写出了给佳秀的第一封信。这信是从大山里发出去的，只有两页纸，但我的情、我的心已跃然纸上。

我等待回信。

一个月后，天气已冰消雪化，晴天可见阳光，春天的和风吹拂着我，我的心情也渐渐好起来。

她来信了。称呼是我的名，没有姓。我高兴极了，和那个同学写信时，她总是连名带姓一齐写上，仿佛不相识的人写信，一看心便凉半截。因此，此信开头很快地拉我往下看。除了问候和介绍情况外，再就是上政治课，仍在重申：岁数小，还不了解生活，考虑此事过早，我们都不应该在别人摔过跤的地方再摔一跤。

我的心没有热起来，没有回信。

等到九月份，我回家去，送弟弟上大学。弟弟考上了大学，这是我们全家高兴的事。妈妈和爸爸在高兴之余，最为关心的是我的婚事，意思是能否与佳秀定下来。我去佳秀家，再三追问。

她说："我准备考哈师大美术系。"

一句话便可证明，她不想将此事定下来。我半天没有吱声，半天也没有看她。心想：本来我是个兵就配不上她，她若是考上大学，我就更不能再去攀人家，应该有这个自知之明。

于是我说："我祝愿你考上！"二十二岁的年纪正是愿意在表达这番意思时说这样话的时候。

她说："我有这个打算，还不一定能行。"话里留有余地。

我起身告辞，她仍是很客气地送到门口，那眼神似乎是在看你又不像。

我心有余悸，她到底同不同意？回到家，爸妈见我的表情，便可看出我的心事。我说："她要考大学，我看就别处了。"

爸妈相互看了看。我说："爸爸，我不好意思再见她，您向她妈说明一下算了！"

爸爸很难为情，蹬上自行车找到她妈。

我心里很是不安。我想，假如我得不到她，我也要从心里爱她，尽管这样有些自作多情。

当晚，我同学的父亲李大爷来到家，提亲。爸妈说大臣没意见。我说那就处一处吧。第二天晚间，约定在李大爷家见面，也就是相亲。刚一进屋，我一眼就看见了她，浓黑的眉毛虽然长得不如佳秀，但也可以说得过去，念书的时候，她每次见到我，都是很礼貌地喊我"大哥"。

两家家长唠了一会儿，所有的人找我谈这谈那。二十分钟以后，李大爷把她父母和她叫出，不知说什么。五分钟后李大爷又把我父母和我叫出，问怎么样、可不可以，显然刚才叫他们出去亦是如此。

爸妈问我，我点头。

大人们都走了，只留下我和她。她低着头，依在炕沿边双手摆弄衣角，不时看看我。我假作镇静地说："我们早就认识，照实讲，我现在还是个兵，你是国营工人，我说的意思是，你假如跟我处成了，那是要吃一些苦的。”这时，只见她抬起头来，用一种思索的目光上下打量我，仿佛对我是那样陌生。

第二天晚上，我俩并排而行，但有间距，走到电影院门口，在拥挤中走进去。这时，靠前排的一个非常熟悉的女孩正回头望着，我的目光和她相对，我的心里很不是滋味。

我和山己坐下来看电影，心里很复杂，不知道在想些什么。这部电影叫什么名字几乎都记不起来了。我想，假如我不提出与她拉倒，尽管她还没下定决心，但总有这么回事儿，她也会比较负责地来对待这事儿。现在我是兵，以后还能总是兵吗？现在家庭不富裕，以后家庭还能不富裕吗？最根本的还不是看这个人如何吗？是不是有志气，是不是讲道德，是不是有本事，是不是男子汉？我是不会停止前进的，我一定要闯出一条路子，成为一个有用的并且让人看得起的人。

我想，这也可能是空有一腔热情，然而，那时我的心的确是倒海翻江。

电影散场了，我俩在别人未走前，先走了。走在路上，我想，我既然已决定同山己交往相处，我就应具有积极负责和诚实的态度。

过了两天，家里说要吃定亲饭。吃饭之前，要征求一下对方意见，要多少定亲钱，好在吃饭当中将红包送给人家。我去征求意见，她爸妈说：“我们就这一个女儿，不要什么了，你们俩商量。”

我心眼儿实透了，很高兴。不要什么最好，要什么我都拿不出，因为我才挣十二元钱。于是，我把她叫到外屋，问她怎么样。

她说：“定亲，也是我一辈子的事，我不想要什么，但你总得给我买一块三百二十元的表和一身衣服吧？”

我愣了。嗬，好大的价码，我家从哪儿弄这些钱？我勉强答应。

我说：“回去商量商量。”

她说：“你满足不了这个要求，我们就不去吃定亲饭。”

从这话我真听出了这人的守旧和无知，我虽然是个兵，但我比她有教养，相中人成亲就成亲呗，为啥还有这么多说道儿？说实话，我从心里觉得不是滋味，然而我又不想再这样折磨自己，干脆就依了她。

这天中午，我家找好了亲戚，请了厨师，准备做二十二个菜迎接尊贵的客人。时近中午，准备齐全，菜味飘香，屋里充满了欢乐的气氛。

这时，她父母和她及有关亲属接踵而来。

宴会开始，我爸致辞，那话语大致就是成亲戚了，在一起乐和乐和。众人举杯，酒过三巡，介绍人李大爷发表演说，说得头头是道，使宴会进入高潮。

这时，我父亲将她和介绍人找到一个小屋。只见我爸从上衣口袋里掏出一个小红包，慢慢打开。我发现那手是颤抖的，这仅仅是定亲的彩礼吗？这分明是我爸妈省吃俭用的汗水钱啊。我见她接过了钱。

我好一阵脸红。我已二十有二，还不能为父母做一点事，真是惭愧。我们哥仨儿照这样下去，得刮掉父母身上多少油啊？我不敢想下去，扭头到院外站着去了。

之后，我和山己书信往来，总是我给她写三封信后，她才回一封信。我又突然想起我离家归队那天，有许多同学、朋友送我，而她却没去。后来，她渐渐不写信，半年里我也接不到她一封信。据说我爸妈请她到我家吃饭，她也不赏光；我父母去她家拜望，而她却从不回拜；还有几次见我父母连自行车都不下，形同路人。

我知道这一切后，思索：她不大中意我，有些看不起我，嫌我个子小，嫌我是个当兵的。

我在瞧不起自己的同时，向她发出了“最后通牒”。

然而她妈说：“她年龄小不懂事，再给她个机会。”

我怀着善意，答应了。

我考入了一所大学的中文系，一个偶然的机会，我和已考入了另一所大学美术系的佳秀相遇，互致问候之后欲言又止。两人那闪烁互相会意的目光，教我难舍难分。她更加漂亮了，她动作的优雅，她面孔上依稀动人的笑意，教我难舍难分。她眼里的光辉，她回答问题的姿态，特别使我神魂颠倒。我总想说点啥，可又不知该说什么，于是我们互相留下地址握手告别。

两所大学离得不算远。

这天晚上她打来了电话，让我给她看一篇作文写得怎么样。电话约定，第二天上午十点9线车站起点站相见。我们按时赴约，谈学习，谈理想，又谈起了同学中谁和谁处成了对象，谁谁考上了大学。越谈越有话，越谈越开朗。她坐的地方正好是朝阳处，我越看越觉得她真美。

我摆弄着钢笔，无心思看她写的作文，说："咱俩和好，行吗？"

"那不行，她不也挺好吗？"

"再好也比不了你好！"

"那不行。"

我转过身来，与她面对面说："说心里话，她有点瞧不起我。同时，我觉得我和她思想上和观念上有很大不同。"

她眨眨眼，说："婚事，是人生大事，千万不能当儿戏。你一定得处理好。"俨然是一个大姐的口气。

我向她介绍了我和山已恋爱的经过，很简单，也很纯洁，没有丝毫过杠的行为。

她没有吱声。

她走了。

当晚我就写信给山已，通知她我不想再这样下去，我要按照自己的意愿去选择。

后来我每天早晨与佳秀相见，一周二次，谈得很好，互相尊敬。我再次证明自己的判断，这就是我的意中人。我们徘徊在小树林的小路上，清晨的空气特别清新，使人心旷神怡。早晨谈比晚上谈要好得多，我们从中文到美术，从文学到艺术，从古代到现代，就像这早晨的太阳一样，充满无限生机和希望。我们谈起老人，谈起人生，谈起婚恋，从正面到反面，从初恋到结婚等话题，是那样投机和不谋而合。那时我说："可能在恋爱阶段，不论男女，他或她总是将其短处掩盖着，而将其长处直露于表，博得对方的好感。我不想采取这种办法。我会将真实的我告诉你，也希望你将真实的你告诉我。"

我们从树林小路这头走到小路那头，时间到了，我们各自跑步返回学校。

恋爱的确能让人聪明起来。

后来，我俩的事在家公开了。一天下雨，我穿着一件打了补丁的的确良蓝裤子，挽着裤腿儿，上身着一件半新不旧的军装，光着从来也不梳理的头发，来到她家，正好被她家邻居看见。事后，她家邻居当着众人的面说："佳秀的心真不高！"这显然是对我的一种评价。

后来我俩几乎形影不离，很亲切又很有分寸。

我们俩同一年毕业。第二年十月，选择了一个吉祥之日，欢欢喜喜地结为百年之好。那时，我仍是一个兵，我也看得出来，她当着这么多同学的面，多么希望我是一个比士兵身价高的人啊！大学生与当兵的结婚，多么令人不可思议。我看出了她的意思，我心里在说："一定为你而奋斗。"婚后我们两地生活，互相思念，恪守家规，家庭和睦，根本人家。

第二年，她分娩之时，我守在她的跟前，那情景告诉我：多疼爱妻子吧！她们确实是伟大的。她用双手紧紧攥住我的手，几乎要把我的手攥出了血印子。我真难想象到这时她哪儿来的这股劲儿。她满头滚汗珠子。当接产医生将婴儿抱出来，照屁股使劲拍两下，婴儿发出第一声啼哭，马上撒了一泡尿时，她的妹妹大喊："是小子！"全家欢腾。我见她长长舒了一口气，脸上露出了舒心的笑容。

我爸和她爸在外间屋高兴得互相笑着，于是我爸在屋檐下的门槛挖了个坑，将胎盘埋进去，意即这是我家的顶门杠。

我妈和她妈高兴得就甭提了，我妈妈拿着那件我俩刚结婚时就在床上放着的一身画着龙的小孩衣服，两个妈妈说，这是老天赐予的，大一大就给他穿上。

我们生活在幸福之中。

平日里，她活干得最多，做饭、洗衣、看孩子，我的任务就是打开水。尽管这样，她还能在全省美术教学比赛中获得第一名。有时她在忙碌，我去扫扫地说几句幽默的话；有时她生气了，我就想办法逗她一笑，似乎这一笑把一切都冲淡了。

有一天，我对她说："这是多好的媳妇啊，还有什么理由三心二意呢?"

她笑也不是，不笑也不是，把夹起的一块红烧肉放在我的嘴里说："别忘了，你当初还是个大兵。"

我说："那是缘分。不过，你放心，你丈夫也想好了，也懂点事儿了，也知道疼媳妇了。"

说得她笑了半天。

我儿子一边吃肉，一边说："看你那大傻子样!"我学着演员出了个怪态，儿子顿时也一咧嘴、一瞪眼，又很快收回来。

他妈妈说："怎么样，有啥样的爸爸就有什么样的儿子吧，连怪态都像。"

于是我贴近儿子的耳朵说："爸好还是妈好?"儿子小声对我说："爸好!"又对着他妈妈的耳朵说："妈好!"

我俩甜蜜地笑着……

1991 年 10 月于武警黄金部队小楼教导员室

# 命　运

一天下午，我和一位朋友，喝着茶、抽着烟，谈兴很浓，天南海北、大事小情，如行云流水。我们唠起了妈妈，唠起了老师，唠起了人生……

岁月悠悠，往事历历。我的朋友随着我的思绪，进入了那值得怀念的时代……

早就听妈妈说，在我出生之前，她曾生过两个孩子，但都在刚出生时就用谷草捆着，扔到了“烂尸岗”。爸爸妈妈为了有后，四处求神拜佛，几经周折，终于找到了一个老道。那老道指点说：“必须找一个叫‘栗’的中年女人。”爸爸妈妈一切按照老道的指点，在本地终于找到了叫“栗”的女人，她方脸儿大眼睛，有说有笑的，给人以憨厚善良的印象。爸妈顿悟：“栗”，就是“立子”。老人觉得老道指点的有道理，崇拜迷信至极。妈妈就要生我那天，爸爸将“栗”请到家来，给妈妈做个开裆裤。分娩时，不许妈妈、爸爸以及其他人看婴儿，就只许婴儿呱呱落地时，立即由叫“栗”的抱去，从她的裤裆里掏过去，意即此儿由她所生，然后抱好，放到我妈的怀里。从出生之日起，我就必须把后脑勺下边的那绺头发留起来。我很顺利地活下来，只是比一般小孩瘦弱，爸爸妈妈既高兴又担心。我一年比一年长大，当我长到六岁时，我脑后那绺头发已长到一尺来长，和别的小孩打闹玩耍时，他们有时揪着这绺头发，使劲拽，当作报复的主要弱点，有时还取笑、起哄。但爸爸妈妈很高兴。有一天，我对老人说：“把这绺头发剪了吧！”妈妈说：“那可不中，老道还没说呢！”我当时还不明白这是什么道理，但老人的意愿我可不敢违背。因此，上学了，就把这绺头发从后梳到前边，戴上帽子，直到十岁那年。

有一天，爸爸妈妈把屋里的那个方桌擦得干干净净，爸爸用磨石磨着那把黑色的老剪子。奶奶领着我向离我家有三里多地的庙走去。到了那一个坐像前，我和奶奶都跪下磕了三个响头，然后站起来，奶奶插上三根香，我照着奶奶的样子亦插上三根。这时，那老道拿出一个半米高的方凳放在那里，让我双腿并拢，跳过去，然后头也不回地径直一口气儿跑回家。我按照老道的指点，跳过去，头也不回地一直跑到家。只见爸爸妈妈高兴的同时又紧张地站在屋里，当我跑到他们跟前，妈妈抬起拿剪子的手，照着我后脑勺下那绺毛一剪子就剪下去，前后没有一点间隔。约莫有半小时的样子，奶奶一步一步走回来了，见我气色那么好，那高兴劲儿甭提了，爸爸妈妈也才松了一口气。

我的名字之所以叫黄利，可能就源于此。

后来，我上了高中。那时我是学年学习成绩第一名。有一个同学姓姚，他有时比我强，有时在我之后，老师、同学都喜欢我们。但就在高三的那一年，老父亲病重了。我是长子，当时十八岁，还有两个弟弟、一个妹妹，当时大弟才六岁，小弟四岁，小妹还抱在怀里。我在医院里伺候父亲近四个月的时间。当时只有我和医生知道爸爸得的是什么病，那是胃癌。到最后，他瘦得皮包骨，骨头都快露出来了。大夫给他打了杜冷丁，他仍是在翻来翻去，疼痛难忍的样子。他对我和妈妈说："利儿，一定要考大学。"妈和我含泪记住了他的话，但他已熬到生命的尽头，妈妈找了风水先生，给他选了一个好的位置安葬了。妈妈比爸爸小十二岁，只剩她拉着我们哥四个。那是1961年，困难的程度就别说了。

到了最后一学期的最后一个月。学校考虑我耽误的课太多，提出我要是不考大学的话，可以留校教初二的语文。我回家问妈妈："我考不考?"妈妈说："考！一定得考，不然对不起你爸爸。"

就这样，我来到镇上参加高考，住在一个大车店，条件极其简陋，又潮又湿的地面，被褥上爬满了臭虫、虱子。不能睡觉，我就和姓姚的同学来到一个树林里，背起了历史、地理，他背一遍，我背一遍，几乎可以倒背如流，第二天和第三天考试果然非常理想。

回到家，我对妈妈说："准备被褥吧！"

妈妈笑得嘴都合不上了，弟弟妹妹还不知咋回事，在愣愣地看着。

我来到老师家，向他讲了我答卷的情况。他一道题一道题提问，我从头至尾逐一回答。老师的心里乐开了花。然后，又问我作文，作文题是"记你熟悉的一个人"。我写的是《我的姐夫》，从开头到发展到结尾讲给老师听，老师边听边点头，说："好，写得好！"结果吉林大学中文系录取了我，这是我的第一志愿。姓姚的同学被北师大录取了。

我上学，需要五十斤全国粮票和四十元钱。在那时候，粮票，尤其是全国粮票，非常值钱。我妈妈正在想方设法去借。妈妈虽然很高兴，但愁这五十斤粮票和四十元钱。妈妈说："利儿，不要愁，今天晚上咱全家吃顿饺子。"说得容易，那时候，能吃得起饺子吗？想来想去，邻居家有个曹姨，她心眼儿好，在我们那里仅有的一个饭店跑堂，妈妈托她从饭店借六十个饺子，慢慢还钱。曹姨帮忙办了。

这天下午，妈妈领着我六岁的弟弟去饭店取饺子。进屋后，妈妈急于和曹姨说话，弟弟自己在地上玩儿。这时，地上一个不知被多少人的鞋踩了多少次的小东西，上面还有拉锁，绊了弟弟的脚，他顺手拣了起来，不知是什么，就拿着玩儿。那上面的泥沾满了他的小手。妈妈用盖帘儿把六十个饺子端回来。弟弟拿着那小布包在玩。

回到家，我早已烧开了水。那时候，能吃顿饺子很不容易。饺子煮好了，弟弟妹妹眼睁睁地看着，吃着。我和妈妈象征性地吃了几个，就全让弟弟妹妹吃了。

过了一个小时，妈妈要给我收拾行李。走过去一看，一个小布包放在炕上，那泥、那土还沾在上边。妈妈一下子拿起来问："这是哪儿来的？"我说不知道。弟弟说："在饭店拾回来的。"妈妈急忙拉开那拉锁，一看是钱和粮票。数了数，正好是五十斤全国粮票和四十元钱。妈妈放下这钱包，“哇”的一声哭起来，哭得那么悲切。我也顿时流出眼泪。我明白妈妈的意思，这正好是我上学所需要的。

妈妈带着满脸泪痕，语重心长地对我说：“利儿，这真是老天赐予的，你一定要好好学习。”

“妈妈，您放心吧，您的话，我全记住了。”

讲到这里，我发现我的朋友也激动了，他说：“唠起这件事，真是值得回味。你说那时候的人什么苦都能闯过来，现在这些人就很难接受我们的观点。”

“那是。现在生活水平比那时要高出多少倍。人的思想、观念都在变。”

他说：“一个人，应该静下心来，认认真真地回忆一下往事，既可以唤起美好的回忆，又可以为今后提供借鉴的东西。”

我同意他的观点。

我递给他一支烟，继续寻找我那些带闪光点的往事，唠得非常开心。我说：“人生可真有意思，在我过去五十年的生命中，就历险三次。”

一次是十二岁那年，和一帮小朋友到河套洗澡回来，路过一个长满野草的山坡，发现一条蛇。这蛇瞪着眼睛不动，我迈过去，它还不动，直到我走出离它十多米远，它才向相反的方向去。我们回家必经的一条路，那坟圈子也称“烂尸岗”。白天走到那里都发怵，晚上可想而知。就我一个人单独走，提心吊胆的。走着走着，前面一个黑影在动，那不是狗，而是一只土豹。我被吓出一身冷汗，往后退着，转身就跑。这时，迎面跑过来一个又高又胖的人，他腰里插着两个手榴弹，满脸大麻子，顶大的像五分硬币一样。他是我们村的民兵连长，什么都不怕。只见他从腰里拔出手榴弹，大声吼道：“抓土豹!”那土豹闻声，向远方跑去。我说：“要不是碰着你，我非被吃掉不可!”

又有一次，我放学回来，到一个木桥下去采一朵花，刚抬起头来，从上面掉下一块石头，重重地砸在脚跟上，顿时鲜血直流，疼痛难忍。然而，我庆幸，假如我还弯着腰，假如砸着脑袋，那说不定是啥样呢。

还有一次，是我上大学期间的事，一辆轿车来接我，我和一个胖胖的人坐在后排座上，突然一声枪响，子弹从我面前飞过。我很惊讶，转过头一看，和我并排的大胖子鼻梁上一道烧出的沟儿，只听他说："好险啊!"

这时，我的朋友搭话："你真命大!"

我说："这些事儿真让人觉得有点意思。"

"可能还会有许多美好的回忆。"

这是我们共同的渴望。

1991年7月于部队教导员室

# 松花江时代

“北跃”，突出“以水定城，科技兴城”，打造北国水城和科技新城。

北国水城项目主要是利用松花江天然丰富的水资源，向北引水，通过水生态环境修复和综合整治、污染控制与水系连通，建设人工水系湖泊、引清补源、绿化沿岸，完善河湖连通河网体系，打造“人水和谐”的水生态环境。

北国水城是指肇东界以东、松花江以北、呼兰河以西、肇兰新河以南区域，包括松北区大部分和呼兰利民开发区，规划面积约为578平方千米。

目标为利用5至10年时间，使河湖水面率达到12%，建成独具特色的“北国水城”，呈现“城中有村、村中有城”景象，建设“生态、高科技、文化新城”，塑造城乡一体化的新典范。

在国内城市规划建设中首次提出“以水定城”的理念，以松花江沿岸产业带开发，呼兰河、肇兰新河综合治理为重点，充分利用河渠、泡、湿地等水系，通过人工开挖、疏通河道等措施，形成“二纵、四横、十八湖”的水系网络布局。通过综合实施河道生态整治，形成“松江湿地、北国水城”新景观。

二纵：拓宽挖深原有的万宝灌区灌排渠道及天然形成的苇子沟河，结合地形地势形成两条南北走向纵贯河流。

四横：沿用原有古河道，灌排渠道，开挖4条沟通东西走向的人工河道。

十八湖：在原有湖泊泡沼基础上开挖18座人工湖，作为水系调节、雨水滞蓄和节点景观。

北国水城总体概貌如下。

六个中心沿水系布置，包括省行政中心、科技中心、市行政中心、文化中心、金融中心和奥体中心。

哈大齐工业走廊重点扶持产业集聚区加快发展，建设成现代产业基地。

仓储物流中心选址在万宝镇、对青镇和利民开发区的交汇处，建成松花江北部的物资集散地。

大学城在现有基础上重点规划建设适宜黑龙江省经济发展需要的现代大学城，为科研教育开发提供人才支撑。

结合“生态村”理念和当地的特殊条件，按照生态农业、都市大农业的思路，建设以绿色食品、度假避暑为特色的生态园林村。

都市采摘园依托现有资源发展生态观光农业，建设都市农场，实现绿色采摘。

湿地观光园选址在呼兰河、三家子新老堤防之间，充分发挥湿地的生态功能，形成完整的生态系统，净化水质，保护动植物，形成鸟类的天堂、湿地动植物的保育基地，展现“松江湿地”特色景观，满足都市人群的观光、度假、体验等需求。

启明广场选址在三环路和四环路之间的林家屯，位于市政府正北方，主要目标是规划以水为主题的大型集散广场，集休闲、娱乐、文化、商业于一体，成为湿地水城的地标性建筑。

松北湖城选址在松北镇境内，结合地形建设一个以水为基础，具备生态、节能、环保、可持续发展等特性的典型示范区，建成一个“不怕水的城中城”，集中展现“城在湖中、楼在景中”的水城美景。

滨河公园选址在发生渠段，主要建设沿河景观路和亲水平台等景观节点，呈现“晨曦水雾、碧水飞琼、沁心碧悠”的景观特色。



七夕公园选址在松浦镇，结合织女湖和当地生态环境，规划建设别具地方特色和文化内涵、具有休闲功能的公园。

十年梦想，十年期待，“一江居中，两岸繁荣”的构想，终于在“北跃”战略中得以规划并逐步展现。这一“跃”，不但是空间的极大拓展，而且是理念的升华、标准的提升、体制的创新。归于一句话，是自我的超越。

“北跃”打开了城市发展的新空间。它以松花江为轴，舒展开“美丽天鹅”的另一只翅膀，将发展空间直指广袤的松北大地，不仅拓展了城市功能分布腾移和老城区人口抽疏转移的空间，也给北部区域带来了人气与财气，使哈尔滨城市发展的架构更加开阔，城市扩张后劲更加充足。

“北跃”升华了城市发展的理念。它突出“以人为本”的发展理念，顺应人类亲水天性，重建人水之间的自然伦理，以“二纵、四横、十八湖”的水系网络布局，着力打造宜居、宜游、宜于创业的“田园都市”，是践行科学发展观的点睛之笔。

“北跃”提升了建设的标准。它摒弃了以往低标准、低水平、城镇化的规划建设标准和模式，充分把握世界城市发展的脉动，立足哈尔滨现代大都市建设格局，着力打造“万顷松江湿地、百里生态长廊”，创建科技文化新城，进一步彰显了哈尔滨大气、洋气、神气的城市底蕴。

“北跃”推动了产业的向上升级。它以自主创新和低碳经济为主线，立足发掘江北地区生态和科技资源优势，发展新材料、新能源，产业结构进一步优化，产业能级进一步提升。

“北跃”实现了体制机制的创新。它打破了行政区域的限制和不同体制的束缚，按照自然系统进行城市总体规划。松北区与呼兰利民开发区的强强联手将实现共生共赢。

“北跃”战略的实施，将会缔造一个水色城光、生机盎然、守望繁华、独享宁静、富有北国特色的现代化生态型文化新城，带领哈尔滨走进“一江居中、两岸繁荣”的新时代!

科技新城总规划面积130平方千米，由科技创新园和科技产业园“两园”组成。其中，科技创新园位于王万铁路线以东、三环路以西、三环路延伸线以南、松花江北岸堤防以北围合区域，规划面积20平方千米；科技产业园位于肇东县界以东、四环路以西、滨洲铁路线以南、三环路延伸线以北围合区域，规划面积110平方千米。

目标为充分发挥在哈大专院校、科研院所的科技优势，在江北搭建研发和产业化平台，以此加快科技创新，促进产业升级，把江北建设成为集科技、文化、生态功能于一体的新城区。

科技创新园园内划分为技术研发、项目孵化、成果转化及为科技创新配套服务的综合服务等区域。重点构建三个体系：

高新技术研发体系。积极推进科技成果研发，通过引进高等院校、科研机构和高科技企业，建设国家级工程技术研究中心、实验室、中试基地等，研发具有核心技术并拥有自主知识产权的科技成果，为高新技术产业提供项目储备。

高新技术孵化体系。积极推进科技成果向高新技术企业转移，通过政府投入和社会化运作方式，建立大学生创业基金、创业孵化基金，引进天使投资人和社会风险投资机构，建立风险投资基金，构筑投融资服务体系，为科技成果转化和科技企业孵化提供高标准、全方位服务。

高新技术市场体系。通过建立人才、资金、成果、信息、服务等5个市场，实现科技市场各要素的优化整合，建立完善的科技市场体系。

科技产业园以科技创新和产业化项目为依托，以体制机制创新为动力，坚持自主创新和技术引进相结合，加快高端产业集聚。重点发展五大产业集群，园内辟建先导示范区、综合服务区和物流服务区。

科技新城建设分三期实施，近期建设时限为2010年到2012年，完成20平方千米起步区建设，建筑面积达到700万平方米；中期建设时限为2013年到2020年，建成区面积达到50平方千米；远期建设时限为2021年到2030年，全面完成130平方千米科技新城建设。

起步区由科技创新园起步区和科技产业园起步区组成。科技创新园起步区一期城市规划突出“科技、生态、人文”的规划理念，采用“雪花”状空间布局，构建生态水系景观，合理组织交通。创新园起步区一期2．4平方千米建设规模确保达到100万平方米，力争达到150万平方米。重点建设十大建筑，即五大标志性建筑和五大配套性建筑。十大建筑5月1日前全部开工，力争年底前主体封顶，确保2011年交付使用。

“一横”银水湾今秋通水见绿。2010年4月初，“北国水城”的第一铲在“一横”的银水湾支渠（原名市政府支渠）率先开挖。通过沟连水道、绿化美化河道两岸，今年秋天，市政府大楼北侧这条呈“几”字形的支渠，将呈现一派波光掩映、芦荻摇曳、流水互通、排涝自如的新貌。

银水湾支渠全长6．5千米，主要串联起了四环桥至市政府之间的城市观光区的风貌，途中穿越了四个大型住宅区、即将崛起的科技新城及市政府行政中心区，宛如一条银色的项链镶嵌在北国水城的项下，带动了灵气和风韵。而作为水城开挖的“第一支渠”，其景观建设势必具有水城建设的示范作用。

支渠处处可享亲水之乐。银水湾支渠在市政府大楼左前方的一号泵站流出汇入松花江。下公路大桥，拐入政府大楼后身的一条小路，车行不到3分钟，一条穿桥而过蜿蜒连接到不远处一号泵站的水道进入人们的视线。

政府大楼正后方的这条人工水道，是正在建设中的银水湾支渠中唯一一段建成段。河道宽约50米，岸边以石砌护，距离水面最近的人行观景通道约在水面以上1．5米高左右。过去，这段河道主要通过一号泵站蓄排水，以保证行政区蓄水排涝的安全。由于是建成段，受两侧现有构筑物的影响，这里也将是支渠中水面最窄的一段。

人们站在小桥上可以看到，河道两侧植有一排新杨，近水面区域栽种的灌木品种较少，大概有丁香、迎春等两三个品种。水中的几簇水生植物还枯黄着叶子，只有岸边几丛迎春开出了报春的黄花。河水穿过小桥向东蜿蜒，与一号泵站相连汇入松花江北汊江中。负责此项工程的负责人说，几个月后，政府大楼后身的这段建成渠也将大变样。首先，渠道将挖深，水面将通过两个泵站调解后统一抬升，6. 5 千米长的支渠将形成长年丰水的景观。两岸植被、景观也将丰富优化。仅岸边的灌木树种就将增加至五六十种，使岸边景观色彩随季节而变。探入水中的木栈道或亲水平台，每隔一二百米就会设置一处，使游人享受亲水之乐。渠道中还将设置更多的水生种植池，打破眼下水道平直的单调，以多彩变化的水中植被体现水乡之美。

世茂大道今秋将变美丽景观大道。绕至政府大楼西侧的天翔街，在天翔街桥上，人们可以看到，由于刚刚过了冰封季，渠水在近桥处 2 米左右断流。在桥对面地块，支渠的土方工程正在紧张地施工，一寸寸打通断流的河道。据介绍，穿越这段空旷地的渠长约 1 千米左右，是此次银水湾支渠施工中唯一一处需要完全重新开挖的一段。而据附近居民说，这里由于即将筑渠通水，闲置了几年的地块上也将很快开发起一片新的住宅楼盘。穿过这片即将成形的新渠，逆流寻源可以看到，水道与世茂、滨江两片住宅区内的水系将再次相连，再与世茂大道旁一条较宽阔的河道相汇合。

这里即是6. 5 千米长的“几”字形支渠的“脊背”，有人原本以为紧临宽阔的主干道，这里的河岸风光一定是乏善可陈，但令人惊喜的是，平直的水道后面连接着一片宽阔的水域。景观工程师说：这里即是规划中的支渠核心景区，莹惑湖的所在地。

莹惑湖，水域面积宽达 200 米左右，湖中心将依地势形成一个小岛，岛上的主景是以一组飘落羽毛连接而成的弧线造型凉亭，兼具造型之美和遮阴功能。岸边，曲线型的本色木栈道上将配合极具现代感的白色廊框，体现时空穿梭之感。栈道与小岛相连，给游人提供亲水平台。

在这个湖里，不但夏季可以泛舟水上，冬季还可行雪橇冰帆，而中心的岛屿及两侧的木栈道则可提供游人休息之用。今秋，河湖的美景无疑将使世茂大道成为松北最美的景观大道。

四环桥下3公顷湿地浓缩水乡美景。继续向西溯源，可以看到，穿过世茂大道后原本清晰的水道开始变得断断续续。这样零散分布的自然水体，其实即是大江北岸水系的本来面貌。丰水则溢、枯水则干，这种原始状态不但不利于松北泄洪排涝，也闲置了珍贵的土地和湿地资源。工程负责人介绍，新建支渠主要利用了松北的古河道，将这些散落的“珍珠”穿连起来，形成有规划兼顾灌排功能的景观长廊。按照规划图，支渠从位于四环桥下的四号泵站引松花江水向东，与两个别墅小区门前的水道汇合蜿蜒向下再与世茂大道前的水道相连。支渠起点，四号泵站前的水域将再度变得宽阔，成为支渠景观上的又一亮点。这里水域面积将达8万平方米左右，是支渠中又一个宽阔地带，其中，将密植湿地水生植物，形成近3公顷的人工湿地，弧形亲水木栈道穿插其中，使游人充分体验“近自然”的快感。本色栈道上将采用中国红的高大廊架，给人带来视觉上的跳跃感。廊架上将造型出羽毛装饰灯，无论白天、黑夜都给人以轻逸灵动之感。站在四环桥或是前进堤上，远眺这片湖沼湿地，能体验芦荻摇曳、野鸭嬉游的野趣，也能感受到现代生活的悠闲舒适。

沿“几”字形逆流走完规划中的6．5千米支渠，人们心中已形成了一幅图画，呈曲线走势蜿蜒变化的银水湾支渠就像一条项链，而不同渠段各自独立的景观，都市水岸、河湖美景、湿地等，就像一颗颗珍珠缀于链上，各自熠熠发光又不失连贯的美感与和谐，真无愧于支渠“天鹅项下珍珠”的美名。

# 都市之肺

## （一）

哈尔滨是一座水资源十分丰富的城市，拥有松花江、呼兰河、阿什河等众多河流湖泊。

松花江是哈尔滨名副其实的母亲河，哈尔滨也因此有了“江城”之称。在这条大江两岸坐落着许多风景名胜，像闻名遐迩的太阳岛、流光溢彩的百年老街中央大街、幽雅静谧的索菲亚教堂、镇定江天的防洪纪念塔、风光旖旎的斯大林公园、具有原生态自然之美的东北虎林园和享誉世界的冰雪大世界等。

哈尔滨市河川湿地生态资源得天独厚，现有湿地12．5万公顷，湿地内长满了芦苇和香蒲等水生植物，栖息着多种国家级珍稀保护动物，其中重要的湿地有：国家级湿地公园白鱼泡和长岭湖，国家级湿地类自然保护区呼兰河口湿地。三块湿地中，呼兰河口湿地生态系统最为完整。

## （二）

素以冰雪闻名的冰城哈尔滨正在一天天叫响另一个称谓——“北国水城”。关于“北国水城”建设，市委市政府提出了以松花江为纲，以水定城、以水丽城，打造滨水名城，在松花江沿岸打造原生态的“万顷松江湿地，百里生态长廊”的发展目标，哈尔滨的城市发展由此走向了一个崭新的松花江时代。

## （三）

流经哈尔滨段的松花江，是国内不多见的平原性河流，她为规划建设“北国水城”提供了天然优势。呼兰河首次被纳入城市水系，也为水城提供了承泄的功能。今年年初，《哈尔滨市水生态系统保护与修复规划》获水利部批准，哈尔滨成为继武汉之后中国第二个水生态系统保护与修复的副省级试点城市。市委十二届七次全会会后，市委市政府将“一江居中，两岸繁荣”确定为城市发展的战略总纲，确定了哈尔滨“冰城夏都”“滨水丽都”的城市定位，在国内城市规划建设中首次提出了“以水定城”理念，着手规划启动了松花江沿江产业带和沿江景观带建设。市里将投资 176 亿元大写“水生态”，构建“以松花江为纲，中央生态长廊带动两翼，一江三河三沟三湖相连通，地表水地下水兼顾、陆域与水域相呼应”的健康水生态系统，一幅“水穿城、水绕城、水环城，城中有水、水中有城”的哈尔滨水城壮美蓝图正式浮出水面。

## （四）

哈尔滨规划的“北国水城”主要内容包括：打造松花江北岸的万顷湿地生态水网，构建松花江“百里生态长廊”“二纵四横十八湖”，启动太阳岛核心地带建设。其中，“万顷松江湿地”将打造成具有大江山水自然景观、原野湿地景观、城市风光和人文景观，集旅游度假、娱乐休闲为一体的游憩景观带。松花江“百里生态长廊”从哈尔滨与双城交界起，至大顶子山航电枢纽处，全长 123 千米，江道平均宽度 4．5 千米，区域水面面积为 434．19 平方千米，总体布局是“一江，两带，三区，五岛十滩”。“一江”指的是松花江哈尔滨段。“两带”指沿松花江两岸的水陆生态交错带和堤岸生态绿化带。“三区”第一区段自肇东界至上四环桥，定位为湿地保育区段；第二区段自上四环桥至滨北桥，定位为湿地景观区段；第三区段自滨北桥至大顶子山航电枢纽工程，定位为湿地保护区段。“五岛十滩”为太平庄滩、万家滩、兴隆岗滩、长条通滩、前进滩、大套子滩、群力外滩、苟岛、三家子滩、老殿宫滩、蜚克图滩和蒙古图滩等。阳明滩，打造湿地草甸特色区。苟岛，打造以湿地高尔夫为主的湿地体育、休闲区。“二纵四横十八湖”中的“二纵”指拓宽深挖原有的万宝灌区灌排渠道和天然形成的苇子沟河，形成两条南北向纵贯河流；“四横”指沿用原有古河道、灌排渠道，开挖4条横向人工河道；“十八湖”指在原有湖泊泡沼基础上开挖18座人工湖，作为水系调节、雨水滞蓄和节点景观。这一工程完成后，哈尔滨松花江以北的水面率将达到12%，超过上海、广州和杭州等国内传统水乡城市的水面率。

## （五）

太阳岛是我省唯一的国家5A级旅游风景区，也是拥有宝贵湿地资源的都市绿心。江岛共长天一色的风光美景令人向往，也令人陶醉。伴随市委提出“一江居中，两岸繁荣”，“北跃、南拓、中兴、强县”发展战略的实施和太阳岛深度开发，这里成了人们休闲度假和旅游的好去处。现在我们乘坐的“太阳岛”号游船，正徜徉在微风细浪之上，相信这两岸的生态之光、文化之美会在您心中留下美好的记忆。现在船已启动，穿过了太阳桥。与桥相对的，那就是具有欧陆风格的太阳门，这是一道亮丽的风景线。大门呈乳白色，总长68米，两端张开双臂向太阳石方向环抱。主门高125米，大门为四大一小五个椭圆拱形门相连组成，其创意为“太阳的窗口”，构思独特，别具一格。大家如有兴趣，出门时不妨再做一番欣赏、品味。

## （六）

眼下这条小河，就是太阳岛上的金水河。这是自然形成的河流。金水河，是松花江的一条分支，她离江入岛，以清澈肥美的江水滋润着花草树木，养育着鸟兽虫鱼。金水河，一条流着阳光的小河；金水河，一条淌着金色的小河。两岸水草丰茂，树木苍郁，花儿淡雅幽香，都呈现原生态的风貌。你看那一片又一片的菱角花，黄灿灿的，开得无忧无虑，十分热闹。要是到了秋后，结出菱角，人们不妨采上几颗，还真有一番野趣呢！

随着船行，大家再向左看，那里花草繁盛，树木葱茏，不时露出几座欧式塔尖，这便是人们所说的月亮湾了。月亮湾与太阳岛一衣带水，彼此衬托。月亮与太阳，湾与岛，妙境天成，平仄和谐，真可谓人间难得的佳对啊！

## （七）

生态绿岛，尽得天然。颇似一幅“余霞散成绮，澄江静如练。喧鸟覆春舟，杂英满芳甸”的美丽画卷。夏日，绿野繁花，白沙碧水，浅水处是片片黄灿灿的菱角花，一派原野情怀；秋时，霜天红枫，层林尽染，漫步其间，宛如步入了人间仙境，一幅独具特色的北国风光。待到薄暮红霞，明湖月朗，碧水鸣蛙。有诗人吟道：“月圆花好柳丝长，系住游人伴夕阳。悄问南来船上客，可知何处是家乡？”

## （八）

右前方是松鼠岛。岛上可爱的松鼠在恭候着您的到来。松鼠岛是由三个小岛组成的，小岛之间以栈桥连接。岛内的环水设计既让松鼠无法逃逸，又可放养观赏鱼。岛内设有喂食点、饮水瓶、松鼠嬉戏的孔洞式园林小品。大头鞋、南瓜小屋，这些小品与环境有机地结合在一起。有好多朋友慕名来到这里，久久不愿离去，因为在这个大都市中，很难找到这样一片乐土，让人与动物亲密接触，充分体验回归自然的那份舒心与宁静。

## （九）

船行左岸是阳光沙滩浴场。这里是利用改造的水系和现有的地势，在围堤外建设的天然野浴区，其占地面积 9 万平方米，水域面积为 6 万平方米。浴场周围栽植数万余株的柳条通，阳光照耀下，那闪着光亮的白沙格外耀眼，踩上去舒服极了，岸边还为游人设置了遮阳伞、躺椅、更衣室等设施。每逢假日，这里游人如织，充分徜徉在这美丽的太阳岛上，一家人其乐融融地在此度假、休闲。它让您尽情抒发劈波斩浪的豪情，尽情享受日光浴的温情。对岸是新建的高尔夫球场，上风上水之地，乃社会名流融资融商、度假休闲场所。

## （十）

穿过金水河大桥，我们惊喜的观望到金河湾湿地。三千公顷，纯属天然。遍布柳毛子、草窠子、水洼子，周围是蒲草和芦苇。最难得的是塔头，要经过上百年才能形成，是非常珍贵的资源。塔头上的乌拉草，曾是关东三宝之一。走近它，你会感到自己来到了一个蛮荒的原始水草地，丛丛绿草，高耸在水中，水草掩映；一些不知名的鸟雀，甚至野雁、野鸭之类的中大型水禽不时起落，景象蔚为壮观。这片绿野仙境，栖息着野鸡、野鸭、鸳鸯以及鹤类、雁类等珍禽。这里水草丰茂，宛如麦田；空气清新，蓝天高远；湖泊宁静，鸥鸟翩翩。早在 19 世纪，这里随着中东铁路的兴建而被开发利用，当时曾一度成为欧洲侨民避暑度假的场所。每逢假日，他们携带家眷，在此“野餐、野游、野浴”，这些充满异国情调的生活习俗，成为太阳岛特有的一种文化现象，这就是太阳岛的“三野”风情。野趣十足，谁不爱怜？

## （十一）



这里是一湖三岛。一提起太阳岛区域的“一湖三岛”，爱到野外游玩的人无不拍手叫好！这个彰显着浓郁的老太阳岛“三野风情”的新建景观，为游人送来了清凉与惬意。“一湖三岛”东西长约2.3千米，南北宽约1.3千米，面积约三平方千米。三个小岛的面积会随着松花江水位的起落而有微小的变化。游人一踏入这里，就会被满眼的翠绿和宽阔的水面所吸引。人们来此“野餐烧烤、野浴垂钓、野游娱乐”，“一湖三岛”俨然已经成为市民休闲避暑的一个生态乐园。然而，细心的游客也许会注意到，目前“三岛”之中只有西边的小岛有名字，叫作“双星岛”，而中间和东边的小岛还没有名称，为了让“一湖三岛”的美景与响亮美好而又寓意深远的名字相配，风景区管理局在征集“中岛”和“东岛”的名称，我们希望您能参与，期待好名字出自您手中。一经采用，即有丰厚的奖励呀。

对岸是松北大道、世纪花园、北岸明珠，也是市、区政府所在地。“一湖三岛”，构建出一座“水清、岸绿、景美、游畅”的崭新北国水城，体现了“人水和谐”的生态之美，堪称现代城区的新典范。

## （十二）

金河湾湿地植物园是哈尔滨水生态保护与修复示范区，位于江北四环路和拟建的三环路桥之间的滩地上，北侧沿前进堤分布，南侧环水，呈弧形，东西长3 800米，最宽处1 500米，面积1.8平方千米，距公路大桥4千米，沿松北前进堤可直接进入滩地。这个区段西至涝洲，东至呼兰河口，是松江湿地、生态长廊的精华，将构建成大太阳岛的十大景区之一。目前已建成的金河湾湿地公园是未来金河湾湿地公园景区的雏形。

## （十三）

2008年1月，金河湾湿地植物园工程开工建设，恢复了衰退和萎缩的生态系统和湿地的原有功能。根据滩地的现状特点、水流条件和植物的分类特征，经过一年多的建设和养护，该园区规划建成了一岛（如意岛）、二滩（金沙滩和银沙滩）、三岗（桑树岗、山荆子岗和山里红岗）、四园（百草园、百花园、百果园、百态园）、五池（五小连池）、六洲（白鹭洲、江鸥洲、野鸭洲、鸳鸯洲、大雁洲、天鹅洲），各分区插花状互相镶嵌，通过循环的水系、环路、甬道有机联系。园内建有天池、草坪婚礼连理林、野浴沙滩、“铁锚”广场等景点。通过清滩造岛、加固滩岸、改良土壤、引水入滩、恢复植被等手段，经过半年紧张施工，现在植物园主体工程已完工。园中种植了杨树、柳树、落叶松、桑树、山丁子和山里红等万余株灌木和乔木，以及莲花、塔头等多种花草。随着原生湿地生态得到恢复，野鸡、野鸭、江鸥、喜鹊等难得一见的野生动物也被吸引而来。工程全部完工后，将形成河谷森林、花果山、疏林草地、绿洲、沙滩、湖泊小溪、湿地风光，水生、陆生的奇花异草和四季变化的色彩美景，给人们亲近自然提供戏水、亲水的空间。

## （十四）

哈尔滨市利用三年时间对位于松花江哈尔滨段的阳明滩岛、大套子滩岛、苟岛滩岛等江心岛进行综合整治，届时在松花江上将形成包括一湖三岛、金河湾湿地植物园在内的面积近 40 平方千米的“中央湿地公园”，这将是利用人工手段，在松花江哈尔滨段内恢复的面积最大的河漫滩湿地和生态廊道，在全国的沿江城市中也是首屈一指。“一湖三岛”位于松花江、太阳岛风景区辖区内，东起 202 国道、西至松北堤防大门、南起人工湖南岸边缘、北至江湾路。现在，它已经成为哈尔滨市民休闲避暑的好去处了。

# 我的家园

## （一）

无论是谁，都有自己的家园。思想的家园，智慧的家园，幸福的家园，理想的家园和希望的家园。

这家园就如一只美丽的天鹅，飞在心里，飞在故乡，飞进和谐，飞出光芒。在血脉里，是割舍不断的情缘；在思想里，如灵魂深处最温暖的归依；在精神里，她幻化成一片神奇的沃土；在境界里，她是血脉相连的心房。

江岛上，布满了明媚的春天，又一次饮醉了江畔，又一次饮醉了青春，又一次饮醉了时光。

斜阳下，江上的小舟，甩开长龙大网，清唱着收获的船歌，打捞渔火与星光。

夜色中，中央大街闪烁的霓虹，讲述着城市里动人的故事，映衬着枕边的月光。

华贵典雅中，透着浪漫；中西风情中，挂着悠扬。

这是，天鹅项下的明珠，散发着独特的魅力和清香。

教堂里，悠远的钟声，传递着这座城市与众不同的浪漫。在每一处欧式建筑的上空，回荡；啤酒更沸腾了这座城市，甘甜与麦香，沁入了我的胸腔。

这是“东方小巴黎”吗？这是“东方莫斯科”吗？这是“东北亚明珠之城”吗？长长的问号在行人心中叩响；奔涌的江水，虎啸的翩跹，生命律动着人与自然的和谐，描画在天鹅的版图之上。

仲夏夜里起伏的琴声，掀起心中的波浪；画家的笔锋，划过秋的枝头，雕刻着爱的光明，竞放在艺术的殿堂。

我们的世界下雪了，风也欢呼，雪也欢唱。欢呼这片土地最火热的季节，歌唱人间天使带来的光芒。雪花飘进孩子的童话，寒冰铸成瑰丽的梦想。在冰滑梯里穿行，在雪堡中嬉戏。看那六瓣的精灵，融化在掌心上。扭起美丽的大秧歌，喝碗烫热的老酒，和老乡共叙黑土的深情，热烈而豪壮。

冰雪交融着速度与勇气、激情与梦想，把严寒燃烧成火热的赛场。没有人怀疑这片清白是世间最纯净的底色，北国的冬天里，你会找到所有关于冬的记忆和想象。

一缕炊烟，几句乡音，这就是生我养我的家园。它给了我们逆境之中，拼搏顽强的力量；它给了我们骄傲，给了我们一份自豪的理由，更给了我们厚重的品格和不竭的精神之源与创新的坚强。

无论走到哪里，这只美丽的天鹅，总会让我魂牵梦萦。她飞翔的地方，就是我们美丽的家园，就是我们生存的温床。“为什么我的眼里常含泪水？因为我对这土地爱的深沉”，这就是我们的信念和理想。

松花江，她让懦弱者退却，让勇敢者豪放。过去，在这片土地上创造了许许多多的奇迹；今天，正在为明日的辉煌绘制美好的蓝图，拉近现代化的奇想。

## （二）

洗掉灰尘，敞开心灵，重温往日的憧憬和梦想；擦拭信仰，安宁心灵，迎接世界上又一个早上。

新闻会过时，纸张会变旧，油墨会模糊，甚至，信仰也会偶尔消失和灭亡。只有真实，只有真诚，才会把你的心灵和我的心灵联系在一起，让所在的家园不再落后，不再哭泣，不再虚飘，不再荒凉。

真实，就是我的情感，就是我的伦理，就是我的信仰，就是我心中最重要的分量。

从来没有放弃，从来不想放弃，从来不敢放弃，让真实温暖人心，一直种植在我们的灵魂里生长！生长！

不是每一天、每个人，都可以闪出光亮；不是每一天、每个人，都可以热烈而锋芒。然而，许多人却在发展着纯正的品格，无声地产生影响。

既拥抱物质，又体认精神；既把握现实，又胸怀梦想；既富有激情，又尊重规划和秩序；既仁爱，又不软弱。和谐宽容，和平和解，看日出日落，看昼夜星光……

这就是我们的家园，这就是我们的梦想，“每一个人的幸福比整个世界的分量还重”，如果这个梦想达到，我们可以永远没有新的梦想。

## （三）

昨天的探求只能是过去的辉煌，今天的探求正架起通向未来的桥梁，明天的探求将迎接普照幸福的太阳。这探求，变成了开拓；这探求，变成了美丽；这探求，变成了境界；这探求，变成了安康！

我要向我的家园致以崇尚，我要向我的家园发出声响，未来会是什么样？在发展的历史进程中，用什么作为总纲？

我的家园守望着松花江，松花江也像一条玉带，镶嵌在城市的身旁。以水兴城，以水富城，以水丽城，在这块大地上迎风飘扬。

一座有水的城市，多么幸运。一群亲水的人们，多么风光。

我的家园，因松花江而天生丽质、魅力飞扬；我的家园，因松花江而提升品位、精美华章。

以江为纲，使我们拥有大江的气度；蕴蓄百川，以江为纲，让我们拥有大江的志向，直奔海洋。

一个城市主题由“灰色”到“绿色”再到“蓝色”的时代，一个经济振兴、社会和谐、人民生活富足的城市，一个由江入海、拥抱世界和未来的国际化大都市，正款款向我们走来，走进我们的精神，走进我们的境界，走进我们的行动，走进我们的胸膛。

一个国家，落后就要挨打；一座城市，落后就有人投来鄙视的目光。就连这座城市的人们，不管走到哪里，露出口音，打扮着装，也会被人置之不理，搁置一旁。

这是人的尊严在受羞辱，这是人的心灵在遭践踏，这是人的精神被甩进另类的地方。是特殊的地域、特殊的人种、特殊的边疆吗？是特殊的文化、特殊的道德、特殊的风场吗？

我们为之反思，我们为之羞愧，我们为之痛苦，我们为之较量，不是一朝一夕可以形成思想，不是一点一滴可以筑牢精神，不是一代一代可以传承血脉，不是一生一世可以失却文章。

楼房可以现代，桥梁可以高架，道路可以通达，商品可以琳琅，然而，文化与精神，品格与道德，内涵与理想，抱负与追求，信心与信仰，若是偏离了规律的轨道，楼层再高、桥梁再美、商品再多，也会失去宁静的春光。

当和风谐雨洒遍大地，当文化的阳光融入心房，当张张笑脸到处绽放，当平等公正的事物变为平常，我的家园啊！定会成为诚信的温床、大爱的海洋！

这是共同的企盼，这是共同的理想，我的家园在国人心中改变着印象。他们来了，一股独特的风非常清爽；他们来了，一场靓丽的雪热烈歌唱；他们来了，冰城夏都改变模样；他们来了，“音乐之都”品牌闪亮。海内外的朋友在慨叹寒地之珠的同时，再一次把“东方莫斯科”叫响。火车站，机场，松花江上，出租车，宾馆，品位提升，热情洋洋。

我真为家园的亮堂自豪，我真为家乡人的文明感到骄傲，我真为热烈而包容的环境欣慰，我真为城市的发展若喜若狂。

发展不是不能提速，而是选择什么方向；文明不是不能提升，而是树立什么榜样。人心相近，不在争抢；人心所向，不再彷徨。一个目标，一种战略，一干到底，一种向往。

快来吧，再不要左顾右盼；快来吧，再不要心烦意乱；快来吧，生机就在眼前；快来吧，生机变成现实与希望。松花江，我们的母亲河再次把我们滋养；松花江，金色的江流再次让我们把幸福品尝。

我们的家园，以真善美作为名片；我们的家园，以大气、洋气、灵气为城市领航；我们的家园，以水韵、智韵、文韵作为底色；我们的家园，以超越、跨越、齐越创造辉煌！

这是一片幸福的沃土，冬暖夏凉；这是一片神灵的宝地，时雨春光；这是一队发展的方阵，励精图治；这是一场晋位的战役，奋发向上。

## （四）

引清补源，沿岸绿化，人水和谐，村中有城，城中有乡，晨曦水雾，碧水飞琼，沁心碧悠，城在湖中，人在景上。

多少年的期待，多少年的梦想，终于，展开了美丽天鹅的另一只翅膀。人气与才气，架构与扩张，顺应人类亲水天性，谱写“田园都市”和洋洋洒洒的冰城华章。

把握世界城市发展的脉动，立足现代化大都市格局，万顷松江湿地，百里生态长廊，底蕴凸显，后来居上，生机盎然，水色城光，宁静独享，繁华守望。

这是视野的拓展，这是资源的整合，这是体制的创新，这是结构的优化，这是晋位升级的时代交响。

辐射延伸路网、水网、电网、通讯网，民生处处得到保障，设施建设一体化，公共服务一体化，社会管理一体化，统一在老百姓的心上，说不完、道不尽的情感、依赖和梦想，形成了家园发展的总纲。

# 我要超越

365 天转瞬即逝，历史的长河中再次闪烁新的辉煌，我的家园，因超越自我而引人瞩目。那精彩动作，那斐然成绩，昭示了一个真理：更好更快才是发展，更好更快才有辉煌，迈大步子，求大突破，掷地有声。

超越自我，拿出更大气魄，拿出更大手笔，才有精美华章。工作干劲作风，更加务实，更加拼搏，才有崭新形象。执政为民实践，做出更多实事，做出更大业绩，才有仁达荣光。

这是历史赋予这一代的大任，这是发展拉动这一隅的畅想，超越自我是一个恒久的主题，超越自我是一面精神的旗帜，带给我们多少鼓舞，带给我们多少力量。一座城市乃至一个国家的大发展，需要一条正确道路的引航，需要一种强大精神的支撑，更需要化为行动的总纲。缺少这种引领和支撑，就会销蚀创业的激情，阻滞奋进的脚步，最终流于平庸和落后，迷失前行的方向。

当年，邓小平同志在中国的南海边画了一个圈，指明了改革开放的方向。深圳人以“拓荒牛”精神杀出一条“血路”，成为中国改革与发展的先行榜样。如今的家园，找到了“北跃、南拓、中兴、强县”的发展路径，树起了“超越自我”的精神旗帜和理想。沉闷为之打破，人心为之大振，激情为之迸发，汇聚成一脉强大的力量。

过去的拼搏，只是在补课，以往落下的“功课”太多太多。过去的突破，只是在某些方面的突破，全面的总攻刚刚打响。过去的进步，只是纵向比的进步，千帆竞发，没在一个水平线上。过去的成绩，点燃了百姓的希望，也迎来了人们更加期待的目光，新战略布局刚刚铺开，“努力晋位”尚未有模样。前路尚远，任务仍重，浅尝辄止，钝守自抑，得来的果实就会失去分量。

超越自我，我们必须进行全面扫盲；超越自我，尚未破题，还停留在口号上；超越自我，还有空白点，雨未下，雷声响；超越自我，主人缺位，棘手问题无人担当，寻求破解；超越自我，是对领导者的要求，更是群体的责任和向往。超越自我，就是要让哈尔滨建设发展的队伍，处于强行军状态，置身其中的每一个人都要加快脚步，让哈尔滨这架大机器上的每一个部件都高效运转起来，风驰电掣，不惧风浪。

超越自我要胸怀大视野。大视野。就是要跳出哈尔滨看家园，才有了发展新战略，思路也才豁然开朗。大视野，就是要看清当今国际国内发展大势。奋起追赶，必先弄清前面的人跑到哪儿了，跑的是什么路径，在哪个起跑线上。只有弄清我们在全省、全国乃至全球，处于什么样的位置，才能看清自身差距，找出比较优势，选择正确战略，实现跨越发展。大视野能出大谋略，大视野能出大思想。

“一江居中，两岸繁荣”，曾是几代哈尔滨人的梦想，但长期停留于概念。今天，“北国水城”“科技新城”，扎实的谋划让蓝图日渐清晰，“未来的哈尔滨在江北”“江北是哈尔滨的希望”，客观的研判带来强大的引领力量。超越自我，就是要这样登高望远，以大谋略让概念变成项目，让蓝图变成现实，让意志变成力量。

超越，要有大胆量。历数南方先进地区的发展，哪个不是大胆开拓、勇于创新的结果。打开视野寻机遇，立足实际谋大事，把准世界的脉搏，弄清自身的优势，就能增添谋大事的胆气和豪壮。

超越，要有大自信。起步之时，有些人曾对实施新战略抱以疑虑，怀疑能否实现。边跑边看，以前不敢想或做不到的事情，当年开工当年竣工的许多路桥可以做证，滚滚东流的松花江可以做证，家园日新月异的情景可以做证。只要我们做主人、敢担当，就能够用哈尔滨速度创造奇迹与辉煌。

超越，要有大手笔。借鉴他人，截弯取直，站在巨人的肩上。谋划发展成就大事，必须拥有前瞻眼光，瞄准前沿领域，抓住前瞻项目，谋划新兴产业，干就干超前的、几十年不落后的奇迹梦想。

新战略实施如火如荼，大发展浪潮滚滚向前。快船迟开先进港，笨鸟先飞早入林。从容自信的哈尔滨，生机勃发的哈尔滨，幸福安宁的哈尔滨，和谐开放的哈尔滨，那是我们向往的家园。超越自我，为的是加快实施新战略。加快实施新战略是一场硬仗，需要我们担当责任、埋头苦干、奋力拼搏，这是大发展时期必须具备的一种品格、一种能力、一种境界。

实干，战胜困难；实干，改变落后；实干，成就事业；实干，富国兴邦。知难而上，敢打硬拼，坚韧不拔，这是谋事创业的激情，这是开拓创新的力量。

困难面前束手无策，推进发展路数不明，浮在上面拍脑袋，办公室里踱方步，情况不明就大干，误国误民误家园。历史会做出结论，人民会做出回响。

忧劳兴国，逸豫亡身。甘吃苦，担责任，肯拼搏，打硬仗。创业就会有艰辛，艰辛孕育着超越，超越无法限量。干事就会遇到矛盾，干事需要承担风险，做事业发展的主人，谋超越发展的佳绩，谱跨越发展的乐章。敢于直面矛盾，敢于正视困难，敢于接受挑战，敢于承担风险，想他人未曾想，谋他人未曾谋，干他人未曾干。这就是时代的旋律，这就是奋进的交响，耕耘的是富足与幸福，收获的是百姓的敬重与爱戴，传承的是内心的充实与自豪，留下的是家园的坚固和通畅。

# 我心中的图

## （一）

走过的路告诉我，天下大势，浩浩荡荡。路过的桥提醒我，顺之则昌，逆之则亡。人生的路警示我，这是规律，不是畅想；这是创新，不是模仿；这是科学，不是主张；这是求实，不是彷徨。

在这场战役中，我是一名参战的士兵，是茫茫人海中的一滴水啊。滴水穿石，充满力量。机遇光顾，挑战更强。见仁见智，各有主张。公说公有理，婆说婆有理，探索和破题，在这片广袤的土地上，辽阔的松花江再推波浪。

一场具有历史意义的东北城市大洗牌，悄悄拉开了帷幕。各路角色纷纷登场，各种议论沸沸扬扬。多少人驻足观看，多少人静静端详。

春雨、阳光、和风、土壤，给荒凉的初春抹一点嫩绿，给寒冷的冬日化一捧泥香。

我在策划，我在规划，我在建设，我在创造，奏出家园独有的乐章。

我深知，在大洗牌的征程中，只存在着两种选择，没有第三条路可往。要么以全新的理念和眼光，抓住时势变化的历史机遇，从被动变主动，化劣势为优势，彻底走出历史的阴影，演一出绝地反击的好戏，后来居上；要么就只能坐失良机，与同等城市的差距越拉越大，在失意和徘徊中不能自拔，痛苦忧伤。

那么，我的家园怎样才能顺势而为，率先破解振兴东北这道世纪谜网？在未来中国的经济版图上，家园究竟要扮演什么角色，又如何出场？面临日益激烈的区域竞争和风云变幻的时代浪潮，家园到底该做出怎样的应对之策，创造前所未有的辉煌？

正是在这个机遇和挑战并存的十字路口，十年磨一剑，决策者把松北大开发提到空前的战略高度上。松北新区，这片待开垦的处女地是黑龙江和哈尔滨在振兴东北的大背景下，图谋后来居上、实现超常规发展的重要抓手，是黑龙江以哈尔滨为龙头发展全省经济从而实施省市共建哈尔滨的重要土壤，是哈尔滨提升城市综合竞争力、实现城市梦想、重振雄风的排头兵和希望。

我思我想，在这片荒凉的图腾上，谁能看出松北开发的意义绝不仅限于一般意义上的新区建设，而是事关省市发展的全局，命系哈尔滨和黑龙江的未来与向往。

我顾我盼，在这片挑战的格局中，谁能断出要策划好松北就必须跳出松北看松北，用城市经营的理念和眼光，来审视松北的价值和使命，确定松北的发展战略和发展方向。

在这片神奇的沃土上，又有谁能谋划出松北之于振兴哈尔滨和黑龙江的战略意义与发展理想。要策划好松北，必须要读懂哈尔滨的内涵，既要清醒地看到哈尔滨所面临的机遇和挑战，更要把握住时代发展的潮流和趋势，看到哈尔滨的核心竞争力和发展机会并存并享。

我明白，只有彻底、全面地读懂了哈尔滨的昨天、今天和明天，才能下好松北新区这颗棋子，才能不辜负省市以及上千万冰城人民赋予松北的历史使命和殷切希望。

在这片智慧的家园里谁能醒悟出松北兴则哈尔滨兴，只有先找到了哈尔滨的复兴之路，松北新区的发展战略才不是空穴来风，更不是图纸一张。

## （二）



人们在问，为什么是松北？松北有多重的分量？中央振兴东北一盘棋，哈尔滨为什么没被遗忘？哈尔滨要想最大限度地承接振兴东北的历史机遇，必须启动示范区，竖起一个榜样。

然而，振兴东北直到今天尚未破题，道路很长，避免同质化的竞争并走出一条差异化的超常规发展之路，哈尔滨必须建立试验区，敢试敢闯。

以哈尔滨为龙头，带动省域经济的快速发展，是黑龙江省的重大战略。哈尔滨要想早日发挥龙头城市的作用，不可能四面出击，必须要打造核心区，打造都市形象。

振兴东北战略促进了国内外产业向东北转移，中国南方沿海发达地区的发展空间限制和电力紧张，特别是台海局势的影响，金融资本和产业资本，大规模北上。

国际国内战略投资者重视投资东北，松北开发正当其时，势不可挡。中俄合作发展潜力巨大，北约东扩进程加快，俄罗斯出于国家安全的战略考虑，更加重视中俄关系，松北的东北亚经贸合作区在近期破题大势可望。

哈尔滨作为历史文化名城和冰雪文化旅游的龙头，申办“冬奥”是提升城市第三产业水平和城市文化品位的难得契机，松北躬逢其盛，必有华章。

旧城改造，新城建设，密度很大，城市扩展，纬度较高，间距偏大，空间紧张，错误地把中心城区周边很多用地，变成了基本农田用地，为城市空间扩展设置了难以逾越的屏障。

哈尔滨的空间扩展主要是南、北、西三个方向，但向西和向南都缺乏足够的发展空间。相比捉襟见肘的江南，松北优势闪亮，腹地广阔，资源丰富，启下承上。

与江南老城区形成互动互补，扼守哈尔滨向大庆、齐齐哈尔辐射的枢纽和门户，形成长廊。哈伊、哈萝、哈黑、哈大、哈肇、哈绥，六条公路必经之地，四通八达，连接八方。滨洲、滨北铁路贯通松北，是联系俄罗斯的重要通道。延伸中东铁路，马达轰响。

空气清新、滨水资源丰富，生态基础优良。省市共建集特殊经济区和特殊行政区于一体，享受国家级开发区管理权限，全省的土地指标向松北倾斜，民心所向。

哈尔滨人对太阳岛和松花江有着天然的深厚感情，“到松北去”很快成为民众的共识和向往，引起国内各类投资商的关注，知名地产商捷足先登，出现在福布斯排行榜。

## （三）

我和松北的使命紧密相连，龙江之首是自然的赐予，冰城未来是我的理想，松北新区是个神秘的地方，不是哈尔滨城市化的简单顺延，更不是所谓的郊区城市化，而是在振兴东北的历史背景下，再造一座新城的梦想。松北兴则哈尔滨兴，哈尔滨兴则黑龙江兴，其意义丝毫不亚于当年的浦东开发之于上海，承载着哈尔滨复兴的梦想。用全新的理念和思路去发展，用全新的机制和体制去保障，用新兴的产业引擎去拉动的新城形象，是大哈尔滨城市空间的核心区，是哈尔滨实现“一江居中，两翼齐飞”的世纪图章。松北就是大美图章，江岛一体，水色城光，遵循先策划、后规划，保证策划的基本思想落实到空间规划的蓝图上。放眼全局，长远眼光，长计划、短安排，灵活操作，集中优势资源，重点开发，局部突破，反弹琵琶，提升功能，招智引商，舒筋活血，人气飞扬，实现共同繁荣，拥抱新的希望。

# 太阳岛的报告

## （一）

太阳岛，多少文人墨客，写出壮美诗章，然而，我对太阳岛更有想法。太阳岛，是振兴黑龙江和哈尔滨，实施超常规跨越式发展战略的超级杠杆，是哈尔滨现代服务业尤其是旅游业的超级平台，是哈尔滨展示城市独特文化魅力的重要舞台，是进行城市营销的重要载体。

太阳岛代表着中国的旅游形态，正在从单一的观光旅游，向休闲旅游和体验旅游过渡。太阳岛的发展，必须把握住当前“观光＋休闲＋体验旅游”三位一体的第三次发展浪潮，拉动哈尔滨旅游业的突围。

迎接中国旅游休闲业第三次浪潮，重塑太阳岛之形，打造生态之岛、风情之岛、欢乐之岛、梦幻之岛。

太阳岛，黑龙江和大哈尔滨的风情浓缩在这里，唯一性、权威性、排他性，使之鳌里夺尊。在这里，能够体验到独具特色的东北亚自然风情，体验到质朴而丰盛的东北亚生活风情，充分享受到都市生活的文明和富足，找到都市人释放天性、回归自然的撒野天堂。

在这里，能够体验到哈尔滨人丰盛的生活方式，陶醉在热情奔放、浪漫典雅的俄罗斯风情之中，体验艺术的生活，感悟生活的艺术，追求人生的理想境界。

寻找太阳岛之魂再次点燃已经被国人淡忘的太阳岛情结。太阳岛，不只是一个自然风景区和避暑休闲胜地，也不只是一个演绎冰雪文化的城市空间。它的内涵已远远超越了一般意义上的旅游，正如《太阳岛上》所歌唱的，人们千里迢迢地来太阳岛旅游，是为了享受美好的生活，是为了追求永恒的幸福。

太阳岛的魂是幸福，太阳岛可和香格里拉等量齐观，只不过后者是远离世俗生活的天堂，是虚无缥缈或有或无的天堂，而太阳岛则是北国都市里的天堂，是每一个人都可以尽情享受和体验的真真切切的天堂。

迎接振兴大东北的战略机遇，打造振兴黑龙江的超级杠杆，在振兴东北的大背景下提升太阳岛的价值：从松花江边到松花江时代，从江南到江北松北大开发，把处于三点一线黄金中轴的太阳岛从幕后推到了前台。

太阳岛必然要扮演在振兴黑龙江和哈尔滨前提下的超级杠杆，撬动整个黑龙江，把黑龙江的优势资源转换为优势资产，把世界请进黑龙江，把黑龙江推向世界。

## （二）

充分利用太阳岛滨水、环岛、原生态、冰雪的天然自然资源优势，打造以自然原生态和东北亚风情为主线，以休闲体验旅游和冰雪运动为支撑，以世界区域性论坛基地为龙头，以政务商务科技文化交流为特色，集旅游、会议、休闲、度假、娱乐、运动、商务功能于一体的复合型的东北亚风情生态休闲魅力之岛，使之成为21世纪，振兴黑龙江和哈尔滨的超级杠杆、大哈尔滨的城市客厅、哈尔滨和松北经济新增长的超级引擎。

一个时代有一个时代的鸟儿，当振兴大东北的国家战略浮出水面，在白山黑水间被现代市场经济逐渐边缘化的黑龙江从后卫变成了前锋，成为振兴大东北的三驾马车之一。

而逐渐被现代旅游沉寂的太阳岛也从幕后走到了前台，具有寒地特色原生态自然资源、东北亚风情、江岛一体化的太阳岛，注定将成为振兴黑龙江、复兴哈尔滨的一枚举足轻重的战略棋子，是松北打造龙江之首、冰城未来的点睛之笔。

二十世纪八十年代，一曲歌唱爱情幸福的《太阳岛上》，唱遍了中国大江南北，引来了人们对太阳岛全新向往。时代的变迁、哈尔滨城市地位的下降和中国旅游行业的迅猛发展，令太阳岛已不再拥有当年在全国人民心目中的吸引力和号召力。

如何在第三次休闲体验旅游的浪潮和振兴哈尔滨的大背景下，重塑太阳岛的形象和内涵，再次点燃已经被很多人淡忘的太阳岛情结？太阳岛之于哈尔滨城市魅力的价值和意义，应该如同西湖之于杭州，是打造大哈尔滨城市魅力和吸引力的“当家花旦”。

平面化、缺乏灵魂，缺乏主题氛围的营造，不足以形成可持续的吸引力，不能适应旅游行业和产品开发的激烈竞争，也无法满足游客对旅游目的地的全方位、深层次的精神需求。

重塑太阳岛，具有更强的重要性和紧迫性，是时候一飞冲天了，太阳岛之于哈尔滨，如同大西湖之于大杭州，如同新天地之于大上海，是一块永不褪色的金字招牌，是城市性格和城市记忆中不可分割的领地，太阳岛给中国和世界，留下了一片珍贵的处女地，一个天生丽质的都市绿心。

## （三）

文化是哈尔滨的城市核心竞争力，太阳岛将成为哈尔滨展示城市独特文化魅力的重要舞台，成为吸引全国人民到黑龙江和哈尔滨旅游的超级磁场，打造区域中心城市，重塑城市文化影响力。

以兼容并蓄为内涵，寒地冰雪文化的核心内涵，在于丰富的本土和外域文化，失去本土和外域文化，寒地冰雪文化只是“寒地风光”，是一个空壳。外域文化的核心，是俄罗斯的欧洲文化，失去俄罗斯文化，外域文化则魂不附体。达沃斯，提倡寒地冰雪文化，但迥异的本土文化，使其城市性格鲜明，成为吸引游客、吸引外来投资者的重要因素。寒地冰雪风光美则美矣，全国以俄罗斯文化著称的城市，只有哈尔滨，太阳岛所承载的中国东北本土文化、俄罗斯文化是哈尔滨源远流长的宝贵的文化。

太阳岛作为全新的文化舞台演绎新时代，哈尔滨的城市文化魅力将成为城市现代文化和文明的重要载体。一旦以太阳岛为集中样板区的东北亚文化融入寒地文化，哈尔滨在东北亚的区域中心城市地位，将因内涵丰富、个性鲜明的城市文化，而内聚凝聚力、外塑影响力。

太阳岛是营销松北和哈尔滨的超级客厅，大哈尔滨城市营销的一块永不褪色的金字招牌，城市性格和城市记忆中不可分割的一部分，是打造哈尔滨城市魅力和城市吸引力的“当家花旦”。太阳岛是整个松北的首席形象大使，是经营松北的先导平台、促进松北招商引资的公关平台、体现松北魅力和城市品位的重要载体。

## （四）

跳出太阳岛，站在世界和全国的高度看，如何提炼出太阳岛在全国旅游地的“三性”，如何重新实现人们心中对太阳岛“幸福之岛”“浪漫休闲岛”的梦想和憧憬？今天，旅游休闲产业浪潮迎面扑来，全面深刻影响和改变着世界的每一片土地。

命运之神在敲门，黑龙江省、哈尔滨市、松北新区的腾飞，呼唤太阳岛大举作为。新时期的太阳岛，是时候一飞冲天。旅游业将成为世界上最大的产业，从世界经济发展态势来看，休闲度假、旅游业的发展浩浩荡荡，势不可挡，大到世界、一个国家，小到区域、一个城市，休闲、旅游市场，伴随着经济高速增长而急剧放大，休闲旅游和体验旅游成为趋势。

在后工业化时代的今天，市场经济逐渐成熟，社会分工日益复杂，生态环境不断恶化，人类面临着前所未有的生存压力和心理负担。人居环境和心理环境的转移，成为现代人的普遍追求，休闲旅游业也自然地为人们所崇尚。

中国的旅游形态，已经从以前单一的观光旅游向休闲旅游和体验旅游过渡。休闲旅游作为一种更高层次的旅游产品，已经成为未来社会一种带有潮流和趋势性的消费对象。旅游形态已经发生了根本性的转变，已经从以前简单的“白天逛庙晚上睡觉”的观光旅游，向休闲旅游和体验旅游的阶段过渡。

第一次旅游观光浪潮典型代表——深圳华侨城，把握了第一次浪潮，利用深圳区位优势，华侨城硬是在深圳边缘的不毛之地上，喝到了都市观光旅游的头啖汤，在休闲体验旅游的时代背景下假日经济蓬勃发展。中国现有法定假日 114 天，带薪休假、奖励旅游、寒暑假，城市人生活的三分之一处于休闲状态，意味着城市资源的三分之一也应该相应转移到休闲领域。

太阳岛的发展，必须把握住这一时代发展的大势，着眼点要更高，目光要放得更远，打造寒地国际旅游目的地，近期争创全国最佳旅游城市，中期建设世界冰雪旅游名城，远期建设东北亚经贸旅游大都市。

虽然旅游业保持快速持续发展的势头，但旅游中心城市的作用的尚未得到充分发挥，产业关联也不强，产业的升级换代较差，而且单纯的观光旅游已满足不了现代市场需求。哈尔滨出现了“一边捆着草一边饿着牛”的状况，有良好的资源却没有一个真正体现，人们的休闲需求却与日俱增，得不到有效满足。

冰雪和生态是哈尔滨的最大特色和资源，冰雪和生态休闲度假也是哈尔滨最大的卖点，但目前哈尔滨旅游对冰雪的开发利用还停留在观雪、玩雪两个简单的层面，对生态的开发利用还停留在观光的简单层面。

## （五）

我在沉思这样一个命题：实现哈尔滨旅游业突围，节点在哪里？通过太阳岛打好冰雪牌、风情牌、门户牌，迎接旅游休闲业第三次浪潮，是哈尔滨旅游业升级换代、再塑金身的不二选择。

太阳岛的发展与黑龙江和哈尔滨旅游产业发展唇齿相依，更与黑龙江和哈尔滨城市发展战略紧密相关。太阳岛的唯一性、权威性、排他性在哪里？

太阳岛曾经给黑龙江和哈尔滨带来了什么？工业化时代，太阳岛画地为牢保护第一，给城市贡献了一个观光旅游、生态保护区。黑龙江和哈尔滨给自己给中国给世界留下一片珍贵的处女地，一个天生丽质的城市绿心。

太阳岛还将为黑龙江哈尔滨带来什么？一旦太阳岛抓住机遇，走出休闲体验旅游和打造现代服务业超级引擎的新路子，就会成为哈尔滨旅游产业发展的超级王牌、带动哈尔滨旅游业升级换代的先锋、带动黑龙江旅游资源向外输出的超级杠杆，成为哈尔滨创全国最佳旅游城市和世界冰雪旅游城市的“核动力”，成为带动哈尔滨和松北现代服务业发展的超级引擎。

迎接冰雪旅游白色浪潮，打好冰雪牌，实现“寒地突围”，跳出哈尔滨站在全球寒地城市的高度来看，整合全球寒地城市的唯一性资源为太阳岛所用，充分利用太阳岛的本土特色优势资源，打造世界东方唯一的寒地自然风光城市。从全球来看，在全球寒地城市中，作为中国唯一的寒地城市，哈尔滨具备“寒地称王”的先天资源优势和实力。

与所有寒地旅游城市不同，哈尔滨“江城冰雪一体”，打好松花江这张牌，哈尔滨完全可能独树一帜，“寒地称王”。如今寒地冰雪文章尚未做充分，而江城文章更没做足。一旦太阳岛把哈尔滨“江城冰雪”文章做足，将给哈尔滨带来最可贵的差异性和唯一性，将使哈尔滨从寒地城市竞争中脱颖而出。

跳出哈尔滨从全国来看，在休闲旅游大发展的背景下，每年的10月到第二年的4月，全国的游客，主要涌向“冷、热”两极，或是到海南享受阳光、沙滩和大海，或是到东北三省玩冰雪。在休闲时代，以滑雪为代表的冰雪旅游，旅游的白色浪潮开始席卷中国。哈尔滨冰雪旅游发展迅猛，将引领中国“白色浪潮”。据世界旅游组织滑雪专家预测，中国滑雪市场潜力巨大，中国的滑雪业将会有一个爆炸性的增长。

滑雪在哈尔滨一直作为竞技体育项目保存和发展，现在已进入产业化发展阶段，太阳岛就是这个主中心的重要舞台，是众星捧月的“月亮”，将成为哈尔滨“旅游突围”的超级杠杆和平台。

迎接休闲体验时代，打好风情牌，实现“全国突围”，城市核心竞争力比较优势是文化，以东北亚风情为特色的城市文化。而太阳岛上更是这一文化延续发展至今的重要舞台，既有最早期全国第一个外国人建设的别墅区，更有新时代新式风情的聚集。既有本土的文化，又有外域的文化；既有冰雪文化，又有人文特色。如果太阳岛扮演好了北国天堂，演绎好独具魅力的东北亚风情，哈尔滨的城市魅力将在全国范围得到更大的提升，迎接振兴东北新机遇。

打好门户牌，实现“东北突围”，哈尔滨应该扮演黑龙江旅游业的超级出发的回归平台，一如香格里拉之于西藏，从卖景观到卖休闲，卖体验引领休闲旅游，成为黑龙江乃至东北亚旅游的黄金走廊和门户。而太阳岛是黑龙江和哈尔滨旅游的超级王牌，是大都市里的香格里拉，是大都市里的天堂。如果太阳岛扮演好龙江之珠，带动大旅游格局的形成，将成为在这一大体系中众星捧月的“月亮”。

黑龙江和哈尔滨的旅游资源，将有可能通过这一超级杠杆获得转换。大旅游是现代服务业的龙头和支柱，哈尔滨应该发挥好区域中心城市的综合服务功能，大旅游带动的现代服务业是有效的抓手。如果太阳岛的发展能做大一个旅游产业，形成一条休闲服务和关联的现代服务产业链，培植一批龙头企业，发展旅游支柱产业和现代服务业的战略意图将率先在太阳岛实现。

## （六）

很多年前，这个岛盛产鳊花鱼，女真族鳊花鱼的发音为“太宜安”，这个岛当时就被称为“太宜安”，久传至今被称为太阳岛。20世纪20年代，随着中东铁路的建成，哈尔滨日渐发展成为水陆畅通的商埠重镇，作为远东著名的国际商埠，聚居了30多个国家的近20万侨民。素有“东方小巴黎”“东方莫斯科”和“天鹅项下珍珠城”之美称。

而这珍珠项链中最为耀眼的明珠便是太阳岛，成为当时外国侨民避暑度假的场所，许多欧式建筑都是那时留下的。新中国成立后，江北地区开发开始于七十年代，太阳岛风景区的设立，仅限于避暑和旅游风景区的开发，并没有按城市新区来考虑。有计划、有组织地进行开发是1986年松花江公路大桥通车后，前进、利民两个开发区的建立。

太阳岛作为松花江边唯一的生态型岛屿，拥有丰富多彩、四季皆宜的旅游资源，对哈尔滨有着独特的价值，未来开发的潜力巨大，将成为哈尔滨和新松北新的增长极，带动松北新区的发展，以及从松花江边到松花江时代的突围。

哈尔滨的振兴，是在振兴大东北的新形势下的城市复兴，振兴的核心是经由江南与江北的互动，实现打造新哈尔滨的梦想，重新回归东北亚体系中国际经贸城的历史地位。

而在哈尔滨新一轮的拥江发展战略中，太阳岛应该扮演什么样的角色，发挥什么样的价值？太阳岛的存量资源和增量资源，应该如何盘存、提升和释放？太阳岛应该如何实现全新突破？打破传统的孤立的仅仅建生态景区的开发模式，将太阳岛定位为城市的一个重要组成部分。

以建设城市的一个主题城区为出发点，以带动城市产业发展为目标，以未来城市的需求为核心，以开发具有国际化的太阳岛为重点，复合城市多种功能，形成其独特的个性特征，做到唯一性。

跳出太阳岛看太阳岛，基于国际旅游和城市发展的大趋势，以城市的发展战略为目标，以东北亚为辐射和整合范围，考量哈尔滨城市发展战略为依据，使太阳岛具有较高的权威性。从松北城区发展角度，把城市的产业发展和为市民提供新的生活方式融合一体，增加太阳岛的复合度，提高太阳岛的排他性。

哈尔滨从松花江边到松花江时代，拥江发展，使得松北时代和松花江时代横空出世，以松花江两岸综合开发为主线，以江北增量发展带动江南存量发展，打造松北大开发大开放的前沿阵地，打造振兴哈尔滨和黑龙江的超级杠杆，打造经营哈尔滨和黑龙江的超级平台。

聚合世界和中国的力量，实现全面振兴。经营哈尔滨的重点是经营松北，而经营松北，首要破解的是经营太阳岛。统一策划、统一规划、统一管理、统一营销、政府引导、企业主导，按城市经营的理念，进行整体性的景区开发，发展一个振兴和营销黑龙江、哈尔滨和松北的超级杠杆、超级转换器、超级舞台、超级名片，使之成为现代黑龙江和哈尔滨的城市客厅、现代旅游业的名片、现代服务业发展的引擎。

# 自己想说的话

我经常反省自己，并从反省中加深对自己的认识。在我很年轻的时候，就很自信，特别是在众人面前讲话几乎是一气呵成。由此，认识我的人便认为我有才。后来又写了一些东西出版，左传右传，便认为我确实有才。其实我很肤浅，自己知道自己底气不足，只不过是讲话时用了朗朗上口的词，加之声调高昂（其实就是一喊到底），又能拿出自己出的书，便被误认为有才，自己有时被一些夸奖所左右。当认识到自己不是这块料的时候，便开始猛学、猛背，以弥补自己的短处，以避免可以向众人拿出获奖证书，而不敢在明眼人面前拿出作品。自己知道那是一些“垃圾”。

不知为什么，熟知我的人认为我“很聪明”。其实我很笨，而且不是一般的笨。同样的事情，别人学一遍、做一遍就会了，而我却要学几遍，甚至十几遍也不是很精，吃了不少苦头。特别是写东西，很少有顺利通过的时候；专家们审查我的作品，也是贬多褒少。总结自己这么多年的经历，主要爱好在写作上。写了这么多年，也没写出个名堂。可以用杂乱无章来总结。但自己就是个不服输。因而我在写作中获得了不少，更多的是精神上的充实。这种固守与勤奋就连自己也莫名其妙。

最近我写了一本小册子起名叫《上善若水》，其实是根据自己性格来起的。因为人世间最宝贵的就是真、善、美。虽然做人、做事、作文很难尽善尽美，但应有这个追求。我常常想，人应该对得起自己，这个对得起就是不自欺欺人。因此，我想，我生活着，并且思索着，能没有所感、没有所问吗？



是的，这里的许多问题，都是我在生活中的思索的产物，是有感而发、感与问互为其宅，朝于斯、夕于斯、日积月累的结果。所选的几首小诗，的确是用心来诗化的，从而深悟了诗是艺术中的艺术，诗人是文学艺术中的圣人。自称为是诗人的人是可笑的。所选的一些散文也是有感而发的，虽然有些直白，与美文还有大的距离，但的确是一种心情所至。几篇论文也是力求言之有物、言之有理、言之精彩。于人于己都友善、亲善、和善。文应该对得起世界，这个对得起就是美，把美好的东西献给世界而不是污染世界和心灵。当然，这里也有套话文章，也有大拼盘。但我觉得拼凑好的人也是能人。在首脑机关的日日夜夜里，我领教了这些能人的风采。他们那种敏捷的思维、开阔的眼界、概括提炼的能力，甚至引用、借用拼凑起来是那样严丝合缝，没有任何斧凿的痕迹，洋洋万言，又言之有物，令领导动容，又让读者动心。这种本事也是一种创造，非一日之功，非一般人所能。这种本事并非只是文才，而是一种综合能力的再现，因为这里的哲学思辨、抽象思索和形象展望，于国于民密切相关。有的成了科学决策，有的成了纲领性文件，有的成了牵引人们奋进的华章。不像有人说的："他们就会写点啥。"当然这种不屑一顾的口气也因时、因地、因人而异。在不同时期、不同场合，有时也会赢来赞许的可望而不可即的目光："这人很能写，特别有才。"其实，他们有些功底和思维，加之不断修养，为干一番大事业提供了一种得天独厚的可能。我佩服他们，并还在模仿他们。

从部队转业后，我总是在寻找平衡，在寻求中寻找自己的位置，并给自己一个实实在在的定位。故而有时通宵达旦也很快乐。像在部队一样，我每天都是提前两个多小时到办公室，处理应急工作。如果工作不紧张便习惯性地泡上浓茶，一边吸烟、一边发问，把整个自己都交给了清新而亮丽的早晨，交给了那些诱惑或困惑着我的萦绕在心头的问题，交给了我案头的那摞散页纸。这里有疑问、自问、质问、诘问和借问，但更多的是不问自明、无须回答的设问和反问。这样子一路写来，就累积提出了一些问题。这些问题就内容而言，固然都无一例外地胶着在诗上、文上，但却是积我多年的生命之体验，广泛地涉及了对自然、社会、人生、艺术和美等诸多方面的感悟和浅见。应该说，它是我继《叩问灵魂》《叩问诗人》和《叩问爱情》等随笔著作之后的一部反思性、内省性的人生总结，是我在对人生和美探索方面如何拓展思路和弘扬个性的初步尝试，也是一块抛进文坛静水、以期激起微澜的引玉之砖。就社会观和人生观而言，人各有志，因人而异。每个人都有每个人的主张，每个人都有每个人的写法，每个人更有每个人的活法。我不反对以文宣泄，但我更主张以文达情；我不反对潜心入世，但我更主张超然物外、动中求静、静中求谐；我不反对宦场腾达，以智慧、能力和理念做事，并使所为于官位无愧，于时代所需、环境所用无愧，但我更主张在业余时间，安于一张桌、一盏灯、一杯茶、一包烟、一支笔和几页稿纸，循规蹈矩地在方格中拾级而上，数十年如一日地把生活中的所得进行提炼概括，并以写为乐、写中求乐，以至其文也融融、其乐也无穷。在这方面，我一直以我的恩师文利和我的同学杨民兄、瑞文兄为镜。他们作文、做人、为官堪称天地良心。

# 追求的格调

并不是有意表白自己，说句心里话，我一直有理想，所以有追求；因为有追求，所以有压力，可谓“黾勉从事，不敢告劳”（《诗经·十月之交》）。这压力，源于角色的转换。曾是上校，曾是决策者，曾有建树，曾舞文弄墨，也曾出口成章。本是二十五年的老兵，却一下子变成了从零开始的新兵。个中滋味，局外人难以体会。说句不该说的话，我的确想做事，继续独当一面，但“有为才能有位”在这里体现得十分明显，也就是说，你必须有得到上下认可的政绩才行。然而，得到认可何其难？同时，我又想为文。过去就有人告诫我当官与为文二者不可兼得，但我却我行我素，一直徘徊在做官与作文之间。为官亦有建树，为文亦有著述，我想，关键是有没有耐得黄卷青灯、孤砚冷墨的固守与勤奋。当然，这里的“文”和自己多年爱好的“文”又是两码事。我顿感黯然失色。

然而，多年的积淀，使我在选择的这条艰难而充满光明的道路面前，没有动摇意志，燃烧的依然是理想，不变的依然是追求。实在说，我很幸运，在军旅二十五年之后，能来到口碑载道、鸿儒硕学、政通人和、责任重大的首脑机关工作。一年来，我时刻都被这里团结敬业的氛围、厚实学养的精神、学贯天人的功底、精益求精的作风和高洁浩远的风范所感动。我为自己能成为这里的一员而感到荣耀和自豪，同时也深感肩上担子的沉重和责任的庄严。“知之非坚，行之惟坚。”无论是自己的修习素养之经略，还是学海涵育之潜能，可谓即胸无点墨亦胸无城府。压力与信心同在，更有各位领导及同事对我关爱有加、耳提面命，循循善诱、谆谆告诫。我想：在人生的漫漫征途上，能有多少人可与之相逢、相识、相处和相知？人与人之间，又能有多少人可与之会心、知心、交心乃至倾心？在这里我感受到了朋友的真诚和师生般的关爱。

然而，不能不承认，每当领导交给我一份工作时，我都感到忐忑不安。这不安主要源于能力的适应、对情况的把握及对重大问题的认识上的差距。三十多年笔耕不辍的我真是汗颜。于是我感到光有刻苦磨砺的意志是不够的，还要有神速领会的悟性。我又陷于苦恼，又回望过去。但我深知，过去的探求，那是过去的辉煌；而今天的探求，那才是架起通向未来的桥梁。我必须严肃地审视现实中的自我，并不断地使自己进入一个新的境界。我常想，人生在世，不能没有能力，但光有能力而没有潜力不行，潜力就是能力的后盾和源泉；光有潜力而没有耐力不行，耐力就是潜力的外化和持久化，就是由能力分解成的感召力、诱惑力和凝聚力。“树木择地而繁荣，名花适土而独秀。”组织安排我在这样庄严而神圣的岗位工作并赋予我这样郑重的责任，我热爱并且自信能为这项工作殚精竭虑、锲而不舍，达到效果。

“写字者，写志也”“书，如也，如其学，如其人，如其志，总之曰如其人而已”（刘熙载《艺概》），搞综合、调研，当参谋，写讲话，何尝不如此，它能体现一个人的价值选择、理想取向、人生定位、道德操守。我要继续发扬披览忘倦做学问，孜孜以求著文章的精神，刻苦于学海泛舟，辛劳于笔耕墨种，躲避于物质世界的诱惑、浮躁的包围、俗世的干扰，培养甘于寂寞的情怀和淡泊名利的心境。在政治上知恩，在生活上知足，在工作上知责。超越一己私利的狭隘动机，树立坚定理想和科学的修养观；超越直觉驱使的情感障碍，确立真挚、炽热、高尚的修养情感；超越被动约束的行为习惯，形成高度自觉的修养行为；超越“洁身自好”的境界取向，坚持在社会性实践中造就发展。从而改变浅尝辄止、故步自封的思维方式，建立深邃广涵的思维方式；改变单向偏执的思维方式，建立多维求变的思维方式；改变钝守自抑的思维方式，建立锐攻自强的思维方式。始终牢记发于点滴、行于心田、融于交流、盛于久远、上善若水、厚德载物的传统美德，在学海涵育中培基远行，在自我激励中超越自我，在“自省”“慎独”中升华境界，在投身实践中冶炼淬火，在扬长效优中完善延伸。

这便是我的追求。

# 业余的内涵

有人说，人的最大差别在业余时间。不是业余的时候，是为了饭碗，故不能有丝毫懈怠。忙忙碌碌中的个中滋味只有自己能体会出其内涵，会从中获得不少乐趣和满足。有时业余和不业余竟然也难区分。别人回家了，你还要俯案笔耕、查阅资料，直到无疏漏为止，业余便变得更加忙碌。尽管如此，我的业余时间有时却的确是属于自己的。

每天早晨，当我从梦境中走出并严肃地审视着现实中的自我时，总是自觉不自觉地进入了一个新的梦境。当收听气象台的天气预报时，我也在观测自己的风云变幻；在茶杯里泡上诗意浓郁的早晨的同时，便神不守舍地坐在思索中，走在笔尖上了。

我以为，只有在业余时间里，在属于你自己的时间里，你才能充分暴露你自己，你才能充分放纵你自己，你才能自觉不自觉地体味你自己。

所以，我观察着并思索着，当一个人正处于生命的正午时，不是光明正多，阴影正短吗？能在这时找回自己，找回并强化自己的自信心吗？这种自信心不是固执的，而是规律的；不是单向的，而是多维的。

最可悲的，是在物欲生猛的社会里失掉你自己。诚然，我不能选择我的生命，但在我的生命的流程中，有了一种不是刻意的追求——我有爱好，我找到了体味自己的手段，我感到了自己活生生的存在。

这能否是自我欣赏呢？自我欣赏不是基于对自己的认识和把握，意在自我肯定、自我否定、自我调整、自我完善和自我超越吗？其中不是蕴含着自觉、自爱、自重、自尊、自信、自律、自忏、自勉、自慰、自立、自裁、自问、自省和自足等多种心理因素吗？

爱好是一种充实，也是一种解脱。爱好好比脚上的鞋、身上的衣、口中的菜、身边的女人，合不合脚、舒不舒服、香还是不香、可心还是不可心，应该只有你自己知道。所以，写点东西不是为了发表，也不是为了让人知道自己有这方面的爱好，而是为了给自己看（我自己就写了一本10万余字的书：《自己写给自己看的书》，虽文字有些拙劣，但总能给自己一些启发，故后来的书的文字还是有许多长进），是用来丰富自己、警醒自己和充实内心。

写东西，无论是小说、散文，还是诗歌什么的，总是要学着高人的方法，把自己的感受裁成合体的衣着，炒成可口的菜肴，美化成可心的情人。我仿佛找到了这种感觉，同时也深深体味到，这看起来洋洋洒洒但却歪歪斜斜的文字，也是捆绑自己的绳索，我的生命在行间流逝，无疑是“自裁”！于是我顿悟，自裁也是生命延续的需要。

每当我恪尽职守完成任务时，每当我吞云吐雾奋笔疾书时，我怎能不确确实实地感受到自己的生命力、创造力和爆发力在奔突呢？怎能不确确实实地感受到我活动着，并且表现着、创造着，甚至生气贯注、激情有加、一发而不可收呢！把每天都视为生命的重新开始，把每天都当作自己的生日来过，人生能不增添许多快乐吗？能不深深地相信每天都有一次日出、每天都有一道亮色吗？能不把每片绿叶都看成是一面昭示着生命、追求和希望的青春的旗帜吗？

紧张、繁忙的工作之余，潜心坐下来思考点什么，能写点什么，本身就是一种境界。这业余的内涵，局外人难以测量。

# 忙　与　闲

人生难得一闲字。古人“闲敲棋子落灯花”“闲窗听雨摊书卷”为一大乐事。细想碎雨敲窗，捧书就读青灯之下，确为我辈之所求。人们追仙学道，退隐入禅，无非慕那一刻、一日、一生的清闲，避那尘世的繁忙喧嚣。可见，闲实在是人生的一大追求、一大理想。

何谓闲？似乎因人之境遇不同，其内涵也相去甚远。友人中有宦海翻波、商海弄潮者，可谓险象环生，却常念念不忘居家时为妻儿弄几顿可口饭菜，虽已少动箸，且乐心不疲，自谓偷闲。如我辈中人，即使为知青时，夜秉残烛，用先为白泡后化老茧的手去摩挲几页书，贫下中农们也谓之闲。叫唤的麻雀不一定忙，不叫唤的老鼠不一定是闲。至于当今，赌桌上、卡拉 OK 里，洗头房、泡脚厅，是忙是闲，鬼才知道。

忙与闲是一种体味，更是一种境界。我最称羡的，是江边钓者。细雨霏霏，青墩一座，绿草白杨，蓑衣竹笠，虽一天仅钓上来一条寸把长的小泥鳅，但那份闲适、那份悠然，堪称神仙也！

最让不解的是“帮闲”。我实弄不清古人造此词句之本意。按理其正与“帮忙”相对应，其实却是无闲可言。帮闲者，自己本无闲的资本，只能贴上自己的忙而枉称为闲，可悲复可怜！且这些又都发生在文人身上，文人只能成为权势的廉价附属品，可叹复可恨！多少才华横溢者在帮而不闲中耗费了生命，消逝了自己！

丙子秋，曾登雁荡合掌峰礼拜观音大士。宝像庄严，而那份闲适安详更令人心仪。我垂首问座旁老僧，何谓修、何为佛？僧睨视后合目不答。我又谓之曰：“佛可悟不可修！世内有佛，世外有佛；出世为佛，入世为佛；吾心有佛，吾身即佛！”僧瞠目旋而合十。此时恰值薄云垂暮，烛光烁烁，晚祷始行，佛音顿盛。暗自以为，或许正因为闲得发慌，僧院才钟磬隆鸣，僧人们才咿呀念经！试想如佛子广行善事、普济众生，纵大士现千手千眼，当也忙得不亦乐乎！佛并未普度众生，其实仅度了自己！吾顿悟一真谛：千佛万佛，一闲字当得！我成佛矣！

日常间的忙碌，都很快随着流光消逝，只有得闲倚窗读书时的思索，才有回味余甘。吾人之闲，实非无生计困扰，不过是求得一方心境，使心胸在尘世的嘈杂中有一块自我的天地罢了。虽然这块天地逼仄，但毕竟能容下一个有模有样的自我，所以我十分珍视。

# 修　　养

素质修养犹如攀登高峰，脚下崎岖不平，迎面峰回路转。既不像观花赏月那样悠闲自在，也不像湖面荡舟那样浪漫轻松。若攀此峰，势必要勇于披坚历险，锐意破关斩隘。否则，素质修养的光环便一闪即逝。这是因为素质修养总是伴随着艰难困苦的磨炼，渗透着血汗泪水的洗刷，并且这种磨炼和洗刷又是以心灵深处的“造血功能”为动力，以思维方式的艰难变革和超越为前导的。然而，正是这种心灵的动因和思维的超越，升华了素质修养的境界，开辟了攀登高峰的理想道路，酿造了坚韧不拔进击和义无反顾前行的动力机制。

在我国的历史典籍中，修养“唯此为大”“唯此为远”。大在“士不素养，不可以重国”，远至“爱惜精神，留他日担当宇宙。”当今，在现代文明的呼唤中，言必称修养，行必论素质。

古人袁牧曰：“学如弓弩，才如箭镞，识以领知，方能中鹄。”意思是说，一个人如果有了学问，好比猎手有了一张弓，有才能好比有了箭，但只有弓和箭仍不能射中目标，必须要有“识”来统率。这是对学、才、识关系的形象描述，同时也说明了素质修养的指向和内容系统的总合性。从修养的个性化效应上观察我们就会发现：有的人待人诚恳，态度和蔼，给人以亲近感，但缺乏应有的知识素养，学识才能低下，而被人“看不起”；有的人见多识广，足智多谋，给人以渊博感，但由于为人冷漠，悦不挂颜，而被人“看不惯”；有的人有能力、有魄力，给人以果断感，但目中无人，傲气十足，而被人“看不顺”；还有的人能言善辩，对答如流，给人以敏捷感，但由于言行不一，作风漂浮，而被人“看不服”。

在加强素质修养的过程中，还应科学对待四种人的情况。

第一种人是知之很多，并清醒地知道自己得到了什么，没有得到什么，应该怎样弥补自己的缺陷和不足，即“知之为知之，不知之为不知之”“化不知之为知之”。这种人是睿智的人，应当称颂之。

第二种人是知之很多，但并不知道自己头脑里装的是什么、还需要什么、应该怎样去努力，即“不知其所知，不思其所失，不明其所向。”这种人是朦胧的人，应当唤醒之。

第三种人是知之不多，但知其不知，思其所缺，明其所向。这种人是明晰的人，应当帮助之。

第四种人是知之甚少，但又自认为知之甚多，总觉得自己学识渊博，陶然于建树不凡。这种人是无知而自负的人，是需要救药的人。

那么，我们应该从哪些方面做起呢？我认为应从以下三方面努力：一是“在明志与修行的结合中培育素质”。明志是成才之本，成事之基。胸无大志，以其昏昏，使人昭昭，是缺乏修养、素质低下的表现。我们应该有为追求理想而生活的信念，有为追求远大目标而进取的壮志。二是“在砺志与修志的结合中催化素质”。素质修养是个自我的“千磨万击”的过程，只有紧紧咬定奋斗目标，忠诚不渝，锲而不舍，永不颓唐沮丧、移心改志，才能取得成效。三是“在‘献志’与‘克怨’的结合中升华素质”。素质修养是崇高的“无”字碑。只有有志于奉献崇高事业，丹心与共而无怨无悔的修养志向，才是高洁无华为人称道的。经过认真修炼，在实践中努力做到：改变浅尝自封的思维方式，建立深邃广涵的思维方式；改变单向偏执的思维方式，建立多维求变的思维方式；改变钝守自抑的思维方式，建立锐攻自强的思维方式。

# 中　　队

## “惟有葵花向日倾”（序）

武警黑龙江总队佳木斯市支队抚远县中队于2001年7月1日被中共中央组织部授予“全国先进基层党组织”称号。这崇高的荣誉无疑是党中央对我们总队全体官兵的莫大鼓励；同时，也蕴蓄着党中央对我们总队全体官兵的殷切期望。

《中队》正是在这样的一个大背景之下应运而生的。

《中队》多角度、多侧面并全方位地描绘了抚远县中队由后进变先进，并且由支队的先进中队到总队、总部的先进中队、先进标兵中队的不断成长的历史，以无数事实，浓彩重墨地介绍了抚远县中队党支部的先进经验，即把理想信念凝聚在祖国的东端点上，化作立足岗位、建功立业的崇高人生追求；把太阳迎进祖国，将青春献给警营，自觉保持和发扬不图名利的奉献精神，官兵团结融洽、亲密无间的协作精神，不甘落后的进取精神，不“等靠要”的创业精神，以强有力的凝聚力和战斗力，带领官兵建设过硬中队，自觉地把密切内部关系视为实践“三个代表”的本质要求，视为推动三项经常性工作进一步落实的突破口，视为实现“两个确保”的迫切需要。

《中队》从头至尾，一直以指导员杨春水和董哲峰的先进事迹为主线，集中而细致地介绍了武警部队新时期涌现出的这两位“党代表”以慈母般的与时俱进的爱，一切为了士兵、一切依靠士兵、一切服务士兵的感人至深的事迹；集中体现了武警部队近年来努力学习、实践“三个代表”重要思想，按照“五句话”总要求，认真落实《军队基层建设纲要》，狠抓三项经常性工作，推动部队全面建设的丰硕成果；充分展示了杨春水和董哲峰作为基层干部扎根基层、勤奋敬业、以队为家、真情爱兵、无私奉献、与时俱进的精神风貌。他们高高地站在阳光下，以自己脚踏实地的模范行动证明，他们不愧是基层党支部中举旗引路的“党代表”、塑造灵魂的工程师、无私无怨的孺子牛和精诚育才的铺路石，不愧是新时期我军基层党支部密切内部关系的带头人。写到这里，我便禁不住想到《中队》中所叙述和描写的抚远县中队官兵相互尊重、相互帮助、相互爱护，直至把中队建设成人人珍惜、人人留恋的大家庭的感人事迹；想到官兵们发自内心深处的那些感人肺腑的滚烫的语言；想到了官兵们阳光下、哨位上捧出的与时俱进的爱心。同时，我又想起了徐永清政委在武警部队党委第二十四次扩大会议重要讲话中的一段话：“现在的战士思想开放活跃，文化程度提高，民主、平等、竞争、进取意识增强，独立思考、自我教育的能力提高。这些鲜明的时代特征，给思想教育和训练管理工作提出了新的要求。”面对这样的新形势、新任务和新要求，我们就应该像《中队》所介绍的杨春水、董哲峰以及杨立冬等同志那样，继承和发扬我军“官兵一致，尊干爱兵”的优良传统，切实端正对士兵的根本态度，牢固树立士兵至上的观念，把士兵的利益看得高于一切，自觉尊重战士的主人翁地位和民主权利，全心全意依靠士兵建设中队；就要像杨春水、董哲峰以及杨立冬等同志那样，贴近时代，与时俱进，捧出一颗滚烫的心来，严兵先严官，正人先正己，以自身的人格魅力和模范行为带动部队，以实事求是、解放思想、与时俱进、开拓进取的精神，积极探索新形势下训兵、管兵、带兵之道，努力把中队建设成革命军人团结友爱的大家庭，把中队官兵培养成为党和人民的忠诚卫士。

《中队》的作者刘继祥是一名有着二十余年军龄的老兵。他入伍以来，历任战士、干事、指导员、教导员、处长和政治委员等职务，熟悉基层，了解战士并深知“党代表”的甘苦。他在多年的政务工作中，一直笔耕不辍，已先后出版、发行了二百余万字的作品，产生了一定影响。《中队》的出版、发行，又是一个新收获。我希望各中队、各基层党支部在学习《中队》时，都要紧密联系思想实际，以抚远县中队党支部的先进经验为镜子，对照、检查，找出自己的差距和不足，并制定出改进措施，争取及早赶上甚至后来居上。“东风夜放花千树，一树鲜花一片春。”我深信，伴随着总部党委发出的“认真贯彻‘三个代表’思想，从密切内部关系入手，推动三项经常性工作落实”的号召，伴随着《中队》所总结的抚远县中队党支部先进经验的宣传、推广和普及，我们总队的思想政治工作必将有一次大的突破，官兵的政治觉悟必将有一次大的飞跃，精神风貌必将有一次大的更新！

宋代诗人司马光在《客中初夏》一诗中写道：“更无柳絮因风起，惟有葵花向日倾。”愿我们大家都能像抚远县中队那样“把太阳迎进祖国，将青春献给警营”，以“永远做党和人民的忠诚卫士”为指南，使自己成为一朵永远“向日倾”的金灿灿的葵花……

2001 年 11 月于哈尔滨

# 太阳和哨位——镶在边陲一片霞

## （一）

金谷飘香的季节，我乘坐的越野车像一片绿叶飘向祖国版图的东北角，黑龙江与松花江、乌苏里江交汇处的三角地带的最东端——抚远县。

凭窗望去，那黑得流油的土地，层林尽染的山峦，金波翻滚的麦海，在我的心中奏起了一曲色彩斑斓的乐曲。这真是一片神奇、美丽的土地。临行前，我查阅关于抚远的资料时得知：抚远，乃边疆要塞，历史久远。早在1909年，清政府就曾在这里设绥远州；1913年，民国政府设绥远县；1929年，改设抚远县。

绥：安好，安抚。抚：保护，安慰。从名字上看，当时的官员们确实煞费苦心，对这边塞要冲均以安抚与保护并重；同时，又不约而同地将这座与俄罗斯隔江相望的小城定格在“远”字上。

走进抚远界内才真正感到抚远确实遥远。江对岸的哈巴罗夫斯克是俄罗斯的远东重镇。如果乘船沿江而行，便会令人想起诗仙李白放舟长江、遥望天门山的感慨之句：“两岸青山相对出，孤帆一片日边来。”

抚远确实遥远。以首都北京为心脏，它是名副其实的神经末梢。它处于东经133度40分，北纬47度25分，是祖国的最东端，属高寒区，年平均气温只有2. 2 ℃，年无霜期只有短短的115天。这里距离东北重镇佳木斯市四百四十多公里，不通火车，汽车单程要跑十来个小时。《抚远县志》里以“地利优势”的得意之笔这样写道：“抚远是伟大祖国版图中太阳升起最早的地方，是祖国的东北门户。当地人称抚远是东方第一县。”20世纪80年代，时任中共中央总书记的胡耀邦在视察黑龙江时，曾为该县乌苏镇哨所欣然题写了“东方第一哨”五个金光闪闪的大字。

“东方第一县”指的是抚远县在伟大祖国版图上优越而重要的地理位置；“东方第一哨”指的则是坚守在这里的解放军指战员和武警官兵肩负着的重要责任和神圣使命。

我要去的抚远中队就在抚远县城东南的一个偏僻的山沟里，四面环山，层峦叠嶂，好一片自然景观。这个中队组建于共和国成立前的1948年，担负着看守任务。

然而，我知道，这里不是中原地带，没有诗人们登临过的名山秀水，也没有被晨钟和暮鼓敲打得褪了色的红椽绿瓦。因此，我没有寻胜的闲情和悠然的感叹，更多的是用我的眼睛、我的心感受着这边陲小县的安宁与恬淡，体味着抚远中队的质朴与平凡。

当旅途用汽车的转弯在中队操场上画上了一个句号，映入眼帘的是太阳、国旗、哨位三点一线。肩宽膀阔的指导员董哲峰和中等个头的中队长杨立冬热情地把我迎进队部。一阵寒暄过后，我便听他们介绍情况。董哲峰在谈到抚远地域时说：“来抚远不能不看日出。”一句话，勾起了我看日出的心绪。我想，抚远中队的官兵守望着安宁，也在守望着日出，紧紧相随着充满爱意的阳光，托起灿烂的希望。

我接连起了好几个大早，都因天气而未能如愿。

那天后半夜不到两点，我摸黑登上了抚远最高处。笑迎凉爽的风，以及随风飘来的阵阵山野的清香。我凝神远眺，看见一个简单得像几何图形一样的景象，那猩红的圆与一条深沉黎黑的地平线相切，挂在遥远的天边。再仔细看去，那火红的太阳冉冉升起，在那无限苍茫寥廓的天空把灿烂的光辉洒下，大地上的一切都盈盈而生。金色的因子渗入万物的体内，生命的血液是鲜红的，植物的血液是碧绿的；它还光华万顷地涌入黑龙江、乌苏里江、松花江三江交汇处。于是，仿佛万物都在感到自身元气的膨胀、生机的亢奋和力量的迸发。

## （二）

我带着看日出的兴奋和激动，回到中队的操场上，这里正在举行升旗仪式。中队的官兵们精神饱满、步履矫健，张张稚嫩的脸上洋溢着喜悦、忠诚和对未来的向往。我很自豪地加入到他们的行列中。我当过指导员，带过兵。此时，我仿佛又年轻了许多，体会着这神圣的时刻。我真真切切地看到他们把理想信念凝聚在祖国的东端点上，让初升的太阳、飘扬的国旗和神圣的哨位一起把国歌唱响。那位升旗手是位新兵，个头不高，甩旗的手还悬在空中。那些战友敬礼的右手个个都是那样地标准和庄重。此时的这一队橄榄绿，就像一团浓缩的阳光，紧紧依偎在太阳的身旁，把建设祖国的美好心愿、热爱祖国的赤胆忠心和守望安宁的重大使命融为一体。这时，我看到，那镌刻在操场护坡上的“把太阳迎进祖国，将青春献给警营”十四个大字熠熠生辉，折射出抚远县中队之魂的光彩。

我站在操场上，心情很激动。太阳第一个照耀的橄榄绿就是抚远中队的官兵；最早看见太阳升起的也是这些官兵。这得天独厚的地域为抚远中队带来了荣耀和自豪。于是，我对太阳便产生了无限的遐想。

太阳，银河系的恒星之一，是一炽热的气体球，体积约为地球的130万倍，距地球约15 000万公里，质量约是地球的33.34万倍，表面温度约6 000摄氏度，内部温度1 500万摄氏度，内部经常不断地进行原子核分裂而产生大量的热能。地球和太阳系的其他行星都以太阳为中心，围绕着它旋转并从它那里得到光和热。

青年郭沫若曾以澎湃的激情，早在八十年前，就这样热烈地礼赞新生的太阳：“青沉沉的大海，波涛汹涌着，潮向东方/光芒万丈地，将要出现了哟——新生的太阳/天海中的云岛都已笑得像火一样地鲜明/我恨不得，把我眼前的障碍一概铲平！”

太阳是值得赞美的。

太阳是永远都值得所有人赞美的，就如同青春一样。

青春——永远闪光的字眼！

它是生命的早晨，是生命的春天。

它永远饱含着朝气，饱含着活力，饱含着蓬勃向上、不断进取的精神。在这里，28 名年轻的武警官兵，正在把自己的朝气、活力和进取向上的精神，凝结在营区里，凝结在哨位上，凝结在祖国东端的神经末梢上。

每天，是抚远这个“东方第一县”的数万人民，伴着 28 名忠诚的武警官兵，最先把太阳迎进了祖国寥廓的天空。

在每一位热爱生命、热爱生活并热爱祖国的人的眼睛里，每天的太阳都该是新鲜的、光芒万丈的。它象征着我们祖国的日新月异、一日千里。

唐代诗人白居易曾以热情洋溢的诗笔，写下了“日出江花红似火，春来江水绿如蓝”的著名诗句，用以赞美绚丽的江南春景。一千多年过去了，今天，我们面对着滔滔东去的黑龙江水，面对着防护堤上的十四个闪光的大字及香山居士的诗句，怎能不在我们的脑海里浮现并闪烁着耀眼的光芒！

1996 年 6 月，就在这个宽敞的操场上，杨春水同他的战友们一起，用水泥、砖石建起了一座永久性的固定升旗台，在中队开展升国旗、唱国歌活动。国旗，我们的五星红旗，是代表我们伟大祖国的光荣而神圣的旗帜；国歌，我们的《义勇军进行曲》，是代表我们伟大祖国的庄严而激昂的歌曲。就在这片用自己的双手拓展的操场上，就在这方用自己的双手建起的升旗台上，每当鲜艳的五星红旗在国歌声中，沐浴着阳光冉冉升起的时候，官兵们的使命感、庄严感和荣誉感便油然而生。是的，他们是祖国最东端的守卫者，是最早在国歌声中、国旗下面把阳光迎进祖国的人。他们因此而感到无比自豪。每次升旗的升旗手都是经选举产生的；每年老兵退伍前，都要在国旗下照张相，留下祖国、抚远县中队和青春的合影，留下这刻骨铭心的记忆，留下永远沸腾在心间的幸福与自豪。

那么，谁能最早把太阳迎进我们伟大的祖国呢？自然是身处我国经度最东端的抚远人，自然是站在哨位执勤的抚远县中队的武警战士。

在抚远县中队，谁又能不想争做这一班岗的哨兵呢？谈起这个话题，指导员董哲峰给我讲了这样一件事：

有一段时间，个别战士不愿上末二班岗。这种毛病像传染病一样，大有蔓延的趋势。为什么呢？原来，这班岗下岗之后，正好是早晨五点钟，本想睡个“回笼觉”，但刚刚入睡，便响起了起床哨，不得不揉着蒙胧的睡眼，爬起来出操。中队里一水水都是年轻人，觉都大。白天学习、训练，十分紧张；晚上，谁都想好好休息一下。偏偏这末二班岗耽误了睡眠，影响了休息，于是就产生了“谁上这班岗谁就倒霉”的厌倦情绪。

这件事，不能不引起老指导员杨春水的高度重视。他想，一天二十四小时，哨位上一分钟都离不开战士，这末二班岗每昼夜轮一次，一年就是三百六十五次，难道就因为影响睡眠，这班岗就将成为“谁上谁晦气”的难关了吗？这样的问题不解决还了得！

一天，杨春水准备尝尝这个“桃子”的滋味。他主动提出，替战士上了一次末二班岗。杨春水也是战士出身，站过岗，放过哨，熟知哨兵的甘苦。这正是他知兵爱兵的“根”。可这次，他站的是末二班岗，与以往不同的是，在哨位上，他有了一个惊人的发现：鲜艳的朝阳正是在这一班岗时染红了东天，冉冉升起！正是这一班岗时染红了哨位、警营，与鲜艳的五星红旗交相辉映！正是这一班岗，令人顿生一种自豪感、荣誉感和神圣感——因为我是第一个将太阳迎进祖国的武警战士！于是，他决定：利用抚远地处祖国最东端的地理优势，开展一次“把太阳迎进祖国”的主题教育活动。

杨春水是个说干就干、雷厉风行的军人。他首先在毗邻哨位的一堵护坡堤上，写上了“把太阳迎进祖国，将青春献给警营”十四个鲜红、耀眼的大字。这是抚远县中队之魂！它表达了官兵们的信念与理想，表达了官兵们的责任与使命，更表达了官兵们的信心与决心。杨春水要把这十四个鲜红的大字，直接写进全中队每一名官兵的心灵深处，溶进每一名官兵鲜红的血液里。

这次主题教育活动搞得生动、活泼，深入人心。

“万物生长靠太阳。”地球和其他任何一颗太阳系的行星，无不以太阳为中心，围绕着太阳旋转并从太阳那里取得光与热！

“日出江花红似火，春来江水绿如蓝。”——何等热烈！

“日出东方隈，似从地底来。”——何等明快！

“大漠孤烟直，长河落日圆。”——何等壮丽！

杨春水旁征博引，呕心沥血，再三强调：“谁上这末二班岗，谁就是第一个把太阳迎进了祖国的武警战士！所以，这班岗最光荣，这个时刻最有意义！”

通过这次主题教育活动，这末二班岗便再也不是老大难问题了。它已从“人见人厌”的一班岗变成了“人见人爱、人见人争”的一班岗了。

古人云：“上下同欲者胜。”杨春水的本事就在于他能时时、处处站在战士的角度来考虑问题，急战士之所急，帮战士之所需，在经常性的思想教育工作中，将解决思想问题与实际问题之间的矛盾置于首位，从思想问题入手，深入调查研究，找到解决问题的症结所在。抓住了这个关键，实际问题也就迎刃而解了。是的，说得好不如做得好。战士们心里都有一杆秤。头脑灵活、勤于思考的现代战士能从“党代表”的一言一行中称得出他知兵、爱兵的分量，称得出他提出的十四字“中队之魂”的分量，称得出实践了这“中队之魂”对于建设并管理好中队的分量。笔者从这件事还想到了“党代表”的工作方法问题。如果不是杨春水，换一位指导员，对于战士不愿上这末二班岗的思想情绪，来个简单、粗暴的命令就行了。是啊，军人以服从命令为天职。“三大纪律八项注意”的第一条，就是“一切行动听指挥”，你不愿上末二班岗，他也不愿上末二班岗，这样下去能行吗？我令你行。我命令你上，你敢不上吗？谁敢不上？

杨春水不是这种命令类型的“党代表”。

他的可贵之处，就在于他深谙“人不率则不从，身不先则不行”的深刻道理。带兵的核心是“兵”。千军万马，是由一个战士一个战士，一个班一个班组成的。“官”离开了“兵”，那还叫什么“官”？岂不成了“光杆司令”，又带谁去？“党代表”是基层的带兵人。“党代表”应该时时刻刻注意“管”与“被管”的辩证关系，注意“管”得有道理，“管”得让兵心服、口服、佩服、折服。换句话说，只有“党代表”当好了连队的“排头兵”，时时、处处以身作则，身先士卒，这一连官兵才能都向“党代表”看齐，“步调一致才能得胜利”！

经过主题教育活动，全中队官兵的岗位意识和责任意识再一次得到了飞跃与升华，那种服役在抚远县中队的荣誉感与神圣感溢于言表；那种抢站末二班岗的实际行动时有所见；那种“站末二班岗最光荣”的豪迈语言时有所闻——正如1997年新兵王磊在第一次上末二班岗之后，在日记里所写的：“太阳作证：我是今天第一个把太阳迎进祖国的武警战士！”

这是事实。

这是心声。

这是崇高的荣誉——是我第一个把太阳迎进祖国，让阳光永远拥抱并镀亮着伟大祖国的锦绣山河！

我的思绪尚未从这件事情里走开，中队长杨立冬又向我讲述了一个特殊入党申请书的故事，这个故事也和升国旗、唱国歌有关。

抚远县中队党支部一直保存着一份特殊的入党申请书。由此，我想，在中国共产党漫漫征途的长卷上，鲜活着多少先烈的名字、英雄的身影；在中国共产党漫长的历史中，鲜活着多少代表先进生产力的发展要求、代表先进文化的前进方向和代表着最广大人民的根本利益的民族精英；在中国共产党漫长历史的宝库中，珍藏着多少优秀分子的入党申请书！这一份份申请书，代表着的是一颗颗赤胆忠心，代表着的是一种向往、一种追求和一种理想，代表着的是一种信仰、信念和信心。

入党申请书铺就了通往党的大门的坦途。踏上这条坦途的战士叫孙刚。

孙刚是从沈阳入伍的。他是家里三代单传的独生子，娇生惯养，颐指气使，从小就养成了唯我独尊的霸道习气。他刚到中队没几天，便同老兵、新兵发生了几次争吵，影响很坏；他经常借故不参加教育训练，松松垮垮；他有两次甚至想逃离部队。中队干部屡次三番地找他谈心，交流思想感情，但都没有太大起色。为了教育孙刚，支部经研究决定，破例让他担任了光荣的升旗手。就在旭日东升、国歌声响起的时候，孙刚生平第一次怀着无比激动的心情，亲手升起了鲜艳的五星红旗。顿时，一股自豪感、神圣感和荣誉感在他的内心深处油然而生。在当天的日记中，他写道："祖国，在我的心中具体了，高大了。我充分认识到自己作为一名战士的责任和义务。我为过去的表现感到愧悔莫及。"是的，孙刚变了。孙刚开始要求进步、开始靠近党组织了。

1996 年 7 月，孙刚向支部递交了第一份入党申请书。自此以后，他每月都写一份入党申请书和思想汇报。这一年的 11 月 26 日晚上，在他即将退伍的前夜，他把第四份入党申请书交到了指导员杨春水的手里，激动地说："指导员，明天我就要退伍了。这是我在部队写的最后一份入党申请书。我知道，我离党员标准还差得很远。但不管以后我做什么工作，加入党组织都是我永不改变的追求。我决心随时接受党组织的考验。"杨春水紧紧地握着他的双手，眼含热泪接过了这份特殊的入党申请书，动情地说："孙刚，在中队，你是一名好战士。我相信，只要不懈追求，你一定会实现你的愿望的。"

这就是这份特殊的入党申请书的来历。

1998 年 7 月，董哲峰接任指导员时，杨春水将这份特殊的入党申请书郑重地交给了他。

## （三）

随后，我找来一班长宋宪刚，这位脸膛黑里透红的小伙子，向我介绍了这样一件事：有一天吃午饭时，有位战士说："明天就过生日了，我妈怎么还没给我寄钱来呢？"指导员很留神这件事。当晚召集全体战士在一起，他问："有谁不知道自己的生日？"回答是："没有！"他又接着问："谁能记住父母的生日？"战士们你看看我，我看看你，竟然没有一个能回答的。指导员一脸严肃地说："这是为什么？为什么父母能记住我们的生日，我们却记不住父母的生日呢？"一阵沉默之后，他向大家讲了做赤子和做孝子的意义，讲了爱父母、爱中队、爱祖国的内涵。一段简短的话语，把大家的心激活了。

众所周知，生日，即人出生的日子，也指每年满周岁的那一天。

人人都有生日。

每年都有生日。

过去，抚远县中队官兵过生日，照例是一碗面条、两个鸡蛋，一个蛋糕大家分，一吃一乐呵就过去了。

党支部认为，生日这么个过法，没有太大意义。

既然每个战士都很重视自己过生日的事，中队也很重视官兵过生日的事，为什么不赋予它新的内涵和意义呢？

党支部经过研究决定，中队官兵在过生日的这一天，都要当一次升旗手。

过去，升旗手都是从优秀士兵中选出来的。这样一来，有的战士就难得有当升旗手的机会了。这回，不管是谁，赶到过生日这天，都可以当一回升旗手了。每位官兵都是在五星红旗下诞生和成长的。过生日这天，每位官兵都有机会手捧红旗，正步走上升旗台，在朝阳照耀下，在激昂庄严的国歌声中，在全中队官兵的注视中，亲手升起鲜艳的五星红旗，升起一名武警战士的爱国主义豪情和将青春奉献给祖国的决心。

同时，党支部还决定：凡遇官兵过生日这天，都要召开一次庆祝会。会上，让过生日的同志和战友们一起，畅谈生命的价值和人生的追求，从而达到进一步净化灵魂、强化凝聚力和战斗力的目的。

这样一来，抚远县中队的官兵过生日，就再也不是“一吃一乐呵”了。那显得太庸俗、太无聊了。这回赋予了它爱国主义教育和理想教育的崭新的内容，这么过生日，不是太有意义了吗？

这时，我想起了指导员董哲峰说的朴实而又富有时代气息的一段话：“家家就这么一个孩子，他们的父母把孩子送到部队，不就是因为他们相信部队是一所关爱他们的大学校吗？我们这样做，不就是让天下父母知道：孩子在部队，你们就放心吧！”

又是一个清新的早晨，我和战友们把太阳迎进了祖国，鲜艳夺目，朝气蓬勃。我想，宇宙中还有什么比太阳更能够给予人类如此慷慨、无私、永恒的爱呢？那支响彻古今的意大利民歌《我的太阳》，不就是全人类对太阳最灿烂的颂歌吗？抚远中队那张张灿烂的笑脸所洋溢出的不就是对太阳最赤诚的爱吗？

由此，我想到了抚远中队的荣誉。

## （四）

当我走进抚远中队的荣誉室，各种锦旗、奖状琳琅满目，使我浮想联翩，脑海中显现出宋代爱国诗人辛弃疾的一句诗：“东风夜放花千树。”他一生金戈铁马，为保卫祖国在疆场厮杀；同时，又不断地以他如椽的诗笔，抒发挚爱祖国的情怀。这“东风夜放花千树”便是他《青玉案·元夕》中的诗句。东风，春风，花千树，乃火树银花，极言宋代元夕灯节之盛。我们在这里借用此句，是想用以状写抚远县中队这株扎根边陲的大树盛开怒放着的荣誉之花。

抚远县中队这株大树是在烽火硝烟中破土而出，在栉风沐雨中茁壮成长的。它的根深深地扎在依山傍水的肥沃的黑土地里；它的干站着生、站着长，昂首向阳，直逼青天；它的枝叶交臂携手，四季常青。无论是酷暑严寒，还是霜剑风刀，它总是勃勃而有生机、虎虎而有生气。它怒放着姹紫嫣红的荣誉之花，结满了亮闪闪的、沉甸甸的胜利之果。

让我们从近十年说起。

2000 年，中队被总部评为“先进中队”，指导员董哲峰被总部评为“优秀指导员”。

2001 年 7 月 1 日，中共中央组织部隆重授予抚远县中队党支部“先进基层党组织”的光荣称号。在武警系统数千个基层党支部中，获此殊荣的只有抚远和韶山两个支部，他们成了在本职岗位上践行“三个代表”的模范。总队党委据此旋即做出了向抚远县中队党支部学习的决定。指导员董哲峰在总队党委组织的先进基层党组织和优秀党员事迹报告会上介绍了经验。同时，总队党委还报请中共黑龙江省委授予抚远县中队党支部“祖国东端点上的战斗堡垒”荣誉称号。同年 10 月，抚远县中队被总部评为先进标兵中队。

繁花满眼，暗香扑鼻。十年来，中队连续七年被总队、支队评为先进党支部，连续九次被佳木斯市和抚远县评为“警民共建共育先进单位”，连续十年无执勤事故、无行政责任事故、无严重违法违纪，先后有二十三名官兵荣立个人三等功，有五名战士提干。

这确实是一株蓬勃着橄榄绿的常青树。

这确实是一株盛开着荣誉花的常青树。

那么，什么是它的生命之根、常青之魂呢？

当我们怀着无比欣喜的心情，数着抚远县中队一朵比一朵更为鲜艳的荣誉之花时，曾提到过十年来的三任指导员。他们是李传瑞、杨春水、董哲峰。

多年来，正是在杨春水和董哲峰这两任指导员接力式地不断带领下，抚远县中队党支部才得以专心致志、同心同德培育并升华出独标高格的生命之根、常青之魂。那就是：把理想信念凝聚在祖国的东端点上，化作立足岗位、建功立业的崇高人生追求；把太阳迎进祖国，将青春献给警营，自觉保持和发扬不图名利的奉献精神，官兵团结融洽、亲密无间的协作精神，不甘落后的进取精神，不“等靠要”的创业精神，以强有力的凝聚力和战斗力，带领官兵建设过硬中队，用信念的双手托起希望的太阳。

这是一片瑰丽的朝霞，这是一幅灿烂的长卷。长卷里，首先映入我们眼帘的是杨春水。

## 杨春水和中队——爱的家园美如画

### （五）

对杨春水的印象，我最初是从材料上获知的。抚远中队的发展变化，是从杨春水开始的。他从 1994 年 9 月上任，到 1998 年 9 月升调，短短四年间，不仅个人被总部评为“优秀基层带兵干部”“优秀指导员”和“学雷锋标兵”，连续荣立个人三等功，而且使抚远县中队连年被总队评为“基层建设先进中队”。事实雄辩地说明，杨春水任职的四年，是营房、营具不断完善的四年，是党支部的凝聚力、驱动力不断增强的四年，是中队一年一个新起色、一年一个新台阶的四年，是官兵之间内部关系团结融洽、充满生机的四年。回首往事，这条生于嫩江畔又来到了黑龙江边的关东汉子憨声憨气地说：“几年来，我在中队指导员这个岗位上，始终坚持用战争年代‘党代表’的形象激励自己，使战士从我的一点一滴、一言一行中感受到党的关怀和温暖。”



言为心声。杨春水谈的是对传统的继承。

传统指的是世代相传的，具有特点的风俗、道德、思想作风和文艺等。

传统是积淀。

传统是财富。

传统更是力量。

我们说杨春水是对传统的继承，含有这样两层意思：

首先是对我党、我军光荣传统的继承。这具体体现在“党代表”这一特定的职务以及这一职务的丰富内涵和重要作用上。

“党代表”是我军政治工作独立创建的象征和标志，是党的政治工作发挥优势、创造活力、不断发展的“举旗引路人”。随着革命形势的不断发展，“党代表”作为一种实际职务，只不过存在于1927—1928两年间。到了1929年，各级党代表，包括连队里的党代表均改称政治委员，简称政委。1930年，连级政委才改称政治指导员，并沿用至今。

“党代表”这一职务虽已成为历史，但它作为一种形象却永远地铭刻在人们心中，并成为包括杨春水同志在内的政治工作者的动力的源泉，成为人们认识包括杨春水同志在内的当今政治工作者的重量级的最权威的“参照系”。一名新兵来到中队时，首先是从指导员杨春水身上看到党的形象的。他们思绪的前因定势是：指导员就是“党代表”，就是党的形象的直接而具体的体现者。他们是从指导员那里听到党的声音，了解并掌握党的路线、方针、原则的。他们是在指导员的带领下，坚定不移地沿着党所指引的方向前进的。

其次是对孔孟传统学说的继承。郭沫若认为：“孔子的基本立场……是站在代表人民利益的方面的，他很想积极利用文化的力量来增进人民的幸福。”他认为，孔子“以人民为本位”的思想集中地体现在他所倡导的“仁”的观念上。郭沫若高度评价了仁学，认为“仁的含义是克己而为人的利他的行为。简单一句话，就是‘仁者爱人’。”孟子是孔子之后的儒家的主要代表，因为有孔圣人，故屈居“亚圣”。他一贯主张仁政，认为“得道者多助，失道者寡助”，认为“天时不如地利，地利不如人和”，认为只有施行仁政才能“人和”。

孔孟的仁爱、爱人说，无疑是中华民族传统文化中的精华，也是中华民族的传统美德之一。所以，我们才倡导“己所不欲，勿施于人”；倡导尊老爱幼、济困扶贫；倡导重人伦、求和谐，安定团结，同心同德；倡导助人为乐、舍己为人和奉献精神……

笔者采访杨春水时，恰逢这位在武警学院深造的直属大队教导员暑假在家休息。我发现，这位来自松嫩平原田垅间的少校警官淳朴而敦厚。也许，他和他的祖辈从来未曾读过《论语》和《孟子》，但一个民族数千年来被普遍称道的文化积淀，却通过耳濡目染代代传承，化作了他刻骨铭心的行为准则和价值取向，并水乳交融般地同我党、我军明确颁布的军警素质要素融为一体，同我党、我军的宗旨“为人民服务”融为一体。所以，杨春水才以“党代表”自律，使战士从自己的表率作用中，充分地感受到党的阳光的灿烂与温暖。

杨春水主动请缨，挑起了抚远县中队指导员的重担。

唐代名臣郭子仪说过：“大勇者，视天下无不可为之事，亦无不可胜之敌。”

杨春水便是这样的一位大勇者。

故事得从 1994 年秋说起。

那时候，抚远县中队的指导员李传瑞调走了，留下了一个令人关注的空位。

谁都知道那里又远又苦，若不然，怎么会有“不到抚远不知远，到了抚远才‘服软’”一说呢?！那里离佳木斯四百四十多公里，不通火车，汽车单程要跑十三四个小时，雨雪天气还得抛锚。那里刚刚盖起营房，还没有自来水、没有操场、没有菜地，甚至连一张像样的床也没有。那里有什么呢？有二十几个年轻的干部、战士和一堆亟待解决的问题、亟待战胜的困难……

这个时候的杨春水正在支队干部股任正连职干事，工作得心应手，胜任愉快，对抚远县中队的情况了如指掌，对那里的艰难困苦更是耳熟能详。他明明知道，支队党委对抚远县中队指导员这个空缺，在人选上是十分审慎的，既要考虑干部的业务素质，更要考虑干部的思想素质；他明明知道，如果自己主动请缨，义无反顾，就要抛家舍业，挑战一个接着一个的困难。

人生的道路虽然漫长，但紧要处却往往只有几步。杨春水在对自己进行了全面的角色评估之后，说服了家人，以一名大勇者的战斗姿态，主动向支队党委提出了申请。

这是十分难能可贵的选择。

这一选择恰恰同支队领导的愿望不谋而合。

领导说："本来考虑派你去，可一想到你全家和岳父、岳母挤在一起，上有八十多岁的老奶奶，下有刚刚几岁的孩子，爱人连个工作都没有，困难太多，不忍心张这个嘴。"

领导处处在为杨春水及其一家老小着想，杨春水又怎能不在这紧要处勇挑重担为领导分忧？

就这样，杨春水毅然北上，走上了抚远县中队指导员的战斗岗位。

就这样，杨春水毅然北上，将一大堆家里的困难留给了妻子和亲人。

就这样，杨春水毅然北上，向困难宣战，向后进宣战，在一个大有用武之地的舞台上，扮演起"党代表"的重要角色。

迎接他的，有情同手足的战友，那是一群二十几岁的年轻的战士，浑身都奔涌着青春的热血。

迎接他的，有庄严神圣的哨位，那是祖国和人民的重托，是法律之剑的剑鞘。

迎接他的，还有一大堆数也数不完的困难，如精神风貌的沉闷与平庸，如营房内的脏、乱、差，如营具的缺东少西等。

困顿、困厄、困境，困难如山。

面对这一堆堆困难，怎么办？

## （六）

杨春水向困难宣战的勇气和决心，让我想起了《列子·汤问》篇记载的一个故事：有个老汉，为了搬走家门前的两座大山，每天都挖山不止，并决心世世代代坚持下去。战争年代，毛泽东曾以热情洋溢的笔调，热烈地赞美了这种坚定不移、不怕困难的愚公精神。

纵览毛泽东生命尚存、战斗不止的一生，“不怕硬、不服输”的这种劲头是一以贯之的。这从我们耳熟能详的他马上哼成或窗前命笔的一系列诗句中，便可见一斑。如“万水千山只等闲”，如“不到长城非好汉”，如“梅花欢喜漫天雪”，如“世上无难事，只要肯登攀”，等等。

毛泽东是坚定的意志论者。

早在1917年，24岁的毛泽东在《体育之研究》一文中，就曾写道：“武勇之目，若猛烈、若不畏、若敢为、若耐久，皆意志之事。……意志也者，固人生事业之先驱也。”1958年初，李讷在医院连做了两个外科手术。术后因感染而引发高烧。2月3日，时年65岁的毛泽东知道后，特给女儿写了封信。信中说：“害病严重时，心旌摇摇，悲观袭来，信心动荡。这是意志不坚决。”信中最后写道：“意志可以克服病情。一定要锻炼意志。”他写到这里还意犹未尽，又在这两句下边加点了着重号。

意志即朝着既定目的自觉努力的心理状态。

杨春水便是意志力的富有者。

我想，这样的人，必有目标与追求。

正是由于这目标与追求的热烈呼唤，他才能爆发并释放出生命的全部潜能。



比如在电闪雷鸣之中，在风刀霜剑面前，在遭遇接二连三的窘迫、挫折甚至打击迫害之时，战士就不能不以自己坚强的意志力和构筑起新的长城的血肉之躯，护卫着自己心灵中的风景区，并用自己的双手在现实生活中建设起这一风景区。

是的，追求不一定能够成功；但若想成功，却不能不追求。

漫长的人生过程既是追求的过程，又是依赖着意志力的一个征服的过程。

杨春水是个移山者，又是一个征服者。

他来到抚远县中队之后，首先把征服的目标锁定在营具设施改造和操场的平整上。

这是一个大工程。

中队营房建在半山腰上，营房后面便是一片坟地。那里坟包连着墓穴，杂草丛生，狐鼠肆虐，一块块腐朽了的棺材板子横陈竖挡……真是惨不忍睹。营房前便是山坡，灌木簇拥，山岩嶙峋，没有一点活动空间，更遑论运动空间了。营房里的设施呢，虽然说不上满目狼藉，但足可以用表明窘迫状的“狼狈不堪”来形容了。就说床铺吧，28 人的中队，满打满算只有十几张破床。每天晚上，经常是两人挤在一张床上，连翻个身都不容易，能休息得好吗？这个时候，杨春水就想，中队是个大家庭，居家过日子，别的能将就，床还能将就吗？这样的条件，怎么能让战士们安居乐业呢？怎么能让战士们安心扎根呢？于是，他暗下决心，宁肯脱掉几层皮，掉下几斤肉，也要改善条件，创造一个良好的生活环境。可是，要改善环境就需要钱。钱从何来？向县里要吗？不行。抚远太穷，连县机关都常常是几个月发不出工资，哪里还有理由向县委、县政府伸手呢？不能。怎么办？靠中队的几十双手，自力更生，艰苦创业，把“用自己的双手，创造美好营区”的口号叫得山响，把战士们的积极性充分地调动起来。就这样，在县里有关部门的支持下，在杨春水和中队长的带领下，他们踏着没膝深的积雪，钻进了深山老林采伐枯木。伐木是力气活，锯木、抬木，不花气力行吗？没干几天，杨春水的肩膀就脱皮了，手也肿了，掌上的大泡一个连着一个。对战士们来说，杨春水的那双手不啻为一本无字书，一句无言的号令。战士们的劲头更大了。饿了，他们就坐在雪地上啃几口随身携带的干粮；渴了，就喝一口带冰碴的凉水；累了，就靠在大树上喘一会儿粗气。杨春水同他的战友们一起，在大雪窠子里激战了一个多月，终于靠人拉肩抬，采回枯木四十多立方米，为战士打了床铺、床头柜，打了桌椅，还给各班做了沙发椅。这样一来，营房总算是个像样的家了。

1995 年，春暖花开、达子香笑满山崖的时候，杨春水又提议在营房门前的山坡上，平整出一块训练用的操场。如果说持续了一个冬天的木工活是“坎坎伐檀”的话，那么，春天的这次劳动简直就是“愚公移山”——要一锹锹、一镐镐地铲掉半个山坡！这时，有的战士产生了畏难情绪，主张花钱雇推土机。推土机是人的手臂和锹、镐的延伸和放大。那家伙一铲子下去，就能推走几十土篮子的土，够一个棒小伙子挑半天，有了它，当然是太好了。但雇这么个庞然大物得花大价钱呀！中队里哪里有这笔钱？于是，杨春水便用愚公移山的精神勉励大家发扬我党、我军艰苦奋斗的光荣传统，不等、不靠、不要，时时、处处都要想到自己的双手，都要依靠自己的双手。每天早晨，杨春水总是在料峭春寒中第一个起床，第一个到工地，第一个抡镐刨土。当战士们陆续来到工地时，他早已大汗淋漓，满头呼呼地冒着热气。这时，有的战士就争着抢他手里的工具。抢走了镐，他拿起锹；抢走了锹，他又扛起麻袋背土。他同战士们一样划分出自己的责任区段，一样分任务，一样飙着浑身劲儿比着干。那些天，营房门前热火朝天的工地简直就是一大锅沸腾的水，一场甲级足球赛。大家你追我赶，难分伯仲。二十几天过去了，杨春水同他的战友们一起，硬是用双手和双肩挖掘土方三千多立方米，搬走了半个山坡，平整出一块长七十米、宽五十五米的大操场。后来，县领导听到了这个消息，称赞中队的指战员们是“当代愚公”，还嘱咐县电视台的记者和摄像师到中队进行专题采访。县委、县政府还向全县人民发出了“向武警中队学习”的号召。那些天，全中队上下都沉浸在喜气洋洋的气氛中。

可过了没几天，一场瓢泼大雨把操场冲得七沟八裂，“体无完肤”。看着这副惨相，杨春水琢磨了半天，决定用编织袋装土，在坡上筑起一道防护堤。于是，他带领战士们到修路工地一口气拣回了八千多个废弃了的水泥编织袋，再把每个袋子都装满沙土，垒起了一道高三米、长五十多米的“长城”。这回，任凭风吹雨打，操场却永远都“岿然不动”了。

修好了防护堤之后，营房内外真是焕然一新了。这“新”首先来自于杨春水的决心和爱心，也来自于全中队官兵的信心和手心。这是全中队打的一场翻身仗，竖起的一块里程碑，书写的一部创业史。为了永志纪念，杨春水带领战士，在防护堤上写下了“把太阳迎进祖国，将青春献给警营”十四个大字，用以激励一茬茬官兵艰苦创业。

杨春水是始终把中队当作“大家庭”来建设的。“大家庭”里，少得了“菜篮子”吗？

如果把自制营具和平整操场视为“安居工程”的话，那么，杨春水解决中队“吃菜难”的一系列措施，就应该被视为“菜篮子工程”了。

抚远这地方处于高寒区，无霜期太短，居民吃菜大多靠“外购”，价格昂贵，所以，“吃菜难”在抚远是个普遍存在的问题。

抚远县中队组建以来，一直没有自己的菜地，全靠在集市上买。菜金是固定的，蔬菜价格贵，就只好少买或干脆不买。全中队二三十个大小伙子常年吃不足新鲜蔬菜，这很让司务长头疼。怎么办？中队里有条不成文的规定：只要干部到佳木斯开会、办事，就得捎回一麻袋菜。久而久之，这就成了一条“规矩”。杨春水想，一麻袋满打满算，不过区区几十斤，大家一平均，每个人不过一斤多。这样能从根本上解决“吃菜难”吗？显然是杯水车薪，无济于事。谈到买菜，司务长李建军给我讲了一个小故事：1995 年冬天，指导员杨春水在支队开完会后，回抚远。他照例买了一麻袋菜，扛上了大客车。

乘务员指着车顶说："把麻袋放在车顶上。"

杨春水说："那不行，这麻袋里装的是青菜，怕冻，得放在车里。"

乘务员又说："放在车里也行，但那麻袋比一个人的体积还大，你还得补张票。"

乘务员的这一要求，并不为过。

可杨春水一听，却犯嘀咕了：再买一张票，又得花几十元，那样一来，他还犯得上在佳木斯买菜吗？还不如在抚远买那高价菜了。他说："我们中队家底薄，票不能补。这样吧，我把麻袋放在我的座位上，我站着行不行?"

乘务员惊讶地瞪大了眼睛，说："站着？你别忘了你是到抚远啊，得十多个小时，站着行吗?"

杨春水说："当兵的，能吃苦，站个十来个小时，没问题。"

话是这么说，可真的一路站过来，谁都吃不消。大雪封路，汽车跑不起来，又颠得厉害，直颠得杨春水东倒西歪的。

他的双腿站麻了，站疼了，站肿了。

他整整站了一天，从佳木斯一直站到抚远。

下车时，他走不动路了。

他的双腿肿得像棒槌，一步都迈不出去。

战友们望着那一麻袋菜，再看看"党代表"的腿，他们都被深深地感动了。

战友们说："指导员，我们宁可不吃菜，也不忍心让你受这份苦、遭这份罪呀!"

这一麻袋菜，真是来之不易呀。

于是，他决定还是得发扬愚公精神，向荒山要地，向山地要菜，向蔬菜要来战士们健壮的体魄和饱满的精神。在县里有关部门的支持下，他带领战士来到营房后面的小树林里，选择了一片开阔地，开始挖了起来。那里的黑土地是松软的，但土中的树根子却盘根错节，扎得很深。他带领战士一根根刨，一锹锹挖，终于挖出了一块两亩多的菜地，当年就种上了茄子、辣椒和黄瓜。当菜苗绿油油地出土时，当菜花悄悄地绽放时，当果实沉甸甸地缀满菜秧时，杨春水和他的战友们无不拍手称快，齐声叫好。他们说，吃自己种的菜，格外香！是呵，怎能不香呢？在他们的眼里，这树林中的一畦菜地，就是一幅秋毫毕现的工笔画，越看越美；在他们的心里，这树林中的一畦菜地，就是浓缩了的南泥湾，越想越远。

就在菜苗蓬勃生长的同时，杨春水又带领他的战友们一鼓作气，修建了菜窖和猪圈，不仅解决了蔬菜的冬储问题，还保证了肉食的供应。接着，他们又接通了自来水，进一步完善了中队的基础设施建设。

1998 年 1 月，为了改善伙食，也为了创收，杨春水又召开了支委会，决定种植木耳。县领导听说后，给中队特批了一块山林，让他们自己采伐。这又是一次“坎坎伐檀”！杨春水带领战士，踏着积雪钻进山林，经过半个月的苦战，终于采集了二十多立方米柞木杆。据当地有经验的山民讲，这些柞木全种上木耳菌，年收入可达五千元。

这就是杨春水抓的“菜篮子工程”。它从菜地到菜窖，从猪肉到木耳，意味着将一劳永逸地保证中队这个二十几口人的大家庭的副食供应。

家，是个亲切的概念，具有无可比拟的亲热感和亲和力。

## （七）

随着交通、通信事业的飞速发展，如今已经出现了“地球村”这一崭新的概念。如果连地球都不过是小小的一座村庄的话，那么，我们伟大的祖国也就是一个包含着五十六个民族的大家庭了。

工具书中，对“家庭”这个词条的诠释是：“以婚姻或血缘关系为基础的社会单位，包括父母、夫妻、子女等。”

在祖国这个大家庭中，武警战士同解放军战士一样，肩负着警戒、守卫的光荣职责。他们必须通过自己的奉献，确保这个大家庭的安宁、祥和与幸福。

在祖国这个大家庭里，又居住着以亿计数的一个个小家庭。

家是什么？

家是一种生活、一份挚爱和一股温情。

家是一种回归，一种应该使心灵得到宁静、精神得以皈依的回归。

无论是谁，想到家，心里总应该免不了有一阵喧哗、一份思念、一种渴盼；想到家，心里总应该生发出一种暖意、一种爱意、一种诗意和醉意。

正是这个原因，促使杨春水下定决心，要把中队构建成一个大家庭。

正是这个原因，促使杨春水带领战友们不遗余力，用自己的双手圆满地完成了“安居工程”和“菜篮子工程”。

正是这个原因，促使杨春水叮嘱自己，通过脚踏实地的努力和无微不至的关怀，让自己真正成为教育、培养战士的师长，成为理解、照顾战士的兄长，从而把这个家庭每个成员的心都凝聚起来，把每个成员的潜在能力都激发起来。

他是从点点滴滴做起的。

1998年春，新兵下队不久，他便发现新兵贺军成读了家信后，偷偷地抹起了眼泪。“男儿有泪不轻弹，只因未到伤心处。”他的心里不由得“咯噔”了一下。晚饭后，他找来小贺，相对而坐，促膝谈心。原来，家家都有难唱曲。这个小伙子在家里是三代单传，被家人视若珍宝，更是年逾古稀的老奶奶的心中宝、心头肉。他入伍不到三个月，老奶奶便若有所失，昼思夜想，茶饭不思，吵着要到部队看孙子。

思念是一种牵挂。

思念是一种痛苦。

思念更是一种期盼、一种力量。

小贺的奶奶天天这样吵着、张罗着，小贺的父母便天天跟着为难。

就这样，小贺的父亲拿起了笔，将奶奶的思念之情注入了家信的字里行间。

这件事，石头似地激起了杨春水心海中的层层涟漪。他想到，现在的战士大多是独生子，是在两代人的全心呵护中长大成人的。“慈母手中线，游子身上衣。临行密密缝，意恐迟迟归。”孟郊的《游子吟》歌颂的不正是伟大的母爱的光辉吗？常言道：“儿行千里母担忧”，更何况隔辈的老奶奶呢？

这是人之常情。

这是“忠孝不能两全”的必然产物。

这是部队中普遍存在着的一个亲情方面的问题。

第二天，杨春水便找来了司务长，让他根据新兵人数去买空白录像带，请县电视台的记者和摄像师专门为每名新战士录制一盘反映部队生活、学习、训练和值勤的镜头，再一本本寄给每位战士的家长。

这个沉甸甸的邮件里，包着战士们的“安心”。

这个沉甸甸的邮件里，包着家长们的“放心”。

这个沉甸甸的邮件里，更包着杨春水兄长般的“亲情和爱心”。

就在小贺家收到邮件的当天，他的老奶奶一边看着录像，一边打来电话说：“指导员，真谢谢你了！我若是能走动，就到抚远去，就第一个去看你！”

老奶奶这短短的几句热乎乎的话，一下子溅出了杨春水心潮中的泪花。他想，他这个“党代表”只有时时理解并关心战士，才能赢得战士们发自内心的尊重；只有处处替战士着想，急战士之所急，帮战士之所需，才能赢得家长们的理解和支持；只有实心实意地把中队当成一个大家庭，把每名战士当成情同手足的兄弟，才能使这个集体志同道合，交臂携手，永远阔步在先进中队的行列之中。

1997 年夏天，战士胡福腿上长了疥疮。这是一种由疥虫引起的传染性皮肤病，刺痒难忍。有的战士担心传染，对胡福避之唯恐不及。胡福也感到痛苦异常。这时候，杨春水一边做大家的思想工作，要求战友们多关心胡福，一边积极为胡福寻医问药。有一天，杨春水从当地一位老者口中得知，喝蛇肉汤可以治疥疮。他喜出望外，立即上山捕蛇。巍巍苍山，这不是大海捞针吗？于是，杨春水拜山民为师，请教捕蛇的套路。那位热心的山民领着他，终于发现了一个蛇洞，并肯定地说："洞里准有蛇。"蛇在洞里，怎样才能引蛇出洞呢？那位山民笑着说："不难，一是灌水，一是放烟。"杨春水开始灌水了，灌了半天也不见动静。他又拣了一堆干柴，点着火，用报纸往洞里扇烟。蛇怕烟熏，蠕动着爬了出来，被杨春水抓了个正着。

胡福喝了蛇肉汤，身上的疥疮果然一点点好了起来。然而，杨春水的脸却肿了个馒头似的大包。原来，就在他聚精会神地引蛇出洞时，大马蜂蜇了他的脸。马蜂即胡蜂的俗称，尾针有毒。看到杨春水肿了的脸，胡福过意不去了。他一边流着泪，一边对杨春水说："能有你这样的好指导员，真是我们战士的福分。"

福分即得到幸福的命运。

新兵刘佳在入伍之前曾有过轻微脑震荡，入伍后经常犯头痛病，一疼起来就抱着脑袋直哼哼，十分痛苦。

这件事，也苦了指导员杨春水的心。

杨春水过去学过医，也学过针灸，但入伍后久已荒疏，不知道自己手里的银针还管不管用了。

他决定先在自己身上试一试。

他开始在自己身上扎穴位，试了起来。

有一次，他扎错了穴位，疼得差点儿晕了过去。

他逐渐又摸索到经验了，又能熟练地操针了。

他仅仅用了半个月时间就用针灸的办法缓解了刘佳的头痛病。

后来，他又带着刘佳到佳木斯，彻底治好了头痛病。

杨春水把自己当成中队这个大家庭中的兄长。他不仅以手足之情关心着刚刚入伍的贺军成，关心着生疥疮的胡福，在他为新兵录制部队生活的镜头时，他不是也在设身处地地关心着每位战士的家长吗?!

家长把自己的孩子送到了部队、交给了部队，这里面包含着一种信任、一种寄托、一种期待。他们常常从指导员的一言一行中，来品味部队生活的甘苦和冷暖，甚至来管窥人民军队的传统与作风。也许，贺军成奶奶在电话中对杨春水的感激之情是有代表性的。那感激中，有放心、宽心、舒心和欢心，有着老奶奶慈祥的祈盼与祝福。

类似的感激，在抚远县中队的日记中，不胜枚举；在杨春水历时四年的指导员任上，不胜枚举。

新兵王晓东家境富裕，在家里从来是养尊处优，过着衣来伸手、饭来张口的“少爷”生活。下队前，家里就给他寄来了一千元钱。下队后，他不仅叼着好烟，吃着零食，甚至还常常把脏衣服拿到街里的干洗店去洗。杨春水发现了这些问题后，认为“千里长堤，溃于蚁穴”，这些小事并不小，如不及时制止，那么，在王晓东的身上，就会丢掉我军艰苦奋斗的光荣传统。于是，他便利用空余时间，手把手地教王晓东洗衣服，教他怎样冲泡洗衣粉，怎样打肥皂，怎样揉搓脏处。就在王晓东掌握了要领、一点点学会了洗衣服的同时，王晓东洗掉的，不是还有他那好逸恶劳、贪图享乐的脏思想吗?！教会了洗衣服之后，杨春水又手把手地教王晓东拆洗和缝补被褥。那是一针一线的细微，那是一点一滴的温情。王晓东从指导员洗衣、拆被的行动中，从指导员关于艰苦奋斗的话语中受到了震撼。他开始反思自己的表现了，开始懂得了什么叫自食其力、自己动手；懂得了什么叫武警战士的本色、本质和本领。他变了。这种“变”不仅仅是物理意义上的改变和转变，更含有化学意义上的质的飞跃与升华。他不再向家里伸手要钱了。他悄悄地把津贴费积攒起来，在母亲过生日时，他用自己攒的钱，精心地为母亲选购了一件漂亮而温暖的羊毛衫邮了回去，这是他有生以来对母亲的第一次的物质回报！

人生，有多少个“第一次”呀！

人生，不就是从这一个个“第一次”的累加中开始的吗？

人生中的一个个“第一次”不是大多都在母爱的光辉照耀下萌发出来的吗？

在我们牙牙学语的时候，学会的第一句话，就是“妈妈”；在我们满床乱爬的时候，第一次直立着站起来，就是在母亲的搀扶下；在我们蹒跚学步时，第一次迈开双脚、跨向前方，就是在母亲的微笑中；在我们报名上学时，第一次迈进小学校门，就是在母亲的叮咛中……对每一个人来说，无论长到多大，走出多远，永远走不出的就是母亲的思念与牵挂！

母亲就是爱。

母亲就是家。

母亲就是家的栋梁和魂魄。

终于，当我们懂得“谁言寸草心，报得三春晖”的道理时，当我们有机会、有能力报答母亲时，母亲的欣喜之情、欣慰之意是溢于言表的。

当王晓东的母亲收到儿子从遥远的边疆驻地寄来的羊毛衫之后，立即同丈夫一起署名，致信杨春水：“指导员，我们当父母的疼爱自己的孩子，就知道寄钱。你们当干部的疼爱战士，却是教他们懂得做人的道理，懂得当一名合格战士的道理。有你们这样的好领导，孩子在部队，在你们身边，我们一百个放心。”

放心，即安心，即无须牵挂。

也许，恰恰是这“放心”二字，是每位家长对中队“党代表”的最高评价和最高奖赏。

通过这件事，杨春水在中队开展了“赤子”与“孝子”的专题教育活动。

赤子，即初生的婴儿。在当代语汇中，我们常常用这个词来描述每个人与祖国的关系。是的，我们都是祖国的忠诚儿女。在历史悠久、幅员辽阔的祖国膝下，我们每个人不都是披肝沥胆的赤子吗？尤其是我们的战士，我们的这些为了祖国而以死亡作为自愿归宿的战士，更是赤胆忠心的赤子。正如司马迁所言：“常思奋不顾身，而殉国家之急。”这些祖国赤子的表现，常常被提炼为一个“忠”字。

孝子，孝顺的孩子，多指子女对自己长辈的善解人意和知恩图报等表现。这是中华民族的传统美德。这些表现常常被提炼为一个“孝”字。

“赤子”与“孝子”的专题教育，事实上就是对祖国的忠与对老人的孝的教育。很难想象，一个连自己的老人都不孝顺的人，又怎能忠于祖国呢？甚至，一个对自己老人都不孝顺的人，又怎能忠于爱情、忠于友情呢？

杨春水认为，要想爱祖国，首先就得爱父母。没有“孝”这种朴素的爱为基础，也就不会升华出忠于祖国的高尚的爱。事实上，这次“赤子”与“孝子”的专题教育活动，贯穿着的是对“家”的态度问题。祖国，我们的大家庭，对这个大家庭，每位战士都应该“忠”。中队，又是一个大家庭。在这个家庭中，应该以爱心培育友情与亲情。父母的家是“生我养我的地方”，每位战士对老人都应该“孝”。

## （八）

在前面的叙述文字中，我们于不经意间，曾多次提到过“家”。这里，包括伟大祖国这个五十六个民族和睦团结的大家庭，包括抚远县中队这个以杨春水和中队长为兄长的家庭，还包括战士贺军成、王晓东的家，包括他们的奶奶、爸爸和妈妈。

现在，我们要说到杨春水的两个家了。

杨春水的老家在黑龙江省西部松嫩平原北端的龙江县，父母都已年逾花甲，是一辈子土里刨食的老实巴交的农民。当杨春水带领战友大兴土木、构筑抚远县中队这个大家庭时，当杨春水煞费苦心，用脚踏实地的切实行动来安慰贺军成的奶奶和王晓东的父母时，当杨春水将一盘盘录像带寄往每位新兵的家乡，将一碗蛇肉汤端给胡福时，他，这位在中队大力倡导孝道的农民的儿子，却整整四年没回龙江县看望自己的父母了。他也是五尺男儿，他也是血肉之躯，他也有七情六欲，他能不朝思暮想自己苦巴苦熬、望眼欲穿的父母吗？

龙江县原为清朝黑水厅，光绪年间升为龙江府，民国二年改为县。该县处于黑龙江省的最西端，是大兴安岭与松嫩平原过渡地带的丘陵漫岗区，西接内蒙古，属中温带大陆性季风气候，十年九旱，年平均气温只有3.5 ℃，无霜期仅仅144天。

1996年8月，杨春水老家种的几亩地受灾了。灾，是旱、涝、冰雹、害虫以及战争造成的灾害，是灾荒、灾祸和灾难的根源。我们的农民祖祖辈辈耕耘在土地上。他们一株一株地播种着希望，也一株一株地收获着希望。但灾害却残酷地鞭笞甚至吞噬着农民们的希望，把他们一步步地逼向失望，再一步步地逼向绝望。面对无情的春旱、夏旱，面对一株株枯黄、打蔫的禾苗，杨春水的父亲急火攻心，一下子病倒了，身患多年的肺结核病突然加重，呼吸很困难。病，指的是人生理上、心理上的不正常状态。庄稼人怕的就是生病，老年的庄稼人尤其怕生病。躺在病床上的父亲，多么希望在这种时候能看见杨春水带着老婆、孩子回来啊！他让家人给杨春水发电报、发加急电报，以苍老的心情和苍老了的声音急切地呼唤着杨春水速带妻儿回家看望。捧着发烫的电报，杨春水哭了，此时此刻，他多想带着妻儿，插上双翅，飞到父亲的病床前，给老人一丝安慰、一丝暖意啊！他的亲情如激浪拍岸，不断地冲击着他的理智的堤坎。只是因为责任感与使命感的支撑，因为对“国家”与

"小家"关系的深刻理解，所以，他才想，中队长的爱人生了小孩，需要他回家去照顾，已经离开了中队，而中队只有中队长和他两位主官，在这种情况下，他再离开岗位，这个中队的工作势必受到严重影响。所以，他分身无术，不得不怀着无可奈何的心情给爱人打了电话，让她把以前照的一张全家合影照片邮给翘首期盼着的父母，以报舐犊之情于万一。

1993 年年底，杨春水的大弟弟从部队退伍后，一直待业。弟弟满怀着手足之情恳求他帮忙找份工作。杨春水顾不上弟弟，一拖再拖，直到 1997 年，弟弟才通过自己的努力，在佳木斯电机厂找到了一份临时工作，上班了。可是，没过多久，随着电机厂的破产，他又失业了。这对弟弟打击过大，使他满嘴起泡，精神恍惚。就在这种情况下，弟弟的腿被汽车给撞坏了，住进了医院。这真是祸不单行，雪上加霜。杨春水的爱人急得像热锅上的蚂蚁一样团团转。她打电话给杨春水，要他火速回到佳木斯。当时，杨春水的心里"咯噔"一下，心想，父母早把弟弟交给了自己，弟弟若是有个三长两短，怎么能对得起父母，怎么向父母交代？弟弟若是落下残疾，他又不在身边，以后，他还怎么见弟弟的面？在电话里，他一边了解弟弟的伤势，一边嘱咐爱人精心护理，并安慰爱人说争取尽快赶回去。话是这么说，可眼下新兵刚下中队，急需整训；年度工作刚刚起步，急需一点点地规划与落实。这些事，他作为"党代表"，扔得下吗？显然不能。结果还是未能回去。这两件事，使得老家的弟弟、妹妹抱怨起来。他们觉得，大哥当了个小官，就不念父子情、兄弟情了，这不是六亲不认了吗?!

杨春水的小家安在佳木斯，结婚八年了，因为没有房子，不得不与岳父母一家挤在一起。这是一个四世同堂的大家庭，上有八十多岁的老奶奶，下有蹒跚学步的孩子，老人的身体不好，爱人又多次下岗，连个工作都没有。可以说，杨春水是这个家的壮劳力、顶梁柱。但他却远在四百多公里外的抚远，鞭长莫及，什么也指望不上。爱人多次央求他帮忙跑跑工作，他顾得上吗？只能眼睁睁地看着爱人待在家里，他的心里，有多着急、多难受！

1996年3月，杨春水5岁的女儿病了。

女儿病了，当爸爸的能不着急吗？这是人之常情。鲁迅先生在他的儿子海婴照片的背面，就曾饱蘸深情地写道："无情未必真豪杰，怜子如何不丈夫。"爱人连连打电话催他，但他还是放不下工作，离不开中队。岳父、岳母也打来了电话催他，他仍然没有回去。孩子的病越来越重了，后来被确诊为猩红热。这是一种由溶血性链球菌引起的急性传染病，患者多为儿童。症状为高烧，舌头表面呈草莓状，喉痛，舌痛，浑身上下长满点状红疹，红疹消失后脱皮。这下子中队长急了，把杨春水"押往"汽车站，逼着他回去救救孩子一条命。杨春水终于赶回了家门。当他同爱人一起抱着孩子来到医院时，医生愤怒地埋怨说："孩子病成这样了，才抱来。你们是怎么当父母的？再晚一两天就没救了，就是救过来，也得留后遗症！"

采访时，杨春水谈到这里，仍然以愧疚之情说道："我对不起爱人和孩子，现在回想起这件事，还有些后怕。"

唉，说起杨春水对不起爱人的事，多着呢！如果用他自己的话一言蔽之，那就是"苦了个人苦家人，不管爱人和亲人"，如果详细说道说道，就再举一件。

为了让中队过春节有个举家团圆的热烈氛围，每年腊月二十几的"年根子"，杨春水都让爱人把孩子裹得严严实实的，带些为战士挑选的礼物，冒着零下三十多摄氏度的严寒跋涉四百余公里赶到抚远。他们乘坐的公共汽车，要在冰天雪地里爬行二十来个小时。车里没有热气，没有热水，娘俩儿一直挨冷受冻。那真是一次次的艰难苦旅啊！每次，爱人一下车，都冻得说不出话来，一边喘着粗气一边呕吐，脸色蜡黄蜡黄的，十分憔悴。但娘俩儿一进营房，就同战士们一起，欢天喜地地贴对联、挂灯笼、包饺子，使得营房这个青年汉子的王国一下子充溢起极为浓郁也极为热烈的家庭氛围了，让每一个战士都感受到了家人团聚的亲热感和热闹劲儿。三十晚上是大年夜，“一夜连双岁”。这个晚上，杨春水的爱人和孩子多么希望与他团聚啊！但不行。每年的这个晚上，杨春水都主动上岗，把战士顶下来，让他们一边吃着饺子，一边看中央电视台的春节晚会；而他自己则是坚守在哨位上。

这就是“党代表”的家庭观——让自己的小家无条件地服从于中队这个大家，服从于这个大家庭的大团圆。

## （九）

我跟杨春水交谈时，他还向我介绍了他的老搭档中队长姜侨的两件事。

军人家庭中，夫妻分居的占绝大多数，而且是年轻的夫妻、新婚的夫妻。

军人一家三口人，分居在三地的，却不多见。

中队长姜侨一家三口，却天各一方。

姜侨的老家在齐齐哈尔。入伍后，他到了佳木斯，提干后任佳木斯市支队教导队教员。

1995 年，他告别了新婚不久的妻子，到抚远县中队任中队长。

这一年，他同指导员杨春水一起，带领全中队战友开始了大规模的土木建设工程。

他们打造营具、平整操场、修筑护坡堤……

他们打起了攻坚仗、翻身仗，他们大踏步地踏进了先进中队的行列。

他们都顾不上自己的家了。

姜侨一年到头，也就是偶尔几次回支队开会，顺便回趟家。

家，沉重地落在了妻子一人娇嫩的肩膀上。

妻子怀孕了，姜侨无暇顾及。

妻子分娩了，姜侨还是顾不上照料。

姜侨和杨春水一样，心里装的是中队这个大家庭，这个大家庭里的每一位战友，这个大家庭的一系列基础建设工程。

妻子的产假眼看就要到期了。

妻子如不按时上班，就有下岗待业的危险。

上班，刚刚出生的女儿又怎么办？

危机四伏。姜侨和他的妻子一样，被浓重的危机感和紧迫感笼罩着。

这一危机惊动了齐齐哈尔的妈妈。

妈妈正在做生意，做得红红火火。

妈妈的收入十分可观。

但为了自己的孙女，也为了自己的儿子、儿媳，妈妈不得不忍痛割爱，停业了，把刚刚一岁的孙女从佳木斯接到了齐齐哈尔，接到自己身边抚养。

就这样，姜侨一家三口人，在黑龙江广袤的土地上，天各一方，从松嫩平原到三江平原，形成了一个大三角。

这是远距离。

距离产生牵挂与思念。

距离产生希望与期盼。

距离可以加大，所以有“同床异梦”之慨。

距离也可以缩小，所以有“天涯比邻”之说。

距离，在人与人之间，是普遍存在的。

没有距离，怎能有“烽火连三月，家书抵万金”的感受？

没有距离，怎能有“狂风吹我心，西挂咸阳树”的慨叹？

没有距离，又怎能有“独在异乡为异客，每逢佳节倍思亲”的忧伤？



当代社会，人们之间的距离，越来越被通信事业的迅猛发展所缩短。

无论是在天之涯，还是在海之角，只要一拨打电话，几秒钟之内，通话双方便如同促膝畅谈一般。

所以，姜侨的女儿，每个星期天都从齐齐哈尔奶奶家往抚远打一次电话给爸爸。

1999 年 8 月的一个星期天，电话铃又响了。通信员拿起了电话耳机，那里传出小女孩稚嫩的声音："我要找爸爸。"

通信员一听就知道，这是中队长的女儿来的电话。

他把耳机递给了姜侨。

刹那间，姜侨的脑际掠过女儿如花的笑脸。

他也笑了，笑得那么亲切而慈祥。

他拿腔拿调地喊着女儿的乳名。他问女儿："奶奶又给你做什么好吃的了，又给买了什么玩具?"他问女儿："你给妈妈打电话了吗？你和妈妈说了些什么？妈妈又和你说了些什么?"女儿不厌其烦地一一回答着，回答得有条有理。

放下电话，姜侨不由得摇着头，笑了起来。显然，女儿一天天长大了，懂事了。遗憾的是，女儿长了这么大，同爸爸待在一起的天数却寥若晨星，屈指可数。是啊，作为爸爸，他对不起女儿；作为丈夫，他对不起妻子；然而作为中队长，他却问心无愧！

## （十）

人一上百，五光十色。

抚远县中队虽然只有二十几名官兵，但他们来自五湖四海，又都年轻，由于家庭背景、文化程度和思想观念等方面的千差万别，许多不该出现的问题，不该发生的事情，便都如轻风、闲云一样，吹进了中队，出现在中队了。

这不，1997 年炎热的 8 月的一天深夜，一名上岗的战士竟在营房北侧不到十米远的地方，发现了“鬼”。

“鬼”是什么？

“鬼”和“神”一样，都是子虚乌有的“劳什子”。

“鬼”是迷信的人认定的人死之后的灵魂。

“鬼”这个名词，在不同的语言环境中，时褒时贬，反差很大。

如“小鬼”“机灵鬼”，前者是南方长辈对年轻人的爱称，后者是长辈对聪慧的晚辈的夸奖。

如“酒鬼”“捣鬼”，前者是人们对酗酒闹事者厌恶的称呼，后者指的是用心险恶、居心不良。

有一种奇怪的现象是，对“鬼”这种世上本不存在的东西，古今中外写“鬼”的，却大有人在。

曹雪芹“十年寒窗苦，一把辛酸泪”地在巨著《红楼梦》里，写了主人公贾宝玉竟能梦游太虚幻景，与他的叔伯嫂子的秦可卿行了一番云雨之欢；蒲松龄的整本《聊斋》，聊的都是鬼狐成精之后与人之间的情感纠葛；吴承恩的《西游记》里，更是鬼魂成群，令孙大圣的金箍棒除之不尽；德国歌德的《浮士德》、意大利但丁的《神曲》，写的都是天堂和地狱；英国莎士比亚的代表作《哈姆雷特》，写的主要是老国王的亡灵与他的儿子哈姆雷特的一次次相遇与对话……

鬼神，是一个扑朔迷离的世界。人类数千年来靠智慧创造了与自己的社会相毗邻的两个世界。

一个是想象的世界，具体而美丽地诞生出的形象的王国。这是真善美的艺术的世界。在这个世界里，居住着“路漫漫其修远兮，吾将上下而求索”的屈原，居住着“安能摧眉折腰事权贵，使我不得开心颜”的李太白，居住着“致君尧舜上，再使风俗淳”的杜工部，居住着刘、关、张和诸葛亮，居住着贾宝玉、林黛玉和薛宝钗、王熙凤，居住着宋江、吴用、林冲和李逵。同时，还居住着法国的高老头和于连，西班牙的唐·吉诃德，俄罗斯的玛斯洛娃和安娜·卡列尼娜，英国的威尼斯商人。他们是人类智慧的结晶、艺术的结晶、美的结晶!

人类的智慧还创造了另一个可怕的鬼神充斥着的世界。那是人类愚昧的表现!在那个与人类社会毗邻的群魔乱舞的世界里,居住着耶稣、真主、玉皇大帝、太上老君、菩萨、阎王爷和白骨精……

这个世界的存在,简直是极为荒唐的!

让人莫名其妙的是,世界上许多大科学都是虔诚的教徒;历届美国总统中,不信教的不多;唐代大诗人王维、贾岛都笃信佛教;蒋介石、张学良这样的统兵将领都是教徒……

在这样的一个大背景下,当代社会中一些年轻人头脑中残存着些许的神鬼印象,也就不足为怪了。

那是一个微波不起、闷热闷热的夜晚。

一名战士在哨位上执勤。他身背钢枪,闪烁着一双明亮的眼睛,警惕地注视着四周。突然,他发现离营房不足十米的地方,相继出现了一团团忽明忽暗、时隐时现的蓝光。他突然想到那里原来是一片坟地,那里有一堆堆裸露着的棺材板子和死人骨头,那里就是鬼的宅第、鬼的温床。他揉了揉眼,看得益发真切了。他吓坏了,他一边背紧了钢枪的背带,一边擦着满脸冷汗……

第二天,这个“闹鬼”的故事,便在中队传开了。接下来的几天,这个“闹鬼”的现象又相继被几名上夜班岗的战士所证实。这下子闹得许多战士都不敢上夜班岗了,严重地影响了执勤任务。

党支部及时地发现了这个问题,决定先从“抓鬼、打鬼”开始,彻底揭开“闹鬼”的内幕。

这是科学与迷信的较量。

这是文明与愚昧的较量。

又是一个静静的深夜。按照事先的布置,中队全体官兵都聚集在营房的后窗口,静静地观察北侧那片坟地的动静。时间一分钟一分钟地过去了。大家都屏住呼吸,好奇而紧张地等待着。果然,蓝色的团团火花又一点点出现了！说时迟、那时快，中队长姜侨一步跨上窗台，冲了下去，直奔蓝光、直取蓝光——哇！姜侨竟然拿起了蓝光、抓住了蓝光、拿回了蓝光——原来，是一块死人的骨头！

姜侨拿着这块骨头，带领战友来到了会议室。他笑着说，这块骨头戳穿了“鬼”的秘密。人死如灯灭，世上本无鬼。我们所看见的蓝光，是磷化氢在作怪。他强调说，人的骨头里富含磷元素。这磷分子一旦遇到了空气中的氢分子，就会通过化学作用转变成磷化氢。由于磷化氢的燃点太低，所以，夏季温度一高，便会自动燃烧，发出蓝色火光。它白天燃烧由于有阳光照耀，人们发现不了它的蓝光；夜晚就不同了，黑乎乎一片，那蓝光就显得明亮甚至耀眼了。

原来如此！每个战士都长长地出了一口气，终于把“鬼火”的来龙去脉弄得明明白白了。从此，再也没有一个战士怕什么“鬼火”、什么“闹鬼”了。

笔者在采访这件事时，深深地感受到了抚远县中队党支部带兵的特点。

当代的兵不再是简单的说教和浅显的道理就能说服得了的。他们的一个共同的特点是崇尚文化，相信科学。他们乐于学习，勤于掌握现代科学知识，亟须提高自己的整体素质。所以，我们每一位身处基层的带兵者，都应该懂得“用学习知识来带动和凝聚他们”的道理，寓深入细致的思想教育于知识结构的改造过程中，寓人格完善于丰富知识的过程中，用知识来武装人、说服人、改造人和完善人——而这，恰恰是思想政治工作的现代化！因为用知识带兵，可以培养出孜孜不倦的学习精神，积极向上的进取精神，建功立业的奋斗精神和敢于牺牲的奉献精神，以及一个战士从他的“带兵人”身上学到的那种必将影响他的一生，也关系到我军、我国社会发展前途的人文关怀精神。

## 董哲峰和战友——思想境界在升华

### （十一）

杨春水在抚远县中队指导员的岗位上一干就是四年多。这四年，中队甩掉了落后帽子，大踏步地跨入了先进中队的行列。在杨春水升任支队直属大队教导员之后，董哲峰受命接替了他。

董哲峰是1998年9月上任的。他上任之后，便和党支部一班人一起，带领全体官兵以苦为荣、无私奉献、按纲建队，使中队建设年年有起色、年年有进步。1999年，中队跨入了总队标兵中队行列，并荣立了集体三等功，董哲峰也被总队评为“优秀指导员”和“优秀共产党员标兵”。2001年7月，中队党支部被中共中央组织部授予了“全国先进基层党组织”荣誉称号。同年10月，抚远县中队被总部评为先进标兵中队。

那是1998年的那个金色的9月，时任排长的董哲峰结婚了。男人一生的两件大事就是“洞房花烛夜，金榜题名时”。当时的董哲峰正沉浸在蜜月的甜美与幸福中，但在婚后的第五天，支队党委突然召他回去，谈了拟派他任抚远县中队代理指导员的事。这事来得十分突然，董哲峰毫无精神准备。他听了支队党委的想法之后，脑子里立即掠过了两个问题：

一是抚远县中队太苦，自己能吃得消吗？

二是抚远县中队及其指导员杨春水都是总队多年的先进典型，自己还是个排长，自己这两下子能不能保住这个先进中队的荣誉，能不能把一个好端端的中队给干砸了？

这两条，归纳起来就是“畏难”——怕艰苦、困难的环境，怕难以取得新的进步、新的突破，难以保住中队的荣誉。

这一夜，他翻起了烙饼，横竖睡不着觉。

这一夜，他针对畏难情绪，反复地责问自己："我是不是个孬种？我还算不算名干部、算不算名共产党员？"

天亮了。

董哲峰也想通了。

一大早，他就敲开了支队政委办公室的门，坚定地表示了决心，愉快地告别了新婚燕尔的妻子，在新婚的第七天，踏上了去往抚远的征程。

他的肩上沉甸甸的。

他的心里沉甸甸的。

汽车颠簸了整整一夜，天亮后，到达了山坳间的抚远。山，已经是北方秋天五彩斑斓的五花山；董哲峰的心，也是一颗五彩斑斓的充满了憧憬的心。

他站起身来，透过车窗的玻璃，远远地望见了中队长正带着十几名战士站在道旁等着接他。他心里一热，一股暖流涌遍了全身并溅湿了他的眼眶。他知道，这所表明的显然是中队全体官兵对自己的欢迎、对自己的信任和对自己的期盼。他暗暗下了决心：有这么好的战友，宁肯脱几层皮，掉几斤肉，也要同战友们一起把中队建设得更好，绝不辜负支队党委对自己的信任与希望。

1999 年 5 月，乍暖还寒。抚远这座半山腰上的小城，冰雪还没完全化净，大地更没有解冻。这时候，董哲峰正带领官兵在营房前后刨坑挖土，进行人工造田。

原来，地处半山坡上的营房，四周全是风化砂。几年来，官兵一直想在营房的房前屋后种植花草树木，都因砂化地缺乏营养和水分而没能成功。董哲峰认真地察看了地形、地表，觉得挖出风化砂再填上树林里富含腐殖质的好土，不就可以种植了吗？他说干就干，带领战士们用镐头一镐一镐地刨，用铁锹一锹一锹地挖。这就像蚂蚁啃骨头一样艰难。

无论是镐还是锹，一碰到坚冰冻土块，火星四溅，一下子只能刨出或挖出一点点冻块。结果不到一个月，战士们手上的血泡破了一层又一层，老茧厚了一层又一层；新买的 18 厘米长的镐头尖越磨越短，越磨越细；新买的铁锹前端被磨出了个月牙形。就这样，董哲峰同他的战友们终于在营房后山和操场四周挖了 361 个 60 厘米深的坑，栽上了 361 棵树；在营房前和护坡下挖出了两个两锹深的大池子，再像蚂蚁搬家一样从山下一袋袋背回好土，铺在池子里，铺平后种上了草坪和十几种鲜花。就在春回大地、春色满园的时候，这些花草树木或破土吐绿，或轻歌曼舞，开始装点着营房，装点着战士们橄榄绿的紧张而活泼的生活。

有人说，在风化砂地里种植花草树木，这在抚远还是第一次。

也有人说，抚远县中队花红柳绿，花团锦簇，简直像座大花园。

战士们听了这话，心里美滋滋的。

董哲峰听了这话，感觉到这还不够。他说，这仅仅是个开端，中队建设的任务还远远没有完成。

就在种植完花草树木的同时，这年 6 月，鉴于雨季将到，操场西面木板护坡多已腐烂，难以抵挡山洪冲击，董哲峰同中队长商量后，断然决定第三次修筑护坡，建一面 150 延长米的永久性石头护坡。这又是安居事业中的一项大工程，光石头就得 500 立方米，粗略算算，少说也得两万元。中队本来家底就薄，抚远又是一个穷县，指望地方投资无异于缘木求鱼，是根本不可能的事儿。怎么办？董哲峰认为，还得走老指导员杨春水的路——自己动手，自力更生。

火辣辣的阳光直射在山地上，热得人喘不上气来。人往山上爬，没几步，浑身上下就被汗湿透了。这时，瞎蠓像轰炸机一样，循着汗味便叮上来；蚊蝇嗡嗡嚷嚷，也在身前身后肆虐。最厉害的还是草爬子。这东西蔫头蔫脑地，叮在肉上以后，不吭不响，只是一个劲儿地往肉里钻。怎么办？用手抠，抠不动；用烟头烧，烧死了草爬子的同时，草爬子叮过的胳膊腿上也就烧煳了一大块。

就是在这样炎热的七月天，在这恶劣的自然环境中，董哲峰带领战友一干就是二十多天。这期间，他总是挑最大块的石头抬，总是走在队伍的最前头。从千米之外的山里往回抬石头，这确确实实是纯粹的流大汗、出大力的力气活，每走一步都非常吃力，每抬一方都挥汗如雨，每砌一方都堤牢坡固。一次，由于天气太热，加上连日超负荷疲劳过度，董哲峰在搬起一大块石头时，突然眼前一黑，脑子里一片空白，就昏了过去，栽倒了！他的手被石头砸掉了一大块皮，鲜血直流，一滴滴浸进了护坡大堤的石缝里。待到他苏醒时，战友们急得像热锅上的蚂蚁一样团团转，你一言，我一语，纷纷劝他回营房休息，以便恢复一下体力。董哲峰听了战士们的话，心里热乎乎的。望着战友们一张张大汗淋漓的黧黑的脸，他想起了自己在支队政委办公室表示的决心和自己第一次踏上抚远土地时暗自下定的决心，是的，宁肯脱下几层皮，掉下几斤肉，也要把抚远县中队建设好！想到这里，他什么也没说，只是微微笑了笑，简单地包扎了一下受伤的手，便一如既往地又和大家一起干了起来。就这样，他们不到一个月，便用自己的双手在操场西面建起了一道高标准、永久性的石头护坡，并用水泥精心雕塑出“把太阳迎进祖国，将青春献给警营”十四个红光闪闪的大字。这红光闪闪的大字是中队官兵甘于吃苦、艰苦创业的历史见证，也是中队官兵奋勇争先、无私奉献的誓言！那鲜红的颜色，是二十几颗沸腾着热血的年轻的心脏的颜色，是二十几岁的指导员董哲峰殷红的血迹！

自董哲峰1998年9月到达抚远县中队，在短短的两年时间里，他们自己动手，维修了食堂、卫生间；建起了俱乐部、健身房。室内，铺上了釉面砖；室外，种满了花和草。整个营区面貌又一次发生了翻天覆地的变化。2000年八一建军节时，抚远县五大班子领导到中队慰问，由衷地感叹道：“你们这种扎根边疆、艰苦创业的精神，真是值得全县人民学习！”

## （十二）

是的，抚远县中队官兵值得学习的地方太多了。

在“党代表”董哲峰的内心深处，闪烁着这样的一条座右铭：“作为亲人，我对不起家属；作为军人，我别无选择。”这条座右铭所体现的是我国当代军人无私无畏的奉献精神。

2000年5月，董哲峰接到北安老家亲人的电话，称他患有精神病的老母亲走失了。这无异于晴天霹雳！董哲峰5岁的时候，便失去了父亲。母亲贪黑起早、含辛茹苦地把他拉扯大，再把他送到了部队。常年的劳累与孤独，迫使母亲精神失常。老人家万一有个三长两短，他又怎么能对得起九泉之下的父亲，怎么向家中的亲人交代呢？他判断，母亲走失，十有八九是因为思念自己，十有八九是奔了自己安在佳木斯的那个小家。此时此刻，他多想展开双翅飞回佳木斯，在火车站、汽车站，在大街小巷找到蓬头垢面、可怜巴巴的妈妈啊！他想，就是向支队领导请个假，无疑也会被批准的。但是，他又想：不行！此时新兵刚刚下队，中队正处在年度工作全面启动的节骨眼儿上，又赶上中队长几次推了婚期之后，刚刚结婚，正在休假。中队本来干部就少。作为主官之一，我再一走，中队这一大家子人，这一大摊子工作怎么办？我能放心吗？迫不得已，他还是不得不硬着头皮给妻子打了电话，让她无论如何也要想办法，在佳木斯找到举目无亲又精神失常的母亲。

妻子理解他。妻子答应了。妻子还让他放心。一天过去了，远在佳木斯的妻子没来电话；一夜过去了，远在佳木斯的妻子还是没来电话。在这漫长的二十几个小时里，董哲峰的那颗孝子的心，就好像在沸腾的油锅里煎熬一样疼。第二天下午，妻子终于打来了报平安的电话。通话时，妻子边哭边说，母亲到佳木斯已经两天一宿了。在这三十多个小时里，母亲一直流落街头，粒米未进，滴水未沾，嘴里一直念叨着她的心头肉的名字“哲峰”。

人类是由母亲孕育、诞生的。普天之下，哪位母亲不爱自己的孩子？普天之下，又有哪个孩子不爱自己的母亲？

放下电话，热血方刚的董哲峰再也控制不住感情的堤坝、泪水的闸门了。他觉得自己愧对母亲，让老人家辗转数百公里投奔到了佳木斯，又忍饥挨饿，流落街头，但理智又提醒他：他确实别无选择。他在"党代表"的岗位上执勤，只能将对母亲深深的爱，化作对党、对祖国深深的爱，踏踏实实、尽职尽责地干好工作，因为中队也是个大家庭，战友们更是与自己情同骨肉。

妻子找到了母亲，侍候着母亲，令董哲峰十分感动。说实话，他觉得自己的妻子是贤惠的、通情达理的。为了集中精力干好工作，他曾动员妻子暂不要孩子。都奔三十岁的人了，哪个女人不渴望成为母亲，以尽到相夫教子的责任?！但为了支持董哲峰的工作，妻子还是含泪答应了。可老丈母娘闻讯不让了："你们可都老大不小了。你们不想抱孩子，我还想抱外孙呢！"听了老人家这番话，董哲峰的心里自然不是个滋味。他想，家家有老人，人人都会老。难道岳母的话不在理吗？但又一想，宁可得罪岳母，也不可改变自己"奉献"的初衷。

1998 年 9 月，董哲峰刚上任，就带领全中队官兵在黑鱼泡参加抗洪抢险。这时，妻子患了胆囊炎、胆息肉住进了医院。岳母打来电话，让他回佳木斯护理。当时，董哲峰正和他的战友们一起，担负着江堤最险的一段的护卫任务，直接关系到广大群众生命财产的安全。在这种情况下，别说回佳木斯，他简直是寸步都不能离开这千钧一发的险段——这就是"党代表"董哲峰！作为亲人，他对不起家庭；作为军人，他别无选择！

董哲峰的这种无私奉献的精神，还体现在他对过年的态度上。

## （十三）

宋朝大政治家、大诗人王安石写过一首著名的诗："爆竹声中一岁除，春风送暖入屠苏。千门万户曈曈日，总把新桃换旧符。”

他写的是过年。

“年”本来是一种野兽的名字。过年，形同过关。现在，“年”是个时间名词，表示地球绕太阳运转了一周的时间。现代历法规定平年365天，闰年366天。

过年，过的是家人的大团圆，过的是喜气洋洋、红红火火的那种氛围，过的是新年伊始、万象更新的盼头。

1998年的春节前，支队领导思及董哲峰到抚远县中队任指导员，四五个月没回家，就特批了几天假，让他回佳木斯家里过个团圆年。这是组织上对他的照顾和关怀。他一回到家里，妻子自然是眉开眼笑、欢天喜地。要知道，他们夫妻是婚后第七天就分开的呀！都说是“小别胜新婚”，他们可是久别又新婚的呀！夫妻俩的这股子高兴劲儿，不是太自然不过的吗？夫妻俩早就商量好了，得回北安老家去，同老妈一起过个团圆年。

第二天，妻子又是大扫除，又是忙采购，乐不可支地忙得不亦乐乎。这时候，董哲峰的心里忽然一沉。他想：我这个小家是团圆了，可我这一走，中队这个大家却不得团圆了。战友们能安心过年吗？不行，得回中队去，得带着妻子一起回中队去。

想到这里，董哲峰再也坐不住了。他以哀求的口吻向妻子讲了自己的想法。妻子怔怔地看着他，一边默默地忙着，一边点着头。她太了解丈夫了，她也太理解丈夫了，所以，她也就一次次地谅解丈夫了。

腊月二十八这天早晨，董哲峰带着妻子，冒着零下三十多摄氏度的严寒，踏上了回抚远的大客车。经过整整一天的颠簸，终于在傍晚时赶到了中队。

战友们望着风尘仆仆的指导员和他的妻子，先是一愣，接着就欢天喜地地鼓起掌来！大家又能同“党代表”和嫂子一起过春节了！

这是抚远中队的老传统了。

当年，老指导员杨春水不就是每年春节，都把妻子和孩子接到中队，同大家一起过个团圆年的吗?!

谈到过团圆年，我便情不自禁地想到了人类的感情。根据《礼记》的分析，人类的感情共有喜、怒、哀、惧、爱、恶、欲七种。

两千五百多年前，由孔老夫子及其弟子编辑的我国第一本诗歌总集叫《诗经》。这《诗经》中的第一首诗，叫《关关雎鸠》。这首诗便是爱情诗。可见，我们的祖先对爱情何等重视!

雎鸠是生活在黄河沿岸的一种水鸟，以爱情专注而闻名。有个小伙子来到黄河岸边，见沙滩上一对对雎鸠都在一边关关地叫着，一边寻欢作乐。他很羡慕这些成双成对的鸟儿。他想到了自己仍然孑然一身、形影相吊，顿时，一种求偶的紧迫愿望便油然而生。他多么想找一位窈窕淑女作为自己的妻子呀!

诗的开头是这样写的："关关雎鸠，在何之洲。窈窕淑女，君子好逑。"

于今，两千五百年过去了。

这首爱情诗写完了吗?

并未写完。

为此，马克思和燕妮写了一生。

为此，周恩来和邓颖超也写了一生。

那么，指导员董哲峰对这首诗是怎么写的呢?

1998 年，董哲峰新婚第七天，便离开了佳木斯，离开了妻子，到 440 公里之外的抚远赴任了。

这一走就是几年。

这几年，妻子闹病，母亲走失，家里的闹心事一直是风波迭起，一波三折。这一切，都由妻子默默地承受着、承担着。

董哲峰觉得，自己欠妻子的实在是太多了。他总想有机会加倍补偿。

机会太少了。

2000 年 6 月 8 日，他回支队参加教育预备会。

这，可以顺便回家了。

这，是个难得的机会。

但不行。阴差阳错的，这一天，偏偏赶上妻子值夜班。

值夜班，我去陪。

董哲峰赶到了妻子的单位。妻子在忙，不便打扰。正好，走廊里有一张长条椅。董哲峰端详了一下这条椅，摇了摇头，笑着躺了上去。

初夏，夜风还凉。董哲峰无法入睡。他离开妻子，差不多两年了。这两年里，他还头一回可以这样消消停停地盘算一下自己对妻子的欠账了。

这时候，他愧疚——这些账，今生今世还得清吗？

这时候，他欣慰——自己确确实实娶了一位通情达理的好妻子。只有这样的妻子，才能让当兵的人省心、放心、称心、安心。

这时候，他渐渐地困了，白天七八个小时的颠簸，他太乏了，他迷迷糊糊地入睡了。

妻子轻手轻脚地来到了走廊，见他睡得正香，不忍心喊醒他，就把自己的上衣脱了下来，盖在了丈夫的身上。望着丈夫的憨态，她笑了。那笑，甜中有苦啊！

这一夜，织女就这样通宵达旦地工作；这一夜，牛郎就这样通宵达旦地睡在走廊的条椅上。

军人难当。

军人的妻子更难当。

妻子把军人感动了——感激涕零；军人也把妻子感动了——百感交集！

董哲峰是这样，他的搭档杨立冬又何尝不是呢？由此我联想到一千二百多年前，诗圣杜甫写了名垂诗史的“三吏”“三别”。其中的《新婚别》，我上学时，老师讲到这首竟然哭了。这首诗写得很伤感，尤其是“暮婚早别离，无奈太匆忙”两句，真是催人泪下。

古往今来，军人的家人总是“相见时难别亦难”，聚少离多。

指导员董哲峰就是在婚后第七天来到抚远的。

中队长杨立冬是2000年初结婚的。

婚假本来是二十天，可他只在家里待了三天，就回中队了。他心里装的是中队、是战友。有人同他开玩笑说，你呀，别说是度蜜月，连“蜜周”都没度，是不是有点太残酷了？他只是憨厚地一笑，说：“往后的日子长着哩，忙什么！”

2001年初，他的妻子生小孩了，来电话要他回去照料。古人云：“无官一身轻，有子万事足。”一个要当父亲的人，自然是非常高兴的，应该立即回到妻子的身旁，分担她的痛苦，也分享她的幸福。但当时中队正在忙于冬训，准备参加支队的大比武活动。杨立冬身为冬训的主官，离得开吗？指导员董哲峰动员他回去，战友们也都劝他回去。他呢？摇摇头，叹口气，说道：“你们的情我领了。但我不能回去，什么事也没有冬训和大比武重要。”

过了几个月，妻子又先后打来两次电话说女儿病了，一直高烧不退，问他能不能回去帮助照料一下。杨立冬却认为新兵刚刚下队，亟须传、帮、带，他还是无法脱身，就只好在电话里安慰了妻子几句，又全心投入工作了。

军人的妻子在处对象时，大概就都有了独守空房、独撑家庭的思想准备了。不然，她们怎么受得了这种苦熬苦捱的日子呢？杨春水的妻子是这样，董哲峰的妻子是这样，杨立冬的妻子也是这样。

写到这里，我想到了唐代诗人张籍的《离妇》。他写道：“为人莫作女，作女实难为。”这是事实。如果作为军人的妻子呢？岂不是“难为”更“难为”了吗？



写到这里，我想起了杨立冬结婚的前前后后。

男大当婚，女大当嫁。

有句歇后语是这么说的："做梦娶媳妇——净想好事。"

男人娶媳妇，确确实实是件好事、幸事。

所以，男人，谁不急着娶妻生子呢？

也有不急的。

谁？

中队长杨立冬。

他不是"不急"，而是急不得、急不了。

他是2000年1月4日到抚远中队任中队长的。婚期是1月18日。临行前，他本打算到中队报到后便立即赶回佳木斯，结婚之后再返回抚远。可到了中队一看，中队人员少、勤务重，连指导员、司务长都要上哨，哪能离得开呢？

没办法，他只好打电话给未婚妻，让她重新通知一遍亲朋好友，把婚期推到4月8日。

这一推就是三个月。

眼看婚期越来越近了，已经迫在眉睫了，家里早已是"万事俱备，只欠东风"了。大家都翘首盼着新郎官。

而杨立冬却又是无法脱身。

4月初，新兵刚刚下队，支队又要对一季度工作进行全面考核，千头万绪，杨立冬走不开。他不得不又一次面临推迟婚期的难题。

他深思熟虑了。

他拨通了未婚妻的电话。

这一回，未婚妻可不干了。

她气哼哼地说："这是第二次通知亲友了，再推迟，这话叫我怎么说呢？再说，人家不笑话吗？你到底安的什么心？你不想结婚就算了！"说完，一赌气，挂断了电话。

杨立冬傻眼了。

他想了想，未婚妻的话也有道理。

这婚期，哪能一推再推呢——“一之为甚，岂可再乎？”

但又实在是无可奈何。

他只好厚着脸皮，再次拨通了未婚妻的电话，好说歹说，总算把婚期推到了一个月后的5月17日。

如果从第一次婚期的1月8日算起，杨立冬把婚期整整拖了130天。

从上述事实中，我们看到了杨立冬和董哲峰这两位主官又何其相似！

## （十四）

中队这个家，日子过得好坏，关键要看两位主官的本事大小。董哲峰和杨立冬的言行给了我很深的启示，我当指导员的时候不如他们。写到这里，我想起了总部首长的讲话。

徐永清政委在武警部队党委第二十四次扩大会议的讲话中，曾经从全局的宏观方面着眼，明确指出：“部队内部关系实质上是一定时代社会人际关系、党群关系的反映。研究部队内部关系，必须坚持联系、发展的观点，把它放在一定的历史条件和社会环境中来考察，既要敏锐地把握新形势下内部关系出现的新情况新变化，更要善于透过现象看本质，弄清影响内部关系的深层次原因，明确时代发展对内部关系提出的新要求，树立与时俱进的思想，把继承优良传统与时代精神结合起来，建立起符合时代要求的新型内部关系。”

徐政委提出的是一个高标准、严要求。他要求我们部队各级领导班子的“班长”，都要明确时代发展对内部关系提出的新要求，既要继承“官兵一家人”的优良传统，又要符合实践“三个代表”、推动三项经常性工作和实现“两个确保”的时代要求。



面对徐政委代表总部党委提出的这一高标准、严要求，面对这样一把严格的尺子，衡量一下抚远县中队“党代表”董哲峰，总结一下他的做法及其取得的效果，是有着普遍而深远的指导意义的。

在抚远县中队里，董哲峰与中队长杨立冬这两名主官无疑是两根顶梁柱。他们两人关系的好坏以及他们“知兵、爱兵”的程度，肯定是中队内部关系好坏的决定性的因素之一。

这两位年轻警官有许多相似之处。

他们都生于20世纪70年代初，董哲峰生于黑龙江省的北安市，杨立冬小董哲峰一岁，生于黑龙江省佳木斯市郊新民村。

他们都是20世纪90年代初应征入伍的，杨立冬也是晚董哲峰一年。

他们都是武警哈尔滨指挥学校毕业生，杨立冬晚董哲峰一年。

他们毕业后都被分到佳木斯支队工作，并先后于1998年和2000年被派到抚远县中队，成为一对儿“搭档”。

他们到抚远县中队任职时，董哲峰是新婚第八天就挥泪别妻；而杨立冬则是在预定婚期七天前就报到了，尔后不得不一而再，再而三地推迟婚期。可以说，他们都有一位通情达理的好妻子。

他们到抚远县这个先进中队上任时的心情尽管都是喜忧参半的，但是决心都很大，都感到自己责任重大，不能辜负党的培养和信任，一定要以身作则，把中队带好。董哲峰是这样回忆自己当时的心情的：“1998年8月7日早晨6点30分，我告别了新婚的妻子，怀着满腔激情，踏上了北上的大客车。但是，随着接下来的12个小时的颠簸，我的一腔激情被颠得所剩无几了，只有懊恼了……晚上6点30分，我一下车便看到了抚远县中队，看到了夕阳照耀下的国旗、鲜花、绿草，看到整洁的营区和笔直的小路，尤其是看到了一位位热情翘盼的战友，顿时我旅途的疲劳荡然无存了，有的只是一腔热血、一腔激情。短短的几天后，我便发现，在这个中队里，激荡着一种奋发向上的精神、奋勇向前的勇气，激荡着一种情同手足的家庭氛围。”

对于董哲峰“几天后”的这种感觉，杨立冬则体会得更深刻些。他说：“指导员与我分工不分家，当‘班长’而不当家长，随时随地关心我、帮助我。我被中队良好的氛围所感染，官兵们那种不等不靠、无私奉献和锐意进取的精神始终激励着我扎根边疆、情系警营。”

当然，每个作为主体的个人都是独一无二的“这一个”。所以，他们之间也有许多不同的地方。

2000年年末，总队考核大比武，由杨立冬安排射手，本应按一班长宋宪刚的意见先安排有射击经验的老兵先行参赛，以优异的成绩鼓舞士气。但杨立冬却一意孤行，让新兵先射，结果马失前蹄，整个中队的成绩射得一塌糊涂，结果，一票否决，抚远县中队与标兵中队的红旗失之交臂。对此杨立冬说：“这下子全完了，弄得我抬不起头来，吃不下饭，也睡不着觉，苦闷极了，觉得对不起支队党委和首长的信任和期望，更对不起辛苦了一年的全中队官兵，也对不起盼望我干出个样来的远方的妻子……总队考核组走的那天，我没有吃饭，复杂的心情使我流下了辛酸的又内疚的眼泪。这时，一班长宋宪刚端着一碗面条来了。他说：‘队长，失败是成功之母。您想想，您是一队之长，我们二十几双眼睛可都看着您啊！如果您一味内疚，振作不起来，战士们可就没了主心骨，那中队不就成了一盘散沙了吗？咱们中队可就更谈不上再创标兵中队了。’宋宪刚这一席话，使我的心亮堂了，暖和了。”

紧接着，董哲峰又同杨立冬谈了几次话。谈话时，董哲峰明确指出：工作中的责任不是某一个人的，应该找出我们训练中的薄弱环节，总结教训；一队之长的精神状态，直接关系到整个中队的精神状态，应该调整心态，调整情绪，振作起来。在杨立冬振作起来之后，董哲峰立即主持召开了支委会，查找、剖析这次挫折的原因和教训。然后，中队又召开了军人大会，要大家懂得“哀兵必胜”的道理，终于使全中队官兵统一了思想，重整旗鼓，以便再创辉煌！



通过这件事，杨立冬进一步感到，指导员与自己“搭档”，虽然互补性很强，但指导员毕竟站得高、看得远，感到与这样的人搭班子，能够不断提高自己的水平。他说：“我是司务长出身，工作缺少经验，而且性格过急，工作中出现过许多失误。每次失误，指导员都能伸出援助之手，教我改正方法。指导员曾经对我说：‘立冬，你在工作中缺乏计划性，有时不能统筹安排，造成不必要的忙乱，分不出主次。’说完，他就耐心地教我应该怎样思索，怎样安排，对提高我的工作水平起了决定性的作用。”

2001 年初，杨立冬按照训练计划组织体能考核时，一班长宋宪刚只做了 20 个俯卧撑就停下了。这时，杨立冬严厉地批评了宋宪刚，说他仗着自己是一班长，就不愿多做了。宋宪刚呢，则据理力争，强调自己正发高烧，浑身都难受。这样一来，考核不得不中途结束，大家不欢而散。事后，杨立冬坚持认为宋宪刚当众顶撞领导，要给他处罚。宋宪刚则认为中队长太武断，不让人说话，心里很不服气。

董哲峰知道了这件事以后，分别找他俩谈话，以图化解矛盾。可是，谈话时，杨立冬和宋宪刚公说公的理，婆说婆的理，都拒不检查自己的毛病。

这是官兵间的尖锐冲突。

笔者写到这里，蓦然间想起了徐永清将军重要讲话中的这样一段话：“我军官兵一致的优良传统，是在战争年代形成的。那时候面对强大的敌人和残酷的战争环境，离开群众，军队就不能生存；离开士兵，部队就无法打仗。所以干部和战士生死相依，患难与共。和平时期，军队从打仗转为和平建设，加上物质文化生活条件的改善和官兵待遇上的差别，使一些干部滋长了官本位的思想。尤其武警部队多数是在和平时期组建的，根本没有经历过战争年代官兵生死与共的考验，对继承发扬密切联系群众、实行官兵一致优良作风的重要性认识不足，对脱离群众的危险性感受不深，因而尊重群众、依靠士兵也就不够自觉，甚至出现轻视士兵的倾向。”老将军的话语重心长，中肯而又深刻。笔者引用这段话，并不是为了按图索骥，认为杨立冬轻视了宋宪刚。笔者只是觉得当官兵之间出现矛盾时，如果真能如同徐将军所说，对照一下我军战争年代官兵“生死相依，患难与共”的关系，那么，杨立冬也好，宋宪刚也好，就可能首先都检查一下自己的毛病了，也就能相互道歉了。

遗憾的是，他俩都未能做到这一点。面对这样一个相持不下的僵局，董哲峰采取了一个“请裁判”的办法。

请谁当裁判？

请全中队的官兵。

董哲峰主持召开了军人大会。会上，他发动全中队官兵针对杨立冬和宋宪刚之间产生的矛盾冲突，做一次不记名的投票测评，让大家充分发表自己的看法，以便判明是非。投票结果出来了，大家一致认为：双方都有对的一面，又都有错的地方，应该各自检查一下自己的毛病、各自表示改正的决心。只有这样，才能真正搞好团结、搞好中队的内部关系。

董哲峰把大家写着上述意见的书面材料摊到了杨立冬和宋宪刚面前。两人一看，顿时醒悟了，都认识到了自己的不足之处。这样一来，宋宪刚向中队长道了歉，中队长也在军人大会上检查了自己的武断。

隔阂终于消除了。

古人云：“家和万事兴。”中队是个大家庭，不和气、不团结，怎能干好工作？上述的两件事，都涉及董哲峰、杨立冬和宋宪刚这三个人。前一件事，是杨立冬自己说的，说了情绪低落时，宋宪刚对他的关心和帮助；后一件事，是董哲峰讲的，讲了解决杨、宋二人矛盾的办法和效果。通过这两件事，我们都能看到“党代表”董哲峰在发挥着不可替代的作用。

宋宪刚来自富裕县农村，1996 年入伍前，他的叔叔就在他的存折上给存了十万元钱。他家很富有，开砂矿、开旅店，有经济实力。宋宪刚来到抚远后，一次训练时，脚被冻伤，指导员杨春水就到处问医求药，终于为他治好了伤痛。他说，在家时，听说老兵欺负新兵，来到抚远中队一看，根本不是那么回事儿，中队的老兵每周日下午都为新兵洗一次衣服，刷一次鞋子。

宋宪刚平时最佩服的是指导员董哲峰。他告诉笔者：“指导员刚刚结婚几天，就来到了这遥远的抚远县。到了中队以后，指导员总是和战士摸爬滚打在一起。每当战士有想不通的问题时，都愿意找指导员去说。指导员同大家相处得确实情同手足。指导员如今已结婚好几年了，为了中队的建设、发展，为了不影响工作，一直未要小孩。每当提起这事时，指导员总是说，他还年轻，应该把精力放在工作上。这是多么简单的一句话！可是这句简单的话里所包含着的精神，却深深地打动了我，时时鼓励着我。我想，有这样的‘党代表’在我们身边，我没有理由不好好干。”

宋宪刚是一班班长，又是优秀士兵的代表，是在素质要求的各个方面都处于领先地位、都具有示范作用的“排头兵”，是战士行为的示范者和知识技能的传授者，有着协调全班战士的强大的凝聚力和感召力。在上述两件事中，头件事，他做得很好；后件事，他有毛病，生性过于倔强，不服输，甚至有些不服理。这就不对了。他后来通过测评醒悟了，认识到自己也有毛病，并向中队长道了歉。这无疑促进了中队内部关系的改善。是的，作为一班之长，他显然是董哲峰与杨立冬的好帮手，是帮助他们不断改善中队官兵关系的重要的桥梁和纽带。事实上，他起到了这个作用。

古人云：“忠孝，传家之本；勤俭，治家之本；和顺，齐家之本。”古人又云：“天下无不是的父母，世间最难得是兄弟。”

我们强调齐家之本和兄弟之情。

抚远县中队之所以多年来一直保持长盛不衰，是因为这里有董哲峰、杨立冬这样的主官，有一班长宋宪刚这样的骨干，是他们不断地以自己的实际行动和榜样力量时时激励着全中队官兵。女革命家秋瑾曾经说过："水激石则鸣，人激志则宏。"激励是事业成功的动力杠杆，是促进中队内部团结、奋发向上的重要手段。只有中队始终保持内部团结、奋发向上的高昂斗志，才能永远保持大写自我、超越自我，才能如徐永清将军所说："明确时代发展对内部关系提出的新要求，树立与时俱进的思想，把继承优良传统与时代精神结合起来，建立起符合时代要求的新型内部关系。"

## （十五）

总部党委书记徐永清在总部党委第二十四次扩大会议上的重要讲话中曾经明确指出："相对稳定的和平环境，容易使干部的群众观点和官兵生死与共的战友情谊淡化，必须强化以兵为本的观念。越是在和平环境，越要高度重视处理好党群关系、干群关系、官兵关系。"

对于首长语重心长的这段话，中队长杨立冬体会太深。他总感到这话好像是针对他说的似的。他认为，作为一名中队长，必须时刻具备群众观点，具备以兵为本的观点，时刻都把战士的疾苦装在心里，时刻都要想到为战士排忧解难。

干部之间、官兵之间，难道还不应该相互关心、相互爱护吗？

谁不懂得这个道理，谁就终将失败。

三国时，蜀国的上将军张飞大概就不懂得这个道理，虐待下属，结果醉酒后被部下杀害。

这是惨痛的教训。

所以，徐永清将军强调："总部党委提出的确保内部安全稳定、确保维护社会稳定任务的完成，前提和基础是内部的安全稳定，而内部的安全稳定从根本上讲有赖于良好的内部关系和坚强的官兵团结。"

对徐将军的这些话，杨立冬都铭刻在心，因为类似的问题他有过一些铭心刻骨的教训。



那是2000年12月14日11时30分，中队长杨立冬查哨时，发现当班领班员赵坚不在巡视，却背着枪在餐厅里不紧不慢地喝着开水，他立时就火了。他不由分说地把赵坚批评了一通。

赵坚不大服气地嘟囔道：“这么冷的天，渴了，还不许喝口开水暖暖身子呀!”

望着满脸委屈的赵坚，杨立冬怔了一下，顿时气就消了。是啊，零下三十多摄氏度的天气，冒着严寒执勤的战士能喝上一杯热水，能生发出多少工作热情啊！这件事并非小事，而是关系到干群关系、官兵关系的大事，关系到密切内部关系的大事。

第二天，中队党支部召开了军人大会。会上，中队长杨立冬严厉地批评了赵坚擅离职守的错误做法，同时检查了自己粗暴、简单、不关心战士疾苦的官僚主义作风。他表示，即日起，中队的干部都必须把关心战士疾苦、密切内部关系当作大事来抓。

就在这天晚上的8点钟，杨立冬一手提着暖壶，一手拿着水杯，大步来到了哨位，对正在执勤的哨兵李振中说：“很冷吧，快把枪交给我，你喝杯水暖暖身子。”说着，倒了一杯开水，一手递水杯，一手接过了枪。

就是这短短的几句话，这小小的一杯水，却每天都在温暖着执勤战士的心，温暖着中队这个大家庭……就从这天起，直到现在，中队干部查哨时，一直坚持“冬天递上一杯开水，夏天递上一条湿巾”，以此浓化着越来越密切的干群关系和官兵关系。

这样的事例在抚远县中队不胜枚举。2000年1月的一天深夜，指导员董哲峰查岗回来，发现餐厅的灯还亮着，感到很奇怪，进去一看，原来三名战士在那吃方便面。为什么只吃方便面呢？一打听才知道，战士们夜间下岗以后，又冷又饿，可食堂的剩饭虽然很多，但凉透了，只好泡点方便面或者嚼几块饼干，简单地对付一口。董哲峰一听就明白了，由于自己工作不深入、不细心，长时间以来一直让战友们受委屈。他痛感自己距离上级的要求相差太远，没有做到以兵为本，关心他们、体贴他们。第二天，在他的倡议下，中队三名干部各自拿出自己的工资钱，集中起来，购买了一台微波炉，专门用来给下岗的战友热饭菜。

说得好，不如做得好。人人心里都有一杆秤。头脑灵活、乐于思考的现代战士，能从干部的一言一行中，称得出爱兵的分量来。因此，带兵的人最好别把爱兵当口号，而要像董哲峰和杨立冬这样，扎扎实实地去身体力行。还有，从上述事例中，我们还可以看出来，带兵的人要像董哲峰和杨立冬这样时时处处都想得细、做得细。笔者在写抚远县中队的这些感人至深的事迹时，常常动情地想：像董哲峰和杨立冬这样的带兵的人，爱兵爱到这份儿上，战士还能有啥说的？俗话说："人心都是肉长的。"如果每一个带兵的人都能像他们这样关心战士、爱护战士，威信还能不高吗？中队的内部关系还能不纯洁、不密切吗？

徐永清政委在讲话中还强调："要正确对待官兵的合理要求，把群众的事放在心上，说办的事要尽力去办，改变个人不跑不找、不要不闹就不管不问的现象。"这些语重心长的指示和嘱托，不是已经或正在被我军千千万万像董哲峰和杨立冬这样的带兵的人在一点点地实践着吗？

是的，他们对战友的关心无微不至。

## （十六）

唐代诗人孟郊写过一首《游子吟》："慈母手中线，游子身上衣。临行密密缝，意恐迟迟归。谁言寸草心，报得三春晖。"

慈母之爱是人世间最纯洁、最高尚、最神圣的爱。在我们部队中，大家常常用这慈母比喻连队的"党代表"，认为指导员的心里总是装着每个官兵的冷暖，系着每个官兵的喜怒哀乐。他熟知每个战士的家庭、经历、爱好、性情、追求，他关心每个人的疾苦。站岗的士兵，披过他的大衣御风寒，喝过他递的热水润肺腑；卧床的病号，尝过他亲手端来的热乎乎的饭菜，尝过他亲手削过皮的甜滋滋的苹果；新兵的衣服上，有他缝过的扣子；遇到挫折的同志的心田上，接受过他知时好雨般随风入夜的滋润。是的，指导员如董哲峰，确确实实有一颗情真意切的“慈母心”。

2000年7月，来自山东省宁津县农村的三班长司宝刚遇上了一件闹心事儿。

司宝刚家里生活很困难，老家只有母亲和姐姐两口人，无法种地。可是，村干部不但要他家交公粮，而且还要他家出义务工。家里连个男劳力都没有，怎么出这个义务工！村干部说了，交不起公粮又出不了义务工，就得交钱。这下子可愁坏了家里这娘俩儿，没办法，就在7月1日的早晨，给司宝刚打来了电话。

在电话中，司宝刚了解了情况之后说：“咱家是军属，按国家规定，应该得到照顾。”

他妈妈在电话中告诉他，村干部说了，什么军属不军属的，现在当兵，就是外出打工。

这一下，让司宝刚怎么也想不通了。他想，他当兵，是履行了一个公民保卫祖国的责任和义务，怎么能同农村那些剩余劳动力外出打工相提并论呢？

为此，他很恼怒。

他把自己的苦恼讲给了“党代表”董哲峰。

董哲峰了解了情况之后，立即查阅了有关文件，并向支队政治处做了汇报。根据政治处首长的指示，他连夜给山东省宁津县柴胡店乡人民政府写了一封长信，希望乡政府能够按照国家的相关政策，正确而又合理地解决司宝刚家的问题。

柴胡店乡人民政府接到了董哲峰入情入理的信后，立即责成人武部长和民政助理下村了解情况，及时地纠正了村干部的错误说法和做法，并将工作进展情况及其效果及时地与董哲峰作了沟通。司宝刚告诉笔者：“通过这件事，我深深地感觉到，我们的指导员有一副慈母心肠，感到官兵之间确确实实亲密无间。”

提起董哲峰的慈母心肠，战士王新鼎也深有感触。

王新鼎来自省城哈尔滨，是1998年12月入伍的。他有一位同胞哥哥，小哥俩儿自小就形影不离。

1999年8月的一天，哥哥给他打来电话，说自己马上就要结婚了，希望弟弟能回哈尔滨参加哥哥这一生只有一次的婚礼。紧接着，王新鼎的父亲也给董哲峰打来了电话，希望指导员能批准王新鼎回哈参加他哥哥的婚礼。董哲峰在电话中首先表达了祝贺之意，并表示，战士请假要报请支队警务股批准。

经中队请示，警务股没有准假。

这是王新鼎万万没有想到的。

他大哭了一场，闹起了情绪，一天天无精打采的，干什么都没劲儿，甚至想到过“逃跑”——宁可犯错误，也别错过了哥哥的婚礼！

明察秋毫的指导员发现了王新鼎的不正常表现，把他找到办公室，讲了自己在部队里见过和处理过的类似的事情。经过“党代表”苦口婆心地劝导，王新鼎的情绪发生了变化，一点点地想通了。他把对哥哥的思念变成了动力，积极投入到工作之中。

就在哥哥结婚那天，“党代表”陪着王新鼎，一起到抚远县邮局，给哥哥、嫂子发了封贺电。在哥哥接新娘的途中，王新鼎又给哥哥的手机打了电话，再次直接地向兄嫂表达了恭贺之情。

唐朝诗人王维，十七岁时离开老家，到长安谋取功名。九月初九这天是重阳节，这一天，人们都佩带避灾的茱萸囊，登高望远。王维想到远在华山之东的兄弟登高时，一定会想念远在陕西的他来，于是写了一首传之千古的七言律诗《九月九日忆山东兄弟》：“独在异乡为异客，每逢佳节倍思亲。遥知兄弟登高处，遍插茱萸少一人。”

在诗中，诗人表达的不是一般化地遥想兄弟如何在重阳日登高、佩戴茱萸，而自己独在异乡，不能参与，这样写虽然写出了佳节思亲之情，但过于平直，显得缺乏新意与深情。诗人遥想的是“遍插茱萸少一人”。意思是说，远在山东故乡的兄弟们，今天登高时，身上都佩带了茱萸，都发现少了一位兄弟——自己不在内。这样写，好像遗憾的不是自己未能和故乡的兄弟共度佳节，反倒是兄弟们佳节未能完全团聚；似乎自己独在异乡为异客的处境并不值得诉说，反倒是兄弟们的缺憾更需体贴了。

这首诗，突出地写出了手足情、兄弟谊。

我们从1200多年前王维的诗作里，就可以理解王新鼎兄弟之间的情谊以及董哲峰对这种感情的理解与关注了。

提到“党代表”的慈母心肠，来自河北省邯郸市马庄乡的1999年入伍的战士蒋海波，在到中队的第二天，就有了深深的感受。

他是12月到中队报到的。报到时，天正下着鹅毛大雪，这在高寒地带的抚远是司空见惯的事儿。

唐代边塞诗人岑参描写新疆的大雪是“北风卷地白草折，胡天八月即飞雪。忽如一夜春风来，千树万树梨花开。”

他写的是雪满军营的情景。

警营也同样是“千树万树梨花开”。

所以，蒋海波来到警营的当天，就同战友们一起，顶着大雪扫起雪来。扫着扫着，他的大头鞋湿了，是雪水和汗水把大头鞋弄湿的。可是，第二天早晨他起床后，却意外地发现大头鞋里里外外全是干的，穿起来分外暖和。

这是怎么回事呢？

蒋海波一打听才知道，原来每天晚上当战士们睡着了之后，他们的“党代表”董哲峰都悄无声息地把大家弄湿了的大头鞋一双双地拿到锅炉房去烘干。蒋海波弄清楚了事情的真相后，感慨道：“在家里，盖被子、烘鞋子，这些可都是由我妈妈干的。想不到我们的指导员也干起了只有妈妈才干的活儿、才关心的事儿。指导员真的长着一颗慈母的心啊！”

慈母心所流露出的是一股股真情。

## （十七）

真情来自于感情。

感情是人在受到外界刺激时所产生的强烈的心理反应。

人的感情是与生俱来的。

婴儿出生时的第一声啼哭，便是在抒情。

甚至连牛马骡驴都有感情，连猫和狗都有感情。

人类的感情当然是最丰富的。

诗人、演员都是感情的富翁。

但感情有真、伪之分。

真情，难能可贵。

矫情，令人肉麻、令人作呕。

真情有美丑之别。

少女失恋，痛不欲生，那是真情，透着悲剧美；财主丢了钱，哭天抢地，也是真情，却让人觉得可笑、可鄙。

我们在这里所讲的真情，是指导员董哲峰以情带兵的故事。

以情带兵，兵则勇。

这情应该是真情。

《三国演义》里，刘备摔阿斗，是矫情；曹操坐骑踏了禾苗，违背了他自己颁布的训令，以割须代刎颈，则更是矫情；至于孙权那厮为了谋害刘备，竟以妹妹相许，则矫得不能再矫了。

用这样的矫情带兵，兵能勇吗?

总部党委书记徐永清将军在总部党委第二十四次扩大会议的重要讲话中，明确指出："要从改进领导作风抓起，加强对密切内部关系工作的指导。各级要切实从端正工作指导思想入手，时刻把士兵装在心里，把一切为了士兵、一切依靠士兵作为一切工作的出发点和落脚点。"老将军在这短短的一段话里，用了“时刻”，用了“一切”，并且一口气用了三个“一切”。他谆谆嘱咐的是，各级领导干部都要时刻把士兵装在心里，用真情换真情，用真心换真心。只有这样，才能真正做到密切官兵关系。

“党代表”董哲峰做到了这一点。

战士刘佳从小便失去了母亲，失去了母爱。1998 年，在刘佳入伍之前，他父亲又娶了位老伴。

刘佳认为，肝，毕竟不是肉。

刘佳认为，水，毕竟淡于血。

所以，从继母进门的那天起，他就对其敬而远之，甚至避之唯恐不及，连一声招呼都未曾打过，更遑论叫一声“妈”了。为此，他父亲自然十分为难、十分尴尬、十分焦虑。

刘佳入伍以后，他父亲每次写信来，都再三希望他能正确处理与继母之间的关系，充分理解父亲的难处，继母的难处，甚至央求他：能不能管继母叫一声“妈”？父亲，实在是可怜巴巴的。

刘佳读了信之后，内心很痛苦。他实在不愿违心地亲热继母，他又实在不愿让父亲太为难。他把自己的这一矛盾，这一痛苦，向指导员董哲峰倾诉了。

显然，这是刘佳对自己的“党代表”的高度信任和依赖。

在他的内心深处，董哲峰是情同手足的兄长，值得信任更值得依赖。

听了刘佳的倾诉，董哲峰很感动。原来，董哲峰五岁时就失去了父亲。后来，他母亲改嫁了。年幼的董哲峰对继父十分冷淡。为此，继父很苦闷，而母亲只好偷偷地抹眼泪。

可是，人心都是肉长的。

继父因爱母亲而爱小哲峰。

继父的爱并不比生父的爱差哪去。

董哲峰终于被继父的爱感动了。

感动，就是感情上的共鸣。

小哲峰与继父的距离拉近了，心相通了，感情交融了。

他终于懂得：无论是母亲，还是继父，他们对自己的爱都是真心实意的母爱和父爱，而母爱和父爱则是人世间最无私、最伟大、最崇高的爱。

董哲峰把自己的这一人生历程、心理历程和情感历程原原本本地讲给了刘佳。

他们同病相怜。

他们感同身受。

他们的爱是相通的，情是相通的。

这，正如徐永清政委所说："要针对和平环境给部队内部关系带来的新情况、新问题，研究密切联系群众的办法和渠道，切实使各级干部在深入实际、了解基层、亲身体验兵的生活中增进与士兵的感情，端正对士兵的态度，真正实现向全心全意依靠官兵建设部队的转变。"

徐政委嘱咐各级干部要"亲身体验兵的生活"。

而董哲峰已经体验到了刘佳的感情生活中去了，体验到了刘佳的内心深处了。这样的领导干部，这样的"党代表"，又怎能搞不好内部关系、内部团结呢？

董哲峰对刘佳的现身说法收到了立竿见影的效果。

1999 年的母亲节这天，刘佳主动拨通了家里的电话。

在通话中刘佳郑重地叫了继母一声"妈"！

这是惊天动地的一声称呼啊！在这振聋发聩的一声称呼中——

刘佳哭了。

刘佳的继母哭了。

刘佳的父亲更哭了。

刘佳的"党代表"董哲峰也激动得流下了热泪……

这哭，这泪，饱含着的是发自内心的滚烫的真爱、真情啊！

## （十八）

邓小平同志早在1978年就明确指出：“连长指导员不以身作则，就带不出好兵；领导干部不做出好样子，就带不出部队的好风气，就出不了‘战斗力’。”抚远县中队远离支队，在二十几名官兵中，指导员董哲峰和中队长杨立冬这两位政治警官和军事警官便是“主官”，是全中队的带头人。但在中队内部，官兵之间、上下级之间则又完全是一种同志式的关系，在政治上、人格上都是平等的，大家都是为人民服务的。这种根本宗旨与奋斗目标的一致性，就决定了官兵之间相互尊重、理解信任、责己容人和相互关心、相互帮助的手足情和兄弟谊。从这个角度讲，董哲峰和杨立冬的年龄都比大家大，军龄又都比大家长，所以，自然而然地就成了大家的两位老大哥。

老大哥必有老大哥的样子。

战士解加磊来自河南省洛阳市，其父是洛阳石化总厂的小车队队长，才46岁。解加磊在新兵连集训时，与新兵班长相处得十分融洽，下决心分配时跟着班长去二中队。可是，真的到了分配时，他却被分到了远离二中队的抚远县中队。解加磊刚入伍就受到了这么沉重的打击，心里很不是个滋味。但没办法。他知道，军人以服从命令为天职，他无论如何也得去这个抚远县中队了。

从佳木斯到四百四十多公里外的抚远的路上，大雪封山又封路，大客车颠来颠去，气喘吁吁地爬行着，把解加磊的那颗心颠得越来越凉。加上车外太冷，车里的温度也不比车外高多少，所以，解加磊不仅心凉，身子也冷，而且越往北越冷得透。经过整整十几个小时的颠簸，汽车在晚上八九点钟才到抚远。解加磊和同行的战友们一起站起身来跺了跺早已经坐麻了、冻麻了的双脚，哎呀，不仅双腿和双脚早就坐麻了、冻麻了，连双手都被冻得不听使唤了。

来到中队的一刹那，解加磊最为突出的感觉是这个中队的整体氛围同新兵连不一样，不是一般的不一样，而是大不一样。究竟“不一样”在什么地方？他一时还说不出来。是的，他太年轻了，刚刚 18 岁，军龄就更短了，短得只能以“天”为单位来计算。

这时，解加磊的心里，仍然在思念自己的新兵班长，向往着那位班长所在的遥远的二中队。

就在这个时候，经常来电话的父亲，竟然一个多月未给解加磊打电话了。他有些坐不住了，便几次三番地往家里打电话，往父亲任职的小车队打电话，但一次次都落空了，一次也没有找到父亲。父亲究竟怎么了，出了什么事了？是不是肾结石病又犯了？住院了吗？手术了吗？效果会是怎么样呢？

解加磊的心理压力越来越大了。一天，战友们捧回了几个大西瓜，切了以后，分给大家吃。不吃还好，这一吃可就触动了解加磊的心事儿。他手捧西瓜，蓦然想起了父亲，想起了父亲开着小车回家，他迎了过去时，父亲打开小车的后备厢，从中捧出了个大西瓜，乐呵呵地捧着回家，又乐呵呵地切了，递给他吃……想到这里，这个有泪不轻弹的 18 岁的男子汉竟然黯然泪下、泣不成声。班长见状，便与他谈心，了解事情的原委。解加磊详细地谈了自己对父亲的牵挂之情。班长听了，耐心地说：“新兵下队，一般都想念父亲、母亲，这是自然的。你先别急，我这里有磁卡，你拿去用，什么时候想家了，就打个电话。”

对此，解加磊很受感动，他认为，新兵连的那位班长好，他如今的这位班长也不比他差，对他更关心、更照顾。

有一天，解加磊正在操场上参加训练，忽然，值班战友喊他接家里的电话。他大步流星地跑到电话机前，抓起耳机一听，是远在数千公里之外的妈妈的声音。妈妈告诉他，父亲前一段时间住院了，做了肾结石手术，效果很好，现在已经出院了，让他安心工作，不要惦记家里。这一下，解加磊悬在心里的一大块石头总算落了地，他顿时感到一身轻松……后来他才知道这是指导员打了多少次电话之后，妈妈才给他拨通的电话。

这位汽车司机的儿子，性格坦率而憨直，心理压力淡化了之后，便积极地投入到训练和工作中了，无论是长跑还是摔跤，他都使出了浑身解数。

笔者采访他，问他入伍半年来最深刻的感受是什么时，他笑了笑，不假思索地说："我感受最深的是遇到了两位好主官，一是我们的指导员，一是我们的中队长。他们时时处处都以身作则，知兵爱兵，许多事都让我们当战士的深受感动。"

接着，他向我讲了两件事。

一次，在摔擒训练时，战士们普遍存在着照顾配手，别打狠了、摔狠了的心理，所以，许多动作都做得不到位。这样花拳绣腿地摔下去、擒下去，怎么能练得出擒拿罪犯的过硬本领呢？这时候，指导员董哲峰看在眼里，急在心上。他大步走向队列前，对值班员说："先停一下，让我来当一次配手，做一下示范，让大家都看看应当怎样当配手。"听指导员一说，大家都非常吃惊，想到指导员都快三十岁了，怎么还能当配手摔擒呢？更让解加磊感到意外的是，指导员竟然点名让他出列当他这个配手的操作手，理由是他同指导员一样都是大个头。解加磊告诉笔者，他当时真恨自己，为什么阴差阳错地长了这么高的大个子。他正这么想着时，指导员已经一步跨到他的正前方，背对着他，下达了"顶摔锁喉"的指令。这时，解加磊有些忐忑，有些犹豫，便下意识地往后退了一步。他这一退，指导员又下达了"开始"的指令。这时，解加磊一个箭步冲向前去，一下子就把董哲峰"啪"的一声摔倒在地。当指导员灵敏地利用了前倒十分成功又十分漂亮地做完了动作以后，严肃地对解加磊说："你太照顾我了，用力不猛、不狠。不要因为我是你的指导员，就不敢下手了。这么想不对！记住，你是操作手，而我仅仅是你的配手，好，准备，重新开始！"

就位后，解加磊用尽了全身的力气将董哲峰摔倒了。董哲峰这个配手配合得非常漂亮，两个人可以说是珠联璧合，配合默契，简直到了天衣无缝、炉火纯青的地步，赢得了战友们一片热烈的掌声。这时，董哲峰高兴地对解加磊说："这就对了，大家记住，按照我方才和解加磊做的示范动作，坚持这样练下去。"

这一下，擒敌场上顿时"杀"声震天，响成一片，战士们一个个如同猛虎下山、蛟龙出水一般，生龙活虎，士气十分高涨，每个人的动作都完成得十分出色。

一下午很快就过去了，每个战士都对这一下午的摔擒训练感到十分满意。

晚饭时，解加磊留心了指导员的饭碗，见他只匆匆地吃了几口就往宿舍走去，一边走，一边从衣袋里掏出了一瓶药水……这时，解加磊再也忍不住了，终于流出了感动的泪水。他敢肯定，下午摔第二次时，自己出手太重，致使指导员受了伤。解加磊告诉笔者："指导员把成功与欢乐带给别人，却把痛苦默默地留给了自己。这是多么崇高的奉献精神!"他接着说："说实话，这一夜我都没合眼。看看指导员，再想想自己、对照一下自己，我还有什么理由不刻苦训练、积极工作呢？所以，自从那个不眠之夜起，一直到今天，我一直以指导员为榜样，以昂扬的斗志和饱满的热情为中队的建设贡献着自己的全部力量。"

解加磊告诉笔者的第二件事是关于中队长杨立冬的。

半年考核时，在五公里考核中，解加磊跑在了最后头。他说他当时的感觉就好像要死了似的，每迈出一步都感到十分吃力，那颗心"嘭嘭"地好像要跳出来了一样。当时，司务长跑在队伍的最前头，队长杨立冬跑在队伍的最后头，一边计算时间，一边给跑在后头的战友鼓劲儿。在返程时，队长发现解加磊快支持不住了，就快步跑到他的前头，对他说："要坚持住，要相信自己、超越自己，相信自己能跑、能行。你要像我这样迈大步，把身体弹起来。对，就这样，好！加油!"中队长这么一番鼓励，振奋了解加磊的精神，他蕴蓄在浑身上下的无穷潜能终于爆发了、释放出来了。解加磊告诉笔者：“当时我咬紧牙关，憋足一股劲儿，誓要突破自我、战胜自我！我紧紧地跟上队长的脚步……这时，中队长连连看手表，对我说：‘加油！坚持住！时间还早，来得及，追上去！’说着，中队长又把我的枪背了过去。当时中队长已经背着一把‘八一’式步枪，再加上我这一支，我怕他年龄大，受不了。可是，中队长毕竟是久经沙场，不但没减速，反而对我说：‘不要有思想负担，用心跑！’这时，我也不知道怎么了，反正感到浑身是劲儿，死死咬住队长的脚步，同队长并肩冲过了终点线！我的五公里长跑考核，在中队长的细心关怀下，获得了优秀成绩。这时，我看到中队长笑了，尽管他的脸上大汗淋漓，但仍能看出他笑得那么甜、那么满意、那么欣慰！短短的23分钟，我经历了一次人生的洗礼、心灵的洗礼。中队长对中队的荣誉感和对战友的责任感是何等强烈啊！我要说，我们的中队长和我们的指导员一样，都是中队的一面旗帜。只要有这样的旗帜在，战友们就能够团结一致，一往无前；就能充满信心，发挥战斗力，战胜一切艰难险阻……”

新兵张伊波同解加磊是洛阳同乡。他说：“我们中队长和指导员一点儿架子也没有，总是和战友们打成一片，同甘苦，同劳动，还总挑重活、脏活干，比我们年轻战士还能干，让我十分感动。”有一次，张伊波病了，中队长对他的关心，让新兵张献潮都十分感动。

张献潮也来自洛阳市，也是2000年底入伍的。他们说的杨立冬的事，仅仅是无数件事中的一件。在他们心目中，中队长是名标准的军事警官，不仅有良好的气质修养，更有精细实干的基本功。

精细，就是精确、细致，就是刘伯承元帅强调的“心细如发”。杨立冬的精细不仅表现在工作上、训练上，也表现在对战友的关心上。2001年6月的一天，张伊波患了重感冒，一直高烧不退。那天下着大雨，中队长早上七点钟开完会从佳木斯往抚远返，到中队已经是下午五点多钟了。当中队长听说张伊波病倒了、卧床不起时，他顾不得旅途疲劳，连忙去街里买了药品和补品，来到张伊波床前，一边摸着张伊波的头，一边安慰说："安心休息，按时吃药，别的事先都不要想，治好病要紧。"这天晚上，张伊波有一班岗，中队长替他上了岗。那是雪后的夜晚，凉风习习。中队长下岗后，又来到张伊波床前，见他已睡熟，就蹑手蹑脚地回到了自己的宿舍。

第二天早晨，张伊波一觉醒来，大叫："哎呀，昨天夜里有我一班岗，怎么没人叫我啊?"这时候，张献潮告诉他："别担心，中队长见你还在发烧，就替你站了岗。"

张伊波一听，急了："那怎么行呢?中队长昨天坐了一天车，够累的了，怎么还能上岗呢!"张献潮说："咱们中队长和指导员这样替岗，也不是一次两次了。记住中队长的话，按时吃药，好好休息，别的什么事都先别想。"

话是这么说，可张伊波能不想吗?在家时，有个头疼脑热的，只有妈妈问寒问暖，端水递药。到了抚远中队后，无论哪个战友病了，跑前跑后的总是中队长和指导员。他们的心里，跳动着的真是一颗慈母心啊!

战士崔宏亮和张伊波、张献潮同是河南省洛阳市同乡，也是2000年年底入伍的。他告诉笔者，2001年6月15日下午，中队组织了一场篮球赛。到了操场之后，大家才发现，指导员和中队长没有像往常那样早早来到球场，而是一个小时以后才来的。中队长和指导员干什么去了呢?大家后来才知道，原来那天下午，中队的全体党员为全中队的战友洗衣服、刷鞋子。这是党支部的一项决议，全体党员每周为战友洗一次衣服、刷一次鞋子。这是党员要为中队做一百件好事、实事中的第一件事，雷打不动，每周一次。洗完了衣服、刷完了鞋子之后，中队长和指导员这两个"篮球迷"才出现在篮球场上、活跃在篮球场上。



中队长和指导员带领全体党员为战友办实事、办好事，这样的举动无疑给战友们带来温暖、带来力量。这力量，是感召力，也是驱动力，更是凝聚力——在这样的集体里，又有谁会没有一股子家庭般温暖的感觉呢？

2001 年 5 月，一班长宋宪刚休探亲假。这是一年一次的假期，让他回家乡同父母团聚。上级批的是二十天，可他连来带去，十二天就回到了中队。笔者问他为什么提前这么多天回来？他说在家没意思，天天早晨睡懒觉，把人都睡傻了。和家人团聚，头两天挺好的，过了几天，心里就发慌，空落落的，总是想念中队长和指导员，想念战友。爸爸、妈妈也看出来了，发现他有些待不住了，所以，他提出提前归队，他们也没有阻拦。

古人云："儿大不由爷。"

宋宪刚的父母显然是通情达理的人。他们理解自己的这个"把太阳迎进祖国，将春青献给警营"的儿子，理解自己的这个身为共产党员、班长的儿子，理解儿子思念战友、留恋中队自有他思念和留恋的道理。他们想，如果儿子对中队、对战友没感情，那还能思念和留恋吗？如果中队领导和战友们对自己的儿子不好，儿子也不会思念和留恋他们的——想到这些，宋宪刚的父母对儿子提前归队不仅不埋怨、不阻拦，而且还感到欣慰、感到放心呢！他们甚至为儿子的出息感到高兴，感到自豪！同时又为儿子摊上了好的领导、好的战友、好的中队而感到幸运。所以，他们在与儿子分手时，只嘱咐他："好好干，别惦记家。"

是的，宋宪刚回到家以后，见父母身体硬朗，家里生活也很好，还有什么值得惦记的呢？

宋宪刚真的不惦记家吗？否。不惦记家，他又何必提前归队？他不过是不惦记父母的家，而是惦记着抚远县中队这个大家庭，这个有二十几个情同手足的战友的大家庭！

能在一个中队营造出一种令每个战友都铭心刻骨的家的氛围，说明了中队长杨立冬和指导员董哲峰确实是大手笔。他们所凭借的，一是以身作则，身先士卒；二是知兵爱兵，搞好内部关系，包括官兵关系、党群关系。对于两位主官的知兵爱兵，对于战友们的手足深情，战士姚万贞体会得更深一些。

姚万贞是1998年12月从山东省宁津县杜集乡入伍的老兵。2001年3月的一天，他带几名战友一起杀猪，不小心踏进了开水盆里，把腿脚烫伤了。司务长李建军见了，二话没说，背起他就往县医院跑。姚万贞是个一百几十斤的男子汉，腿脚虽然疼痛难忍，但头脑却是清醒的。他见司务长累得大汗淋漓，便焦急地喊道："司务长，快放下我，我自己能走！"

司务长说："别逞强了，腿上、脚上都是大泡，走得了吗？"

到了医院以后，医生和护士一边给姚万贞上药，一边嘱咐他："小同志，你伤得不轻。腿脚这地方，可是全身的'承重墙'，你身体这一百多斤可全压在这腿脚上了，所以，回去以后一定记住要卧床休息，按时上药吃药，少说也得一个月才能下地活动……"

姚万贞一听，毛了："我的天呀！得一个多月才能下床？那我还能为食堂买菜吗？还能喂猪吗？"

医生明确地告诉他："你大小便也得在床上用便桶，连吃饭也得在床上吃，就暂时别考虑工作了。"

回到中队以后，姚万贞不得不遵照医嘱，卧在了床上。

采访时，姚万贞深情地告诉笔者："这一个多月的卧床养病，是我一生中都难忘的事。全中队，无论是中队长、指导员、司务长，还是战友们，确确实实把我当作家人、当作亲人来侍候、来体贴、来照顾。我每天都被感动得热泪盈眶……"

姚万贞说的是实话。

他怎么能不感动得流泪呢？

在这一个多月里，中队长、指导员几乎天天来，问寒问暖；司务长每顿饭都把饭菜端到床前，还时不时地让炊事员给做点儿"病号饭"；

每次大小便，战友们都把便桶拿到床前……这可不是在自己的家里啊！这也不是住在医院的病床上啊！这更不是三天两天的事儿啊！姚万贞这一瘸就是一个多月。他记不清有多少战友给他送来补品，记不清有多少战友陪他聊天，更记不清自己流下了多少感动而又感激的泪水了……写到这里，笔者感到，还是应该用姚万贞体会得最深的一个字来概括一下，才够准确而真确，那就是"家"的感觉——家的氛围，家的亲情，家的温暖……

那么，在杨立冬、董哲峰麾下的战士中，有没有不把中队当作"家"的战士呢？

有。

这个肯定的回答，是不是有点儿太残酷呢？

不残酷——因为这是事实。

那么是谁不把这里当作"家"的呢？

是战士张战生。

张战生也是河南人，是 2000 年 12 月从洛阳市申店镇入伍的新兵，那时刚刚 19 岁。

他是千里迢迢来到抚远服役的。

他是踏着大雪，冒着严寒来到中队的。

他到抚远之后的第一个感觉是"冷"。

他到中队的第一个感觉是"怕"——夜里上岗，害怕；夜里上厕所，也害怕。

他脑子里闪过的第一个念头是"跑"——逃跑，逃离这个鬼地方，回到黄河边的老家去，回到父母的身边去，回到家里承包的苹果园里去……

这个年轻人的想法是可笑的，甚至是可怕的。

这个年轻人的想法被他的班长司宝刚察觉到了。

司宝刚对全班每个战士都了如指掌。

前军委副主席张万年要求我军的班长“对班里的战士要做到‘四个知道’‘一个跟上’。就是随时知道战士在哪里、在干什么、在想什么、当前需要什么；‘知道’之后，管理工作、思想工作要跟上去。”

张万年上将的指示言之凿凿，切中肯綮。

班长主要是和战士打交道的。他长年累月地同本班战士同吃、同住、同训练、同执勤，所以他能够并且应该做到对每个战士都察之以细，观情绪起落、察思想苗头等等，其方法很多，如吃饭看饭量、训练看劲头、来信看表情、睡觉听声音等等。一旦发现问题，班长就必须以“小指导员”的角色做战士的思想工作。思想工作是促使对象认识转化与提高觉悟的过程。这是一个循序渐进的慢性动态过程，需要耐心做、经常做；而促使认识的转化、觉悟的提高，必须从真情上感染，从道理上启动，需要真心去做、细心去做。

三班长司宝刚就是这么做的。

他敏锐地察觉到了张战生的思想苗头，便主动找张战生谈话。他们谈得很坦诚，也很知心。

张战生详细地谈了自己的思想脉络。

司宝刚把握住了张战生的思想脉络之后，同他谈了军人要有责任感、使命感和荣誉感，谈了抚远中队这个大家庭中人与人之间的手足情谊，也谈了当一个逃兵的后果……

张战生告诉笔者，他已记不清班长找他谈话的次数了，反正随时随地地谈，有时谈个把小时，有时谈十来分钟。他强调说，无论谈的时间长短，每一次谈得都很实在，都很动心、动情。正是这么谈来谈去，张战生的思想开始转化了，觉悟开始提高了。他对笔者说：“正因为我处在一个先进中队里，又摊上了一位好班长，才使我由一名想当逃兵的战士，转变成了一名一心想当合格的武警战士的人，成了一名一心想入党、一心想当士官的人，成了一名在全中队军事动作名列前茅的人。”

在本文即将结束的时候，忽然想到战士赵坚讲的一件小事。

他说，2000年冬训时，有天晚上他下了十点岗，回到宿舍，洗漱完毕，躺到床上时，已经十点半了。他刚迷迷糊糊地要睡着，忽然发现一个人影走进了宿舍。谁呢？他心里一激灵，瞪大眼睛开始观察。啊，原来是指导员董哲峰来了。他这么晚到宿舍来干什么呢？赵坚没吭声，继续看着，只见指导员蹲下身去，从每张床头的大头鞋里掏鞋垫——啊！原来我们这一双双汗脚踏过的鞋垫那么干爽，是指导员每天为我们烤的呀！想到这里，赵坚坐了起来。指导员说："你刚下岗，赶快睡觉吧！"赵坚说："我们的鞋垫应该自己掏出来，放在暖器片上烘，不该给指导员增加负担呀！"指导员说："你们还年轻，还不懂得自己关心自己的身体。这鞋垫都湿成这个样子了，两只脚踏上去，能舒服吗？"说完，抱起一堆鞋垫就走了。

听到这里，笔者问赵坚："指导员走了以后，你都想到了什么？"

赵坚稍加回忆，说道："我感觉到了双脚暖、浑身暖，所以，就想到了我的远在河北邯郸的妈妈，想到我们的指导员像妈妈一样，对我们既细心，又关心……"

但是，董哲峰却常常不知道关心自己。

战士邱俊涛告诉我，1999年夏天扛石头砌护坡堤时，每天三点钟就起床，午饭后也不休息，指导员和中队长同我们一起飙着劲儿干。有一天，指导员在扛起一块大石头时，终于累昏了。当时，我就在指导员身后两米处，吓坏了。可是指导员呢，醒来以后又继续扛起了石头，谁劝也不听。邱俊涛提高嗓门说："和这样的指导员在一起，谁能不感动，谁能不卖力呢？"

## （十九）

民主，是一个被经常而又广泛使用的概念。

民主，是一种权利。

在我国古代，"民主"指的是"君主"，即治民之主，治民者。《尚书·多方》曰："乃惟成汤克以尔多方简，代夏作民主。"《左传·襄公三十一年》曰："赵孟将死矣，其语偷，不似民主"。

在古希腊，"民主"指人民掌握政权。这与我国古代的"民之主"恰恰相背。

资产阶级民主是指议会制度和公民享有选举权和被选举权，以及言论、出版、集会等民主权利。

在我们这样的社会主义国家里，在人民内部，民主是对集中而言，人民既享受着民主和自由，又必须以纪律约束自己。

我军的民主作风自建军的那天起，一直是一以贯之的。

在军中，我们倡导言路广开不封口，议事之先不定调，把民主作风贯穿于决策的全过程，让广大士兵的建议和意见都搭上"直通车"。

在抚远县中队，党支部一直把民主集中制建设同中队建设紧密地结合在一起，无论遇到什么问题，都能将民主决策和科学决策结合起来，发动群众，广开言路，集思广益。

比如2000年，老兵退伍工作摆在了面前，士官选留问题关系到官兵的切身利益，对中队今后的建设也事关重大，是全中队官兵最为关注的一件大事。

为此，指导员董哲峰主持召开了支委会。会上，董哲峰认为刘剑辉文化素质好，工作踏实，应该留作士官。中队长和司务长对这个人选则持否定态度，认为还是邱俊涛更全面些，留下来可以胜任班长。两种意见相持不下，最后决定，交党员大会和军人大会讨论。

在党员大会和军人大会上，支委们不事先定调子，不随意封口，不把行政职务带到会上，不抢先发言表态或暗示，充分听取大家意见，不仓促拍板。经过全中队官兵的充分酝酿、讨论，最后支委会决定留下邱俊涛做士官。

抚远县中队党支部认为，要真正听到广大士官的心声，让士兵行使自己的民主权利，就必须畅通民主渠道，不断强化官兵的民主意识，发挥主体作用。只有这样，才有中队的科学决策和统一意志，才能在全中队造成既有集中又有民主，既有纪律又有自由，既有统一意志又有个人心情舒畅的生动活泼的政治局面，才能更加激发全中队官兵的创造力、凝聚力和战斗力。

在选改士官这一敏感问题上，他们坚持了标准。而在更敏感的推荐士官提干问题上，他们是怎样抵制说情风的呢？

抵制即阻止，不让侵入。

人类为了“抵制”，采取了无穷无尽的措施。

构筑房屋，是为了抵制风雨、寒冷和盗贼。

构筑堤坝，是为了抵制洪水泛滥。

构筑长城，是为了抵制外族入侵……

不易抵制的是风气，是那种不正之风。

那风，实际上是一种力量，一种从左道旁门渗透的力量。

2001 年 4 月，支队给中队一个士官直接提干的名额。

这在抚远县中队二十几名官兵中，是件石破天惊的大事。

大家的眼睛注视着支委会的几名委员。

大家的心里都有个小九九，全中队士兵中，符合提干条件的，只有班长宋宪刚和副班长郭山两个人。

他们不分伯仲。

支部还未讨论，说情风就吹了进来。

先是县财政局的领导来，为郭山说情。

然后是县公安局的领导来，也为郭山说情。

还有些单位的领导是打电话来找中队长、找指导员、找司务长，都异口同声地为郭山说情。

怎么这么多人为郭山说情？

原来，郭山的舅舅是抚远县主管政法的副县长，位高权重，辐射力很强——上有所好，下必甚之。所以，不少单位的头头脑脑刚刚听到消息，便闻风而动了。

对此，指导员董哲峰十分清醒地意识到：这件事是块试金石。如果决策不当，便会影响到党支部的形象，甚至会败坏中队的风气，必须慎之又慎，广开言路，征求全中队官兵的意见。

为此，党支部组织召开了军人大会。会上对提干人选进行了民主测评。在民主测评时，指导员当“班长”不当“家长”，士兵们当参与的群众不当袖手旁观的观众。大家进行了充分讨论，广泛地提意见。最后，党支部综合了民主测评的情况，经过审慎讨论，向支队推荐了班长宋宪刚为预提对象。这一决定不仅使中队官兵受到了一次深刻的教育，从而进一步纯化和密切了内部关系，更重要的是有力地抵制了说情风，净化了中队周边的风气。

这种“净化”是无处不在的。

## （二十）

在汉语中，“钱”是个名词，它表示钞票、货币的名称，如铜钱、车钱、书钱；或表示财富，如有钱有势、钱大气粗等等。

在汉字中，“钱”这个字最早的字义并不指货币，而是一种农具、一种金属制成的农具。那时候，表示货币名称的是“泉”，取其流通之意。

后来，“钱”大气粗，横冲直撞，就直取“泉”字而代之了，无论是人民币还是美元，无论是英镑还是法郎，也无论是马克还是卢布，就统统都被一个十分了得的“钱”字所囊括、所吞噬了！甚至还有什么“纸钱”“冥钱”等劳什子。而对“钱”这个“劳什子”占有的多寡在一定程度上竟然成了一个人穷与富的标志，一个人成功与失败的标志，一个人地位与品位的标志，一个人能力与能量的标志。呜呼，哀哉！由此，多少人因钱而夫贵妻荣，鸡犬升天；多少人因钱而铤而走险，头悬利剑；多少人因钱而摒弃声誉，摒弃人格，乃至摒弃一生只有一次的宝贵生命。在我党八十年的漫长历史中，刘青山、张子善是这样，成克杰、胡长清也是这样。他们身居高位，权倾一方，不曾被敌人的子弹所征服，不曾被繁杂的工作所压倒。但十分可惜而又可悲的是，他们都在“金钱”这个金光闪闪的庞然大物面前乖乖地举起了双手，缴械投降了，以至“机关算尽太聪明，反误了卿卿性命”。像身为中共中央政治局委员的陈希同、像身为中共中央委员会候补委员的李嘉廷和石兆彬，在他们的革命生涯中，不能说没为祖国、为人民做过贡献，不能说没立过汗马功劳。但在“金钱”的腐蚀和利诱之下，他们都纷纷落马，落得个身败名裂的可耻下场。

呜呼，凶哉——金钱！

在中华民族数千年的文明史中，自然也不乏腰缠万贯却能独善其身的英杰。爱国华侨陈嘉庚就是闻名遐迩的捐资办学者；香港富翁李嘉诚慷慨解囊，为祖国办教育、兴体育，拳拳赤子之心日月可鉴；我们的革命前辈朱德、邓颖超、张闻天投身革命后，在实行供应制的战争年代，都是身无分文、一贫如洗的。打下了江山之后，他们都或多或少的小有积蓄，但在告别这个世界之前，又都把自己的那点积蓄悉数交了党费；世人景仰的“国母”宋庆龄出身豪门，一辈子未曾被金钱所困扰，有生之年，为了中华民族的妇女、儿童的健康幸福，用积蓄设立了宋庆龄基金；著名作家冰心，临终前将自己的稿酬都捐赠给了儿童文学事业；著名作家巴金力主设立中国现代文学馆，带头将自己珍贵的手稿、珍贵的藏书悉数捐了进去。这些人的义举、善举，昭示出他们视金钱如粪土，以金钱造福后代子孙的高风亮节。他们是中华民族的万世师表、至圣贤达，他们将名垂青史，万世流芳。

呜呼，善哉——金钱！

由“金钱”而派生出的上述两种截然不同的结果，说明了人的金钱观与世界观的巨大反差。如今，是商品经济、金钱社会，多少人炫财斗富、不可一世；又有多少人人穷志短，盼钱心切而不择手段……这种种不健康的庸俗的金钱观，脏水一样呈弥漫状渗进了祖国的大地，渗进了许多青少年纯洁的心灵……

正因为这样，在抚远县中队的战士中，就曾有过一些不该有的议论，这也就不足为奇了。

那是1999年7月的一天，指导员董哲峰在篮球场上无意中听到了两名战士的如下对话。

一个说："现在连看守所里都设了'高间'，有钱人犯了罪，只要掏了钱，就可以住进舒舒服服的'高间'，还可以吃香的、喝辣的……"

听口气，是对有钱人的愤懑还是对有钱人的羡慕？

另一个战士接着说道："这年头，只要有钱，在哪都是人上人。"

听口气，这是结论性的一句话，是对"有钱能使鬼推磨"的金钱万能论的认可。

这一篮球场边的对话，不能不使董哲峰警觉。"党代表"敏锐地意识到：这绝不是随便谈谈的小话题、小问题，而是关系到树立一个什么样的金钱观乃至世界观的大问题，必须结合"四个教育"，针对"怎样看待金钱"这个尖锐的问题展开一场讨论，进行一次教育。

这次教育同样搞得有声有色。

许多战士在发言中指出，他所熟悉的某某人，本来工作热情，家庭美满，就因为贪恋纸醉金迷、灯红酒绿的腐朽糜烂的生活而挪用了公款或贪污受贿。也有的战士在发言中，就看守所里一些经济方面的犯罪嫌疑人的实际案例，谈金钱这柄"双刃剑"危害的一面。还有的战士更以自己身边家庭富有的战友为实例，指出：某某入伍时，妈妈交给他的存折上就一下子给存了十万元。这样的战士，他家里的钱一辈子都花不完。但为什么还来当兵，还来吃苦、受累呢？关键还不是要让他学做人，让他继承我军艰苦奋斗的优良传统，不断进步，不断成长吗？



正是通过这次讨论、教育，中队官兵都决心树立正确的金钱观，决不当金钱的奴隶……

树立起正确的金钱观之后，他们在金钱面前是如何想的呢？由此，我想到了赵公元帅，赵公明，我国古代民间传说中的财神爷。

对这个久享人间烟火的人，请都请不到，怎么还能拜拜呢？

事情是这样的。

2000年6月，抚远县有个小老板托关系、挖门子，找到了中队。

他要租用中队的一块场地堆放木材，一年就付给八万元租金。

八万元，对中队来说，可是个具有强大诱惑力的天文数字呀！

况且，人家租用的，仅仅是一块闲置的场地。

况且，人家并未动用中队的一兵一卒。

况且，人家每年都提前先付租金，即“上打租”。

小老板堆放的，哪里是一堆堆木材，分别是一棵棵摇钱树么！

这是一棵棵送上门来的摇钱树。

这是一棵棵不栽自生、不浇自长的摇钱树。

这是一棵棵硕果累累的摇钱树。

然而，中队领导毅然决然地把这一棵棵摇钱树拒之门外。

这是为什么？

难道抚远县中队不缺钱吗？

难道中队领导不顾及军地关系、军民关系吗？

“君子爱财，取之有道”！

原来，抚远县地处山区，森林资源十分丰富，那是祖先留下来的遗产，那是一片片绿色银行，那是一片片在人们睡觉时都在长钱的宝贝呀！就是这些木材，成了一些不法分子滥砍盗伐的目标。这早已成为一些人发财致富的一条捷径。他们不顾国家的法律、政策，为了中饱私囊，不惜铤而走险。近段时间，有关部门加大了对木材市场的治理力度，加大了对滥砍盗伐分子的惩处力度，终于使一些不法分子惶惶然如丧家之犬，难找藏身之地。于是，这个腰缠万贯的小老板把目光瞄准了抚远县中队。

营区，当然是他心目中的一块“舍我其谁”的宝地。

官兵，当然是他心目中的一群“舍我其谁”的守护神。

把价值近百万元的一大堆滥砍盗伐来的木材堆放在武警支队，别说是一年才区区八万元，就是十八万元他都干。

只可惜，他的如意算盘打错了。

他的梦，不过是水中月，镜中花，是充饥的画饼，是癞蛤蟆垂涎三尺的天鹅肉。

我堂堂中国人民武装警察抚远县中队，岂能当一个违法乱纪分子的保护伞、守护神!?

为此，中队领导能不断然拒绝吗?

为此，中队领导不仅拒绝了这个小老板，还劝他主动找有关部门交代问题，别再干违法乱纪的事了。

就这样，小老板撞了一鼻子灰，不得不灰溜溜地溜走了。

溜走了，好!

赵公元帅，拜拜了!

同时，我又想到了原则。原则指的是观察和处理问题的准绳。准绳是比喻行动所依据的原则和标准。这个“原则”和“准绳”，是不容做交易的。

1998 年年底的一天，县财政局的一位熟人来到了中队。这是一位不速之客，无事不登三宝殿。寒暄了几句之后，他便直奔主题了。

原来，他的一位朋友开了一家大型的综合性娱乐城，吃、喝、歌、舞一应俱全。这位朋友听说他同中队的两位主官都挺熟，就让他来商量一件事。事情很简单，就是想向中队“借”三名战士，每天晚上到娱乐城门口站上那么一会儿，每个月就肯付给中队六千元钱。

六千元钱对一个中队来说，不是个小数，挺诱惑人的。

每天晚上放出三名战士，对中队来说，也不难办到。有的战士一听说，就眉开眼笑地说：“这可是件好事，一年下来，中队就有六七万元进项，机会难得。”

支委们坐了下来，专题研究这件事。

有的支委说：“明年咱们中队建设项目多，投入大，急需用钱。”

有的支委说：“财政局就是县里的财神爷，得罪不起的。”

“党代表”董哲峰却认为这是有偿服务，不符合上级的有关规定，不能干。再说，那是个娱乐场所。老板凭什么花六千元雇我们到那儿站一站？还不是为了借我们的战士去“镇邪”，以便他搞歪门邪道吗？这种地方，我们的战士能去吗？

支委们很快便统一了认识，一致认为这是个原则问题，不能拿原则做交易，必须旗帜鲜明地表示拒绝，抵制住这金钱的诱惑。

会后，指导员拨通了财政局的电话，把支委会的这一意见直截了当地通报给了那位熟人。

俗话说：“君子爱财，取之有道。”应该得的就得，不应该得的坚决不要。抚远中队的官兵就有这个志气。

车是交通工具。

无论是两个轮的自行车、四个轮的汽车，还是钢铁巨轮的火车，那轮子，都无一例外地是人脚的加长和延伸。

没有车，人只能安步当车，用双脚丈量大路、小路。

红军两万五千里长征，就是这么一步步丈量的，并且从井冈山丈量到宝塔山，再从宝塔山丈量到了天安门广场。

这里所体现的，是一种力量、一种精神、一种信仰。

毛泽东是这样歌唱这种力量、这种精神、这种信仰的：“红军不怕远征难，万水千山只等闲。五岭逶迤腾细浪，乌蒙磅礴走泥丸。”

我军的这种力量一直在积蓄，我军的这种精神一直在弘扬，我军的这种信仰仰之弥高！

在抚远县中队，尤其是这样。

他们上街买米、买面、买菜、买油盐酱醋，都靠人背肩扛，安步当车。

他们只能这样。

他们没有车，连辆自行车都没有。

县民政局领导由于工作关系，经常同中队官兵打交道。他们对中队官兵人背肩扛、安步当车的事儿，看在眼里，急在心上，偷偷地商量着要帮助中队解决这个难题。

他们真的实施了。

2001 年 4 月，他们派人给中队送来了辆三轮摩托车。

中队有两名干部有摩托车驾驶证，但中队领导懂得，上级有不准开车的明确规定。

他们向送车来的民政局的干部详细地介绍了这一规定，表示出了婉拒的态度。那位干部不解地说："规定是死的，人是活的。只要你们不汇报，上级怎么会知道？再说了，这充其量不过是一辆摩托车，有什么大不了的？"说完，转过身就扬长而去了。

人虽然走了，事却没完。

第二天，中队领导专程到县民政局，表达了诚意，归还了摩托车。

望着中队干部的一脸诚意，望着完璧归赵的摩托车，民政局的几位领导真不知说什么好。

在了解了抚远中队官兵在金钱面前的立场后，我想起了宋代大诗人王安石曾写过一首《登飞来峰》："飞来山上千寻塔，闻说鸡鸣见日开。不畏浮云遮望眼，只缘身在最高层。"

诗的后两句是在说"站得高才能望得远"的道理。

中队指导员董哲峰和他带领的"一班人"因为原则性强，当金钱至上、物欲横流之风袭来时，他们总能站在原则的高度上来衡量是非利弊，所以，从未被金钱的浮云遮住远望的视线，正如毛泽东诗云："暮色苍茫看劲松，乱云飞渡仍从容。"

2000年6月，一位联运公司的老板来到了中队，想请中队每天出三名战士帮他“打包”，就是为每天来抚远进货的俄罗斯商人捆绑包裹，以便让他们装船回国。每个月报酬是四千元，一年就是四万八千块！

这位老板为什么偏偏相中了中队战士呢？

他说得很坦率：“中队战士可靠，不会出差错，形象好、素质高，手脚也麻利。所以，我宁可出大价钱，也要顾这样的人。”

诗仙李白在赠给友人的诗中曾这样写道：“人生贵相知，何必金与钱。”这位老板说的上面的话，是中肯的，也算是对中队官兵相识、相知的人了。但他却自觉不自觉地表露出了“有钱能使鬼推磨”的错误思想，认为只要肯出大价钱，我们的武警战士便能动心了。

这位老板的想法过于天真了。

对于金钱、美酒这两样容易滋生事端的劳什子，我们古人中的有识之士，早有十分清醒的认识。清人金埴在《不下带编》中引用过这样一首咏酒的诗：“少饮不济事，多饮济甚事？有事坏了事，无事生出事。”这诗写得真是鞭辟入里、入木三分！宋人李清照在《感怀》中感叹道：“青州从事孔方兄，终日纷纷酒生事。”这位杰出的女词人所说的“青州从事”，即美酒的代称；“孔方兄”，即钱的别称。旧时铜钱中有方孔，故称。她的这两句诗写的是：一个钱，一个酒，都是喜欢闹事的东西，亲近不得的。

对金钱的鄙薄之意，涛人屈复在《邓通钱》一诗中所流露的，更胜于李清照。汉代邓通，头戴黄帽，只因为汉文帝宠幸他，赐其铜山，准他制钱，所以，邓通之钱遍布天下。汉景帝即位之后，却不买他的账，竟然没收了邓通的家财，使其寄食人家，贫困而死。诗是这样写的：“黄头郎君忽有钱，王侯公卿皆比肩。尔钱来何路？乃敢凌豪贤！古无不崩之铜山，日中有钱人所羡，日久饿死谁人怜？”

这就是一个可以开采铜矿来铸造铜钱的富翁的下场。

这就是铜臭的下场。

这也是钱多之恶果。

商品社会中，多少人掉进了钱眼、陷进了钱眼、死在了钱眼里！

笔者采访抚远县中队时，多次被中队官兵正确的金钱观所感动。想想着，继娱乐城的老板在中队吃了闭门羹之后，滥砍盗伐木材的小老板不也撞了一鼻子灰吗？这次，这位联运公司的老板，也不幸撞在了原则上。

董哲峰和他为书记的党支部，向来是原则面前不让步的。他脑袋里的那根“绝不搞有偿服务”的弦始终是绷得紧紧的，从不肯稍有松弛。他详细地向这位老板阐述了部队的有关规定和上级领导机关的明确指示，婉言拒绝了他的需求，弄得这位小老板反而莫名其妙了。临走时，他一边挠着脑袋，一边说：“你们这些当兵的人真怪，白捡的钱都不要……”

很遗憾，这“原则高于一切”的个中道理，他可能永远都弄不明白。

## （二十一）

从老指导员杨春水在位的时候起，抚远县中队就已经是一个官兵情同手足的大家庭。这是我军建军以来代代相传的光荣传统。这一传统，在董哲峰任指导员以后，得到了进一步弘扬。

董哲峰深有感触地说：“作为一名基层干部，在战士眼里，我不只教给他们立身做人的道理，带领他们去完成任务；我更要知战士、爱战士，是为他们排忧解难的知心兄长。我所做的一切，都是为了让大家真切地感受到中队大家庭的温暖，真切地感受到党组织的关怀。”这是一位“党代表”发自肺腑的心声，更是一位“党代表”建设好连队的指南。他用自己滚烫的爱，温暖着一颗颗战士们的心。



饲养员李春庄是中队有口皆碑的好战士，干起工作来兢兢业业、任劳任怨。可是有一天，董哲峰却发现他忧心忡忡，了无笑容，甚至一连两顿没吃饭。董哲峰心里“咯噔”一下，立即意识到李春庄的情绪波动必有缘由。他在营房周围寻找，一直找到了中队的豆角地，才发现李春庄蔫蔫地在那里流泪，见了指导员，竟哭出了声，并一股脑儿地向董哲峰道出了心里话。原来，他刚刚收到妹妹的来信。信中说，爸爸的酒喝得凶起来了，喝多了就闹事，把个好端端的家闹得没法过了。得知这个情况，李春庄怎能不牵肠挂肚地闹心呢？

这件事引起了董哲峰的高度重视。

是的，这件事满打满算，充其量不过是李春庄个人的家庭琐事。“抽烟喝酒家家有。”男人就是这样，一辈子有许多恶习，一旦沾染上了，就很难摆脱。谁都知道喝酒误事，抽烟有害健康，而且烟也好，酒也好，都费钱。一个男人抽一辈子烟，无异于用打火机一张张地点燃钞票。但当今社会，又有几个男人不沾烟酒呢？

但话又说回来，全国数百万军警官兵，哪一人后面没有一两个家庭？正是这千千万万个家庭，孕育并培养了我们的千千万万名战士。如果不能处理好这千千万万个家庭里的一件件家庭琐事，又怎么能稳定官兵的情绪，使他们安心于部队而没有后顾之忧呢？董哲峰想，中队是一个二十几名自天南地北的成员组成的大家庭，作为“党代表”，就应该密切关注着这个家庭后面的二十几户小家庭。没有二十几户小家庭的稳定，也就没有了中队这个大家庭的稳定。

正是基于这样一条“知战士，爱战士”的正确思路，董哲峰一口气给李春庄的父亲致了四封信。

信是什么？信是心灵的使者，信是心灵的桥梁，信是心灵与心灵的对话。

在信中，董哲峰苦口婆心、不厌其烦地陈述了酒精对人体健康的危害，陈述了酒精带给李春庄及其妹妹的忧愁与烦恼，陈述了酒精对中队这个大家庭无端的干扰，并以党支部的名义随信寄去了一份特殊的《戒酒令》，上面，一笔一画、工工整整地写道："抚远县中队党支部和全体官兵真诚地希望您戒酒。"最后的落款是"抚远县中队党支部"。

这是怎样的一封信啊——对酒精来说，它不啻是一枚粉碎性的重磅炸弹；对李春庄的父亲来说，它不啻是一服镇静剂或清醒剂，向他击一猛掌，令他惊警、令他反思；它不啻是一盆热烘烘的炭火，炙烤着他的那颗被乙醇浸泡了多年的心，令它复苏，让它温暖，促使它正常地跳动。收到这封信后，李春庄的父亲再也坐不住了，也再无心贪恋"杯中物"了。他觉得自己愧对儿女，白活了几十岁；他痛下决心，像壮士断臂一样戒掉了酒；他去了村委会，请求村委会在《戒酒令》上盖了公章，主动接受村委会的监督。这样一来，李春庄的家里已恢复了往日的宁静与欢乐。他的妹妹怀着无比喜悦的心情写了一封信，热情洋溢地介绍了父亲的转变，再三地叮嘱李春庄感谢中队党支部。这件事使李春庄深受感动，工作起来，劲头也就更足了。

可是不久后，李春庄的父亲突然来信说："庄儿，都说'参军光荣'，本来想你当了兵，全家人都光荣，想不到你这兵当得一点儿价值都没有。今年村里收义务粮把你也算了一份。你想想看，你这兵当得窝囊不窝囊?"

李春庄看完了爸爸的信，气得暴跳如雷。他对同班战友说："村委会这不是明摆着欺负人吗?！为什么单单和我们家过不去呢?"李春庄的过激的话引起了指导员董哲峰的高度重视。他详细地询问了李春庄，了解了他爸爸信中反映的情况后，一面向支队政治处做了汇报，一面给李春庄家打电话了解详情；同时，他还到抚远县民政局咨询了政府关于优抚军人方面的政策。他在全面掌握了政策、掌握了情况之后，表示："原则问题无小事，一定要交涉，不然，就无法保证官兵的思想稳定。"支部经研究之后，派出了一名干部赶赴甘南县。这显然是一次长途跋涉，需乘汽车到佳木斯，再转火车经哈尔滨、大庆、齐齐哈尔，然后再乘汽车到甘南。到了李春庄的家乡，通过有关部门多方协调，终于使这场义务粮风波得以平息。这件事，不仅使李春庄十分感动，而且也使他全家人感受到了党组织的关怀与温暖，感受到了指导员董哲峰知兵、爱兵的一片热情。

董哲峰不仅以明察秋毫的双眼，时时、处处从生活上关心中队这个大家庭的每个成员，更注意在思想感情上关心他的战友。1998 年 9 月，在一次点验时，他发现战士刘小双有一枚精制的小十字架。十字架这个“劳什子”本来是古代罗马帝国统治者使用的一种残酷刑具。后来，基督教教徒们因相信耶稣就是被钉死在十字架这种刑具上的，故用其作为信仰的标记。小刘的一个亲属是虔诚的基督教徒，曾多次写信劝小刘信教，并寄来了一枚十字架。这件事，小刘没能及时向支部汇报。董哲峰发现后，立即意识到这种思想渗透的破坏性。于是，他组织战友们学习马列经典著作中关于社会发展基本规律的阐述，学习我党领导全国人民艰苦奋斗的创业史，从而使战友们坚信：“从来就没有什么救世主，也没有神仙和皇帝”。就这样，小刘一点点地消除了对宗教的神秘感。他主动地把那枚十字架寄了回去，同时，向团组织递交了申请书。董哲峰在小刘的这一“寄回”和“递交”的过程中，高兴地看到战友的进步和成长。

为了了解兵、带好兵，为了带好中队这个大家庭，董哲峰越来越感到提高自身素质的必要性和迫切性，越来越感到学习的必要性和迫切性。是的，他有一种危机感，更有一种紧迫感。他有着极强的自律能力。无论工作多忙、多累，他每天都坚持两个小时的业余学习。学习中，他或记录或剪裁，不断积累资料，供战友们学习；遇到不懂的问题，他就跑到抚远党校或县一中去拜师请教；同时，他也是县图书馆的常客。正是在不间断地学习中，他逐渐意识到先进文化的重要性，意识到“三个代表”论述中强调的先进文化，意识到警营文化只有保持先进的思想内涵和鲜明的时代特色，才能有生命力，才能形成凝聚力，才能生成战斗力。正是基于这样的思路，中队广播站开办了“战友之声小广播”栏目，开展了“班班通、人人写、天天播”活动。这一下，警营生活活跃起来了，沸腾起来了，真是“喇叭道出了心声，军歌唱出了风采”！

在来稿中，有的写自己在工作、学习中的体会与收获，有的写自己的欢乐与苦恼，有的写对人生、对生活的睿智思考……每一篇稿件都情真意切，每一句言词都言为心声。有一天，“战友之声小广播”播发了一名沈阳籍战士写的心得日记。他写道：“那天，在全中队二十多双眼睛的注视下，我亲手将鲜艳的国旗升上了蓝天。这是我一生中最难以忘怀的时刻。就在那一刻，我亲爱的祖国在我的心中具体起来了，巍峨起来了。我突然发现我长大了。那天晚上，我久久难以入眠。回想起自己刚到中队时，面对这偏远的小山沟，油然升起了一种怕苦怕累的情绪，甚至还想到调动父母的关系把自己调离抚远。这种想法，在升旗台上面对国旗时，让我感到愧悔莫及！”

小广播开通以来，警营生活发生了很大变化。每天从起床、出操直到晚上就寝，在这个二十几名官兵的大家庭里，真是“革命歌曲唱起来，优秀书报读起来，广播喇叭响起来，官兵士气鼓起来”。刚到中队任职的中队长杨立冬来了没几天，便深深地被这种先进的警营文化生活所感染。他对董哲峰说：“一到咱们抚远县中队，就时时刻刻都会受到感染和教育，总觉得有那么一种催人奋进的力量在鼓胀，有那么一种一往无前的精神在鼓胀，真是令人不敢稍有懈怠！”

董哲峰还用公开信的形式启发教育战士如何当英雄，效果也特别好。由此，我禁不住要问：信是什么？信是有固定格式的应用文。它是私人信函的总称，如家信、谈恋爱的信、遗书，等等；同时，它也是有实用性的应用文，如申请书、感谢信、介绍信、表扬信等等。

再问：信是什么？

信是架在“此”与“彼”的心灵之间的桥梁，信是系在“此”与

“彼”的心灵之间的纽带，信是流动在“此”与“彼”的心灵之间的情感的河流……

信，传递的是信息，是情感，是牵挂与思念。为此，飞雁可以传书，鱼腹亦可以传书；为此，“烽火连三月，家书抵万金”；为此，“海上生明月，天涯共此时”——即使无法致信投书，也可以借照耀在头上的共同的一轮明月来寄托情思、传递情思……

人，离不开信函。

国家，离不开信函。

古代的虎符，是将帅手持的信；古代的烽火，是战斗的信号；古代的令箭，是征战的介绍信……蒋干盗书，盗的是一封伪造的投降书；神行太宝戴宗传递的多是军事情报；宝黛之间的书来信往，又常以诗的形式出现，传递的是青梅竹马、耳鬓厮磨的儿女情长。今天，特命全权大使的国书不过是元首签名的介绍信；而白皮书，又是政府使用的公开信的一种……

有人便有信。

有国家便有信。

在抚远县中队的黑板报上，刊登过两封公开信。

当时，指导员董哲峰认为，中队官兵来自祖国各地，有的来自城镇，有的来自农村。他们生长的环境各不相同，观念、性格和思维方式、行为方式也千差万别。想要能够求大同、存小异，在诸如分工、考学、入团、入党、提干、立功受奖、婚恋以及官兵关系等一系列大是大非面前，有个尽可能一致的正确态度、正确看法和正确观念，就需要做好思想和行为指导工作。为此，1995 年 6 月，中队党支部组织成立了一个“战士行为指导小组”。这个机构成立之后，其成员便以谈心、板报和专题讨论等多种形式，为战士解难释疑。

这是一个活跃的机构，又是一个知心的机构。它所联结的，是战士们一颗颗年轻的心。

有一天，战士胡伟军找到了指导员董哲峰，向他一股脑儿地倾吐出内心中深藏已久的遗憾和苦恼。原来，胡伟军从小就崇拜英雄，一心想当一名一鸣惊人的英雄模范，只可惜机会难遇，英雄难当。为此，他常常有一种莫名的失落感，觉得自己生不逢时，积蓄了无尽的遗憾和苦恼……他把这些话，对董哲峰来了个竹筒倒豆子——直来直去地说了个痛快。董哲峰仔细地听着，并认真地琢磨着。最后，他对胡伟军说："小胡，你能把内心的苦恼告诉我，说明你对我很信任，我感谢你。至于你所说的问题究竟应该怎么解决，你先别急，让我再想想……"

董哲峰在指导小组会议上，将胡伟军的苦恼介绍给了大家，要大家对小胡的思想进行一次解剖、化验。经过讨论，大家的见解渐趋一致，认为小胡想当英雄模范的初衷并没有错。一名男子汉，谁不想建功立业、名垂青史？但现在许多战士同胡伟军一样，只想自己一夜之间成为名噪一时的英雄，然后立功受奖，登报纸、上电视，声名鹊起，名声大噪，以光宗耀祖，而忽视了对英雄内涵的深刻认识和理解。伟大来自于平凡。共和国的许多英雄模范人物，都来自默默无闻的平凡岗位，如王崇伦、孟泰、时传祥、向秀丽、雷锋，等等。应该让战士认识、理解平凡与伟大的辩证关系，认识、理解英雄模范光辉业绩的丰富内涵和深远意义。

第二天，董哲峰把自己写的《致一位想当英雄的战友一封信》刊登在营区的黑板报上。信中，董哲峰语重心长地指出崇拜英雄、想当英雄，是当代军人十分宝贵的向往与追求。但是，我们首先应该对"为何崇拜英雄"和"怎样才能成为英雄"有个正确而明确的认识。信中指出，我们不能只是关注英雄的荣誉、地位、待遇，而是要孜孜不倦地学习英雄们的精神实质和思想境界，学习英雄们国家至上、无私无畏的奉献精神。我们只有树立了全心全意为人民服务的思想，在平凡的岗位上埋头苦干、爱岗敬业，才能成为一个高尚的人、伟大的人；在关键时刻才能挺身而出，甚至不惜献出生命，为国捐躯。这封公开信一登出，立即在全中队引起强烈反响。胡伟军对照自己的思想，认真地读了几遍指导员的信，同时，还主动写了一封回信，登在下一期的黑板报上。在信中，他耐人寻味地写道："请战友们记住：与其刻意地去寻找当英雄的机会，不如脚踏实地地埋头工作，因为机会常常就在平凡的岗位上。"

笔者在采访这个故事的时候颇有感触。我觉得，指导员董哲峰一直是在以情带兵。他殚心竭虑地带领全中队官兵，要把中队建成一个和睦的大家庭。对于这个家庭的每个成员，他都能从思想上、工作上和生活上给予无微不至的关怀和无尽的爱心。平时，无论发现战友在思想上出现了什么样的不和谐音，他都能经过深入调查，认真分析，有针对性地、坦率而中肯地加以解决。试想，这样的官怎能不拉近与兵的距离，而与兵心心相印？由这样的官来带兵，怎能做不到知兵、爱兵，从而密切中队的内部关系？他通过写给胡伟军的一封信，不仅有针对性地解决了胡的认识上的偏差，同时，也是对全中队官兵一次关于树立正确英雄观的教育，这些都是值得广大基层干部深思和学习的。

## （二十二）

官带兵，官爱兵，是我军的老传统。

随着社会发展和内部关系出现的新情况、新特点，我们的武警部队就应该在继承和发扬尊干爱兵的优良传统的同时，坚持与时俱进、开拓创新，不断更新爱兵观念，丰富爱兵内涵，把满腔真情倾注在理解、关心和爱护士兵上，进一步促进内部团结，推动部队建设。

对此，抚远县中队党支部体会颇深。

首先，他们设身处地地为士兵着想，把爱兵体现在日常衣食住行中。

2001 年 3 月 10 日，为了欢迎新兵的到来，营区里热热闹闹地杀了一口猪，并按照东北老乡的饮食习惯，为新兵热气腾腾地炖上了一大锅猪血炖酸菜。这道菜在东北乡下几乎是雅俗共赏，人见人爱的。新中国成立前，也只有富户人家在春节前后才能吃上。可是，当这道菜端上饭桌后，河南籍的几名新兵却没有一个动筷的。这是为什么？原来，酸菜这种由白菜腌制的东北菜，对河南人来说有些莫名其妙，根本就没吃过，没胃口。对此，司务长很后悔，他恨自己怎么就不能设身处地地想一想新兵的口味呢？怎么就忘记了“萝卜白菜，各有所爱”的这句古训了呢？

从此以后，中队对制订食谱立下了新规矩：先由中队根据膳食定量标准、执勤训练强度和季节变化特点，制订出一份“指导性食谱”；尔后，再以班为单位，让战士们根据各自不同的口味制订出一份“愿望食谱”；最后，再由中队经济民主组综合上述两份食谱，制订出一份既科学，又能保证官兵人人满意的“计价食谱”。

其次，中队党支部充分听取士兵意见，把爱兵体现在尊重士兵的主体地位上。

2000 年 3 月，中队党支部在定期征求战士意见时，战士们普遍反映，冬季温室里只有十摄氏度左右，战士穿着棉衣、棉裤都觉得冷，蔬菜还能成长吗？

对此，党支部十分重视，立即开会研究解决办法。会上，支委们一致认为，看守所的锅炉年久失修，供热不足，这是问题的症结所在。如果不改建锅炉，根本无法保证供热，这就势必影响战士的思想稳定和身体健康，影响蔬菜的成长。基于对战士意见的尊重和对战士的关心，中队党支部责成专人负责，立即同看守所协调，力争改建锅炉。

看守所经济拮据，根本无力独立地解决这动辄几万元的锅炉问题。这样，中队党支部就不得不同县公安局、财政局及看守所多次斡旋协商。经过半年时间的奔波，终于在 2000 年 10 月，改建了锅炉，从而彻底地从根本上解决了供暖问题。

第三，用发展的眼光看战士，把爱兵体现在促进战士健康成长上。

1998 年 7 月，中队党支部为了丰富官兵们的业余文体生活，决定把原来的砂土地篮球场改建成一个水泥灯光球场，以彻底解决球场的泥泞问题。经预算，这项不大不小的工程，得投入资金 1.5 万元。

这又是一个不小的数字。

中队干部多方奔走。

他们先向县农行贷款 1 万元，解决了一个大数。

然后，他们又先后从航运局和民政局运来了一些沙子和水泥。

备料工作完成之后，官兵们起早贪黑，日夜奋战，终于靠自己的双手，建成了一个高标准的篮球场。

## （二十三）

对每个人来说，“环境”，是须臾都离不开的。

按照辞书的解释，环境就是四周的地方。其实，所谓环境，指的就是空间。空间，对人来说太重要了。

人的这一辈子，无论活多少年，都离不开时间与空间，即离不开时间与环境。

一个人就是死了，也还是离不开火葬场和骨灰盒那个环境。

战士在营区活动，那是营区的环境；战士走在街道上，那是市区的环境；战士回到家里，那是家庭的环境。

在哨位的环境，战士得身着军装、戴军帽、挂钢枪；在宿舍的环境里，战士可以穿衬衣，甚至穿短裤、穿背心；在浴池的环境里，男人、女人，老的、少的，就都赤条条，什么也不穿了……你穿衣戴帽，不由环境来决定，岂不荒唐!

说话，也有个环境问题。如果我说“请给我两个猪肉!”，由于量词用的是“个”而不是“斤”，这句话似乎没人能够听懂。但在特殊的环境里，比如说包子铺吧，人家就能懂。

我一进门，服务员便彬彬有礼地问道：“先生请坐。请问想吃点什么?”

这时，我说“要两个猪肉。”她就能听懂，并且扭头向灶上一喊：“两个——猪肉！”灶上师傅同样能够听懂。

为什么？

原来这家包子铺卖的包子共有四种馅：猪肉、牛肉、三鲜和素馅。我说“要两个猪肉”，显然要的是两个猪肉馅的包子。这样的对话，在这家包子铺里，又有谁能听不懂呢？

懂得环境的重要性，对人的生活、生长，是十分必要的。

文明社会的生活环境，应该是富含文化底蕴的文明的环境。

警营的生活环境，应该是团结、紧张、严肃、活泼的环境，是社会文明环境的楷模和典范。一个年轻人，只有在这样的环境里，在首长的呵护和战友的情谊中才能健康地成长，也才能生龙活虎地报效我们的祖国、我们的人民……

但是，战士们毕竟来自五湖四海。

但是，战士们毕竟生长、成长在不同的家庭背景、文化背景中。

但是，战士们毕竟各自有着千差万别的秉性、脾气、性格和个性，各自有着千差万别的爱好和嗜好……

这确实是“一母生十子，十子各不同”。

这确实是“十个手指头还不一般齐呢”。

这确实是“萝卜白菜，各有所爱”。

现在，让我们来谈谈战士车伟。

他是1995年5月从兄弟部队调到抚远县中队的。

他文化程度不高，从小家教也失于规范、严格，结果养成了许多恶习，如不骂人不张嘴、不骂人不说话；随地吐痰甚至随地大小便；不懂得尊重别人，随便对战友称一些带有污辱性的外号等等。

这些毛病小吗？不小。

人这一辈子，不管干什么职业，一不能犯法，二不能缺德。

何谓缺德？

缺乏品德、道德、贤德、仁德、公德和美德之谓也。辞书上诠释道：缺德，就是缺乏好的品德，指人做坏事，损害人或搞恶作剧，开过分的玩笑使人难堪，等等。

以是看来，车伟的这些恶习虽未犯法，但却是不折不扣地“缺德”了。

一名当代武警战士，堂堂五尺汉子，“缺德”——这毛病还小吗？难道一定得走进他所看押的这个看守所，才算大毛病吗？

中队干部一致认为：车伟的毛病不小。他的这些毛病与武警这个神圣的军种、与警营这个庄严的环境是格格不入、冰炭不相容的。但要一下子改变他二十来年一以贯之所养成的恶习，又谈何容易？“冰冻三尺，非一日之寒。”所以，若想通过一两次谈话就使他幡然醒悟，脱胎换骨，那是万万办不到的。

怎么办？

“近朱者赤，近墨者黑。”——于是才有孟母三择其邻的美谈；

“橘生淮南则为橘，橘生淮北则为枳。”——于是才有毛泽东送子下乡、送子去朝鲜前线的壮举。

“天时不如地利，地利不如人和。”——于是才有杨春水和董哲峰都要把中队建成一个团结、友爱的大家庭的钢铁意志和决心。

支部成员坚定不移地认为，必须让车伟置身于一个文明、友爱的环境当中，人人是战友、人人是兄弟又人人是老师，随时随地提示他、帮助他，随时随地用文明礼貌的语言和举止影响他、熏陶他，春风化雨，潜移默化，让文化之根伴着文明之根，深深地扎在他的那颗肉长的心灵的沃土上，并开出鲜花、结出硕果来……

中队党支部指定车伟所在班的几名思想骨干同他交朋友，互相帮助、互相督促。这样，只要车伟说了脏话，便立即有人给予指正，告诉他，作为一名青年人、一名武警战士，应该出口成章而不应该出口成“脏”；不管在什么地方，只要他随地吐痰，便立即有人过来，一点点地替他擦拭干净；过去，他习惯于夏天光大膀子，现在，见全中队的官兵都注意警容警貌，穿戴整洁、干净，久而久之，他也就有了“自惭形秽”之感。是的，都是一般大的年轻人，都是一口大锅里搅马勺子的好战友，究竟谁比谁低，谁比谁差呀？车伟在这严肃、文明而又友爱的环境里，觉得人人是好友，人人是镜子。“以铜为鉴，可以正衣冠；以人为鉴，可以知得失。”车伟终于被“地利”所改造、被“人和”所改造、被环境所改造，变得越来越知廉耻、懂自尊、讲文明、讲礼貌了。

有一次，车伟旧病复发，又给一位生理上有缺陷的班长起了个带侮辱性的外号。当时，这位班长感到自尊心受到了伤害，很气愤，但他还是抑制住了自己的愤懑，没有当即发作，没有做出过火的反应。冷静之后，他心平气和地给车伟写了封信。信中，他娓娓动情地指出，起外号嘲笑他人的生理缺陷，是一种不礼貌、不文明的行为，是对他人人格的不尊重。殊不知，一个人一旦不懂得尊重他人，便也不懂得自重、自尊了。他进一步指出，我们共同生活在抚远县中队这个先进集体里，更应该像指导员杨春水那样，不断强化自己的综合素质，不断强化自我的道德修养，在和谐、和睦的警营环境中，不断培养自己的健康情趣……这是一封带着火辣辣的战友情、手足谊写的情真意切的信，句句发自肺腑，字字燃进肺腑。车伟捧着信的双手轻轻颤抖。信上那火辣辣又热乎乎的语句深深地打动了他的心。有生以来，他第一次懂得了什么叫庸俗，什么叫羞愧，什么叫无地自容、惴惴不安……

第二天，在军人大会上，车伟勇敢地站了起来，当着全中队官兵的面，公开向写信的这位班长致歉、致敬，表达了他由衷的歉意和敬意。同时，他还当众表示，决心制订一个学习计划，多读书，多看报，用丰富的知识充实自己、武装自己、改造自己、完善自己并突破自己，决不再给中队抹黑，一定要给这个先进集体增光添彩。指导员见时机已经成熟，立即当众表扬了车伟批评与自我批评的勇气和精神，号召大家团结车伟，共同成为一名有理想、有抱负，追求高尚情趣，脱离低级趣味的人，成为新时代一名合格的武警战士。

一个好的环境，决定了一个人的行为，不是么？连抽烟的问题都与环境有关。

人们常说“烟酒不分家”。意思是说，烟和酒这两种东西，别管是谁的，大家都可以拿来享用。

酒，常被男人们所喜爱。

李白诗云：“古来圣贤皆寂寞，惟有饮者留其名。”

适当地喝点酒，可以舒筋活血，也可以强身壮胆，有它的好处在。如果三五好友，开怀痛饮，畅叙友情，也不失为人生一大快事，尤其是“美酒饮教微醉后，好花看到半开时”。但若过分贪恋这杯中的劳什子，一喝就多，一多就醉，一醉就滋生事端，酒后无德，酒后惹祸，则还是以不喝为好。

烟这东西不如酒。

吸烟有百害而无一利。

香烟这劳什子是舶来品，传入我国之后，音译名称叫“淡巴菰”，颇受一些文人雅士的青睐。清人陈廷敬的一首《咏淡巴菰》不厌其详：“神农不及见，博物几曾闻？似吐仙翁火，初疑异草薰。充肠无滓浊，出口有氤氲。妙趣偏相忆，茎喉一朵云。异种来西域，流传入汉家。醉人无籍酒，款客未输茶。茎合名承露，囊应号辟邪。闲来频吐纳，摄卫比餐霞。细管通呼吸，微嘘一口烟。味从无味得，情岂有情牵？益气驱朝雾，清心却昼眼。谁知饮食外，别有意中缘。清气涤昏憨，精华任咀含。吸虚能化实，尝苦有余甘。爝火寒能却，长吁意似酣。良宵人寂寞，籍尔助高谈。”这位老夫子像开中药铺一样，架屋迭床，一口气罗列了吸烟的这么多好处，真让人啼笑皆非！

烟草传入我国，始于明代后期。谈迁《枣林杂俎》中，有“金丝烟”条，说金丝烟出海外番国，流入闽粤，名淡巴菰。清代方正澍写过两首题为《淡巴菰（一名“相思草”）》的诗。诗云：“锄畦汲井费栽培，形以秋菘色似苔。造物分明微示意，相思到底总成灰……一自英华含咀后，看侬出口尽烟云。”

由此可见，在我国，烟与酒的历史相比，整整晚了两千年。

但烟却比酒更普及，早已形成了后来居上之势。

众所周知，毛泽东、邓小平吸烟都很多。

鲁迅先生被肺病夺去了五十几岁的生命，大概与他吸烟太多不无关系。

吸烟危害健康，早已是人所共知的定论。吸烟容易引起火灾，也早已是人所共知的定论。前些年，大兴安岭的那场举世震惊的森林大火，正是祸起于区区的烟头。

吸烟污染空气，尤其是东北的冬天，室内窗门紧闭，几支烟吸过以后，便满屋浑浊，令人窒息。

吸烟也有碍环境卫生，烟灰烟头都令人生厌。

吸烟的人，每当点着一支支香烟时，都无异于用打火机点燃一张张钞票。一般的吸烟人一天得一包烟，这就每天烧掉了三五元钱。天长日久，烧来烧去，一辈子得烧掉几间房子的钱？

正因为这样，抚远县中队党支部于1998年新年伊始，便号令全中队官兵开展了一次戒烟活动。活动中，战士刘佳讲述了自己的爷爷因烟瘾过重终于致癌而死的故事，使“烟民”受到了教育，一个个逐渐地戒了烟，只有个别人还恋恋不舍地偷着抽，抽来抽去，见大家都不抽了，也就自消自灭了。

现在，全中队官兵中没有一人吸烟，成为名副其实的无烟中队。

由吸烟联想到吃零食，由吃零食联想到喝饮料。

水，由两个氢原子和一个氧原子化合而成的液体，无色、无臭、无味，可供人畜饮用。

水覆盖了地球的绝大部分，地表、地下到处都有。



饮料，经过加工制造供饮用的液体，如酒、茶、汽水、牛奶、咖啡、矿泉水等。

水与饮料自然有许多共同点。

水与饮料的根本差别在于后者是经过加工、制造的。这一加工、制造，就好喝多了；但工本费也就多了，价格也就贵了。

随着人们生活水平的不断提高和水质污染的不断恶化，人们对饮料越来越认同，越来越肯于解囊了。

出门旅行，带几瓶饮料。

餐余酒后，喝几杯饮料。

孩子上学，背瓶饮料。

饮料在不知不觉中，已走进了千家万户，成为人们的日常消费品。

饮料，人们买起来很随意，甚至成箱成堆地买；人们喝起来也随意，用杯喝，用碗喝，甚至举起瓶子，来个牛饮，嘴对嘴地喝……

但在抚远中队，喝饮料，却出现了一场不大不小的风波。

这件事发生在士官戴洪誉身上。

2001 年 4 月下旬，气温一天天高了起来。中队为了提高战士们的军事素质，组织了一次实弹射击。

射击场在野外。

中午野餐时，全中队官兵都拿出了自带的军用水壶喝水，“咕嘟嘟”地，喝得有滋有味。

只有士官戴洪誉与众不同。

只见他不紧不慢、旁若无人地拿出了一听易拉罐饮料，启开盖儿，一仰脖，也“咕嘟嘟”地喝了起来。

在许多人听来，这声音过于刺耳。

不就是一听易拉罐吗，有什么刺耳的？

不，这不仅仅是一听易拉罐的问题。

晚上，“党代表”董哲峰及时召开了一次专题支部会，针对戴洪誉喝易拉罐饮料的问题进行一次反思。

会上，支部成员普遍认为，易拉罐虽小，但性质却非同一般。它是士官津贴费提高后出现的新情况、新问题，不能不引起大家的高度重视和警觉。

长征路上，草地、雪山，我们的革命前辈可是连干净水都喝不上的。

上甘岭坑道里，水尽了；坑道外，敌人火力封锁着，就是为了几壶水，牺牲了多少战士……

今天，营房里有了自来水；水壶里，装着的是烧开了的水。

今天的战士，就不能喝喝这白开水，而非要喝那易拉罐装的一听三四块钱的饮料不可吗？

这样任其发展下去，在战士中刮起来的不就是不正的攀比之风吗？

那还要不要我党、我军和我国人民艰苦奋斗的光荣传统了呢？

那会不会引发出一些别的什么意想不到的问题呢？

那能有利于我们年轻战士的健康成长吗？

支部会议决定：围绕着这些问题，立即召开一次集体谈心会，发动大家找原因、论危害，一起帮助戴洪誉认识到喝饮料这件事的危害性，以便进一步教育全体官兵。

谈心会开得很坦诚，也很热烈。

谈心，就是说心里话，就是交心、交流感情。

有的战友尖锐地指出了戴洪誉的毛病症结；有的战友比照戴洪誉的问题，检查了自身存在的错误；也有的战友通过身边的先进典型，检查了自己的差距……

这就是抚远县中队的防微杜渐。

这就是抚远县中队的思想工作。

这就是抚远县中队畅通民主渠道、融洽内部关系的具体举措。

谈心会上，戴洪誉心悦诚服地检讨了自己追求享受物质生活的错误做法，挖掘了自己的思想根源，表示一定守住思想防线，把错误思想消灭在苗头状态中。

“党代表”董哲峰对支部会和谈心会的效果表示很满意。他总结说，部队的基础在士兵，纯洁健康的内部关系是由士兵纯洁健康的思想与观念所决定的。我们召开的支部会和集体谈心会，虽然针对的是戴洪誉暴露出的个别问题，但我们要查找和化解的，却是每个人思想中所存在的“疙疙瘩瘩”，进一步纯洁我们的思想，从而达到纯洁我们内部关系的目的。

本文最后，让我们套用一下孟子的两句话：

“水，我所欲也；饮料，亦我所欲也。二者不可得兼，舍饮料而取水者也。”

“生，我所欲也；义，亦我所欲也，二者不可得兼，舍生而取义者也。”

不管身处哪个环境，关键还得靠自觉，靠自觉接受监督。

监督即察看并督促。人是需要被监督的。监督是对人的自觉、自重与自律意识的必要补充。

抚远县中队党支部十分重视对中队官兵的监督工作。

官兵外出时，每次都由主官提出明确要求，教育大家一定要注意树立良好形象。同时，为了监督好外出人员在外出过程中的表现，中队还聘请了抚远镇几个重要地点的地方干部当义务监督员，使中队官兵外出时，都能置身于这些义务监督员的密切察看与督促之中。

这样做，收到了良好的效果，也净化和密切了警民关系。一次，战士赵明超在外出洗澡时，走在大街上，一边走，一边嗑着瓜子。这种不注重自我形象的表现被义务监督员发现了，立即与中队领导通了气。中队领导掌握了情况以后，首先开会通报了赵明超的不良行为和影响，同时对中队官兵进行了纪律教育，强调“加强纪律性，革命无不胜”的道理，进一步强化了中队官兵维护集体声誉、保持良好形象的自觉性。

现在，中队官兵无论是谁，只要走在大街上，驻地老百姓都会说：

“走得这样标准，一打眼就知道这准是武警中队的兵。”

这个武警中队有许多好传统。

## （二十四）

历年来，老兵复员时都要相互在留言簿上赠言以作永久的纪念。赠言多以格言、警句为主，勉励战友握好方向盘，走好人生路。

名言，具有永恒的价值。

人从上小学的时候起，便孜孜不倦地思索着人生的真谛、生活的目标，以及为人处世的道理和方法。可以说，每个人总是在不同的年龄段、以不同的文化程度和思想方法，不断地接受着、思索着和实践着他已认可的名言和哲理，从而不断地调整着自己的航向，以驶向理想的彼岸。

曾几何时，裴多菲“生命诚可贵，爱情价更高。若为自由故，二者皆可抛”的著名诗句，鼓舞着千百万斗士为正义、为真理、为自由而战。

曾几何时，文天祥“人生自古谁无死，留取丹心照汗青”的著名诗句，鼓舞着千百万优秀的中华儿女为了祖国的独立、富强而战。

曾几何时，曹操“老骥伏枥，志在千里”的著名诗句，鼓舞着千百万年近黄昏的老者老当益壮、老有所为——诚如叶剑英元帅所云：“老夫喜作黄昏颂，满目青山夕照明！”

这些都是名人、名诗、名言。

名言因其具有给人启迪、激发热情、催人奋进、陶冶性情的深刻的思想内容和短小、精悍的形式，而教育和鼓舞着一代代杰出的人物。

老兵临别，写几句自己喜欢的名言给战友，表达的是一份心意、一份祝福和一分希冀。

可是，1998 年以来，指导员董哲峰惊诧地发现，有的老兵的留言却过于庸俗，诸如什么“祝君早日拥有娇妻”“祝你早日赚大钱、发大财、成大款”云云，不一而足，实在是俗不可耐！

这件事，引起了董哲峰的高度重视。他感到某些老兵的这种思想，暴露出中队党支部的思想教育工作还不够深入，还没能有效地深入到某些不健康的思想深处去发挥涤荡的作用。支部经研究决定对老兵进行一次再教育，让他们在离开部队之前重新校正人生航标。于是，党支部在全中队官兵中开展了一次“学格言，话人生”活动，让大家都明白：身为一名战士，人，应该怎样生；路，应该怎样行。在支部带领下，官兵们开展了一次抄录名人名言、学习名人名言、领悟名人名言活动，从中悟出人生真谛，树立崇高的理想、信念。与此同时，董哲峰还以前几年一名指挥学校毕业学员信守吃喝玩乐的人生哲学而为争“三陪小姐”开枪自毙的例子为反面教材，让大家从中吸取血的教训，进一步明确什么是高风亮节，什么是浊水污泥、腐朽庸俗。经过这样的一场教育活动，新兵、老兵对留言的内容和意义都有了明确而深刻的认识，有的战士还重新更改了留言。

留言簿更可爱了，更值得珍惜了。

留言簿像相册一样，留下了战友情。

留言簿比相册更有内容，更有闪光的思想！

老兵退伍留下的警服，就是留下了传统。

一谈到衣服，不知为什么，笔者的眼前便不期然地浮出了一张难忘的照片。

照片上，毛泽东正在延安抗日军政大学扳着手指头讲话。

毛泽东裤子的两个膝盖处，补了两大块布。那两块布补得显眼，也补得扎眼，令人看了久久难以忘怀。

那正是抗日战争的艰难岁月。

那正是“自己动手，丰衣足食”的大生产运动中。

是延安的纺车，织出了我们的五星红旗。

是南泥湾的大镐，挖出了埋葬蒋家王朝的深坑。

是延安的小米，喂养了革命，养大了革命。

如今，革命已经从纺车走到了缝纫机前……

抚远县中队有个老传统，谁的警服破了，都要补；再破，就再补。

抚远县中队不缺能工巧匠。

他们缺的是补衣服的补丁。

于是，中队党支部做出了这样的决定：复员的老兵临走之前，都要在捐赠仪式上，捐献给中队一套洗得干干净净又叠得板板正正的旧警服。

这套留下来的旧警服，不是用来当作纪念品，也不是用来当抹布，而是用来拆了当"补丁"。

一茬茬老兵复员了。

一茬茬新兵下队了。

抚远县中队的老兵不仅留下中队的好传统、好作风，而且留下了旧警服，把它补到新战友的警服上，补上一份情意、一份关心和一份嘱托，补上代代相传的艰苦奋斗的精神……

现在，让我们把话题再拉回来，做这样一番思索：

抚远县中队老兵复员前捐赠的这件旧警服，同六十来年前毛泽东裤子膝盖处的那两大块显眼的大补丁之间，有着怎样的必然联系呢？

它们之间，当然是一脉相承的。

尽管这六十来年间，祖国已发生了翻天覆地的变化。

尽管这六十来年间，我军早已开始了现代化、正规化建设。

尽管这六十来年间，我军的基础设施建设、武器装备和后勤保障日新月异……

但，艰苦奋斗这个传家宝却一直没有丢。毛泽东当年的那两块大补丁，早就细针密线地"补"在了一代代军人的心上……

## （二十五）



利用特殊的地域或特有的雪景开展活动，陶冶情操，是抚远县中队的一大特色。雪，是由空气层中的水蒸气在零摄氏度以下凝结而成的白色结晶体，多为六角形。

雪是洁白的。

白雪是美丽的，可爱的。

历代多少诗人都曾放声高唱白雪赞歌——

唐代诗人温庭筠唱道："三月雪连夜，未应伤物华。只缘春欲尽，留著伴梨花。"

唐代诗人柳宗元唱道："千山鸟飞绝，万径人踪灭。孤舟蓑笠翁，独钓寒江雪。"

唐代诗人陆畅唱道："天人宁许巧，剪水作飞花。"

唐代诗人韩愈唱道："谁将平地千堆雪，剪刻作此连天花。"

开国领袖毛泽东以他开天辟地的巨手，挥动如椽之笔，放声咏道："北国风光，千里冰封，万里雪飘。望长城内外，唯余莽莽，大河上下，顿失滔滔。山舞银蛇，原驰蜡象，欲与天公试比高。"他把咏雪之作推至极致。

雪很美，也很残酷。

北大荒的暴风雪更是凛冽而严酷的。

抚远地处高寒地带，一年有半年多被冰雪覆盖着，气候寒冷。

2001 年 2 月，一场暴风雪肆虐抚远，把气温降到了零下三十多摄氏度。

滴水成冰。

出身于北方的战士不大在乎。

来自黄河以南、长江以南的战士却有些吃不消了。有的刚刚下队不到一周的新战士，竟被冻得哭鼻子了。

党支部从实际情况出发，除采取了必要的防寒措施之外，还召开了一次别开生面的"咏雪诗会"。

会上，新兵、老兵一起高声朗诵白雪赞歌。

这些诗，有的歌颂雪的圣洁，有的歌颂雪的美丽，有的歌颂“瑞雪兆丰年”，有的歌颂风刀霜剑中傲然挺立的松柏……通过这次诗会，使来自祖国南方的新战士在赞美雪的圣洁中陶冶了自己的情操，同时，也清醒地意识到：正是冰雪严寒，砥砺了战士们的钢铁意志，铸造了战士们的刚毅性格……他们表示，一定要向傲雪的蜡梅学习，向常青的松柏学习，做一名高寒地带的坚强战士。

事实雄辩地说明，先进文化能够生成战斗力，形成凝聚力；先进文化能够激发广大官兵的士气，鼓舞广大官兵的斗志。

曾几何时，一曲《三大纪律八项注意》，既规范了我军将士的行为，又塑造了我军将士的形象，更密切了军民之间的鱼水关系；

曾几何时，一曲《在太行山上》，既唱出了我广大军民的豪情，又表达了我广大军民誓死歼灭侵略者，保卫黄河、保卫华北、保卫全中国的决心。

曾几何时，一曲《中国人民志愿军战歌》既唱出了我们的军威、国威，又表达了我全国人民紧密团结，抗美援朝、保家卫国的决心。

一曲歌，常常能够代表一代人。

一曲歌，常常能够代表一个时代。

正因为这样，我们才强调要不断丰富警营的文化生活，寓教于乐，寓诗于乐，寓美于乐，使得我们的生活越来越绿化，越来越诗化，越来越美化，越来越优化。

正因为这样，我们才强调要用先进文化去教育官兵、鼓舞官兵、激励官兵。

正因为这样，抚远中队党支部在举办了“咏雪诗会”之后，趁热打铁，又开展了一次“用白雪塑造祖国大好河山，把青春奉献给北疆警营”活动，经过全体官兵的共同努力，几天工夫，就在营区用雪雕成了五处美丽、雄伟的景点。

这是北疆独有的艺术。

这是北疆独有的景观。

新战士张献潮站在雪雕“天安门”前激动地说：“我虽然没有上过天安门，但今天我站在亲手雕塑的天安门前，仍然能够感受到祖国心脏的激烈跳动，我一定为祖国的心脏站好岗，放好哨。”

新战士贾建业凝视着蜿蜒在营区周围的雪雕的“万里长城”，感慨地说：“为了祖国的安宁和人民的幸福，我要不辜负党和人民的重托，站好岗，执好勤，把自己铸造成这钢铁长城上的一块砖。”

这就是战士的誓言。

这就是艺术的伟力。

艺术，无论是美术、摄影，还是诗歌、散文、戏剧、歌曲……一旦植根于广大官兵的心灵深处，融于广大官兵的青春热血之中，便会生发出无穷无尽的凝聚力、驱动力和战斗力来……

## 这些兵赤胆忠心映朝霞

### （二十六）

在这里，先从班长谈起。

班，是军事系统中最基层的组织，是构成部队“生命体”的最基本的组织细胞。而班长，则是这基层建设的骨干，是连接警官与士兵的桥梁，处于“兵头将尾”，常是“身手不凡”。

班长，不仅是一个职务称谓，也不仅是一种形象美称，而更重要、更根本的是他身负责任的角色，身怀技艺的素质。斯大林元帅把班长称为“军中之母”。这并非溢美之词，也不仅仅是个比喻，是个形象概括，是一种实指对象，是对班长的地位、作用、角色行为和主体素质的客观界定和充分肯定。

三班长司宝刚便是这样一名合格的“军中之母”。他是三班全体战士的核心人物，是基础工程的“母机”，是孕育人才的“母体”，有着凝聚人心的“母爱”。

来自河南省栾川县潭头镇的战士李胜林，是2000年年底的新兵，虽然才19岁，但因在农村长大，地里的活儿一般都会干。他告诉笔者，2001年8月4日下午，他在中队的菜地里摘菜。那是战友们在山坡上刨出树根，拔掉野草，一镐镐、一锹锹翻出来的一块菜地，土质肥沃，肥料充足，除了中队厕所里的有机肥之外，还有中队猪圈里的猪粪，加上战士们莳弄得及时、细致，所以，各种蔬菜的色泽、长势比驻地群众家里的菜要好得多。李胜林这个来自黄河岸边的小庄稼把式一进这菜地，便如鱼得水，撒着欢儿干了起来。

抚远这地方冬天雪大，夏天花多，正是“等去雪如花，今来花似雪”“林花扫更落，径草踏还生”。年轻的战友们在这鸟语花香的菜地里干着干着，不知不觉便是一身大汗、一身泥土，弄得裤子上、鞋子上都脏兮兮的。

收工后，李胜林兴高采烈地回到营房，刚想推门进屋，不巧正碰上了班长司宝刚。他一见李胜林这副泥中打滚儿的样子，连忙制止说：“先别动，站在这里等我一会儿。”这一下把李胜林给说愣了。司宝刚说完转身回屋，打了一脸盆水，笑嘻嘻地端了出来，还拿了一条毛巾，放下后，对李胜林说：“把衣服脱下来，把身上、脸上和双脚洗干净了再进屋。”李胜林这回明白了，原来是自己的衣服、鞋子太脏了，便三下五除二地脱得只剩下一条内裤了，脱完后，就洗起来。

这时候，司宝刚无声无息地把李胜林脱下的衣服、裤子悉数卷走，放进脸盆，倒进洗衣粉，用水泡了起来，等到李胜林洗完脚，发现自己的衣服、裤子不见了时，司宝刚那里已经洗了起来。

李胜林不好意思地说：“班长，快放下，我自己能洗！”司宝刚关心地笑了笑说：“别逞强了，干了一下午活，赶快休息去。”

李胜林无可奈何了。

这李胜林家，在河南省栾川县开了个小金矿，挣了几十万元，盖房子就花去了二十多万元。他参军的目的很单纯，一是报效祖国，二是锻炼自己。他到部队之后，就感到这里战友亲，班长亲，指导员更亲。他对笔者说："我在抚远县中队当兵，家里的老人一百个放心。"笔者问他："你的理想是什么？"他憨态可掬地笑了笑说："今年的理想是能为中队年底进标兵中队行列尽到自己的力量；近几年的理想是想转为士官之后，再好好地干几年。"

多么可爱的战士，多么质朴的追求！

想想看：有了李胜林这样的战士，有了司宝刚这样的班长和董哲峰这样的"党代表"，抚远县中队又怎能不进入标兵中队的行列呢？

战士贾建业是李胜林的老乡，家住河南省栾川县狮子庙乡，也是2000年年底入伍，是和李胜林乘坐同一列火车奔向关东大地的。在乡下，他父亲是村子里的医生，母亲做家务，还有一个弟弟、一个妹妹。由于他是当哥哥的，所以很知道关心弟弟、妹妹。

2000年12月的一个深夜，刚刚来到抚远的贾建业上岗。那天很冷，他又刚刚被从被窝里叫起来，一出门便打了一个寒战。这时，叫他起床的班长司宝刚连忙叫住他，脱下自己身上的毛衣，递到他的手上，说："快把它穿上。"

贾建业说："班长，不用了，我不冷。"

司宝刚嗔怪地说："什么不冷？你穿这点儿衣服，站一会儿就站不住了，那样会影响正常执勤的，遇到情况也不能及时处理了。"

司宝刚是中队的一名骨干，是中队长杨立冬和指导员董哲峰的得力助手。采访时，他曾经向笔者展示过他的日记。在2001年5月21日的日记中，他这样写道："我用了近一周的时间看了中队所有的雷锋日记。日记里面写了这么一段话：'我活着就是为了一个目标，就是做一个对人民有用的人，在祖国和人民的紧急关头，我会挺身而出，不怕牺牲'。最后还写了一句：'生为人民生，死为人民死'。可能我没有雷锋那样伟大，但是我身为一名革命军人，应当积极地去学习他的那种精神，认真学习，把中队看成是自己的家，多做贡献。”

司宝刚一边说着，一边解贾建业的上衣扣子，说：“我马上就下岗了，不用穿毛衣，这大冷天，别让它闲着，也别让你冻感冒了。”

面对这位“军中之母”慈母般的战友情谊，贾建业还有什么说的呢？没办法，他只好乖乖地穿上了司宝刚的毛衣，顿时感到身上和心里都是热乎乎的……

从司宝刚身上，我们不难看到，班长不仅是战士行为的示范者和知识技能的传播者，而且是战士思想和生活的指导者，是战士身心的保健者。他熟悉班里每位战友的特点和需求。他同全班战友学习、生活、工作在一起，擦肩磨臂，接触最多；他同战士年龄相近，经历相仿，易于心理沟通；他本身也属于战士，所以，他对战士的要求最知底儿，对于战士的难处也最知情，比如哪位战友睡得不安稳，哪位战友饭量下降了，哪位战友情绪有了波动等等；他对战友的家庭困难、个人理想都了如指掌……总之，三班长司宝刚是一块磁石，其凝聚全班战友之心的法宝，便是他和指导员董哲峰一样，都有着如母亲一样的爱心、一样的真诚和一样的无私……

写完了司宝刚之后，让我们再写一写王明刚。

## （二十七）

1999 年 7 月 10 日深夜。

警营里，一片寂静。

战友们睡了。

指导员董哲峰的办公室里，却灯火通明。他正在潜心写教案。室内，除了他的轻微的呼吸声，只能听到笔走龙蛇的“沙沙”声。

董哲峰习惯了。每天夜里，当战友们熟睡之后，他都要静下心来学习两个小时，然后便准备第二天的教案。

他的战友们如饥似渴所吮吸的，正是流溢在这教案字里行间的思想的乳汁和知识的乳汁；而他自己的综合素质，也正是在这积蓄乳汁和付出乳汁的过程中，一点一滴不断地提高的，这时，传来了轻轻的敲门声。

董哲峰一怔：这么晚了，谁还没睡？

他轻轻地说了声："请进！"

门，被轻轻地推开了。二年度兵王明刚一闪身走了进来。

董哲峰想起来了：他刚刚下岗。

王明刚一进屋，便迫不及待地说："指导员，有件事，我不能不向您汇报。"

董哲峰起身关好门，笑着说："有什么事，你坐下来慢慢说。"

王明刚在对面坐下了，真诚地说："事情是这样的。今天下午，我爸爸来了电话，说是已经托人办妥了我的调转一事，要把我从抚远调到大庆去。爸爸说那里条件好，离家又近。可是，我不愿去。如果让我在大庆与抚远之间选择的话，我毫不犹豫地选择后者。"

董哲峰一边听着，一边颔首称是。听到这里，他问道："为什么？"

王明刚胸有成竹地说："这里有三个理由。第一，抚远是祖国的东大门。这里的人们最早把每天的太阳迎进祖国。在这里当兵、站岗，我有一种格外的光荣感和豪迈感。第二，抚远中队的一草一木，都浇灌着我的汗水。我是同中队的一草一木一起茁壮成长的。第三，我要亲眼看着我们的抚远县中队年年都争创标兵中队。这是我们中队全体官兵的共同期盼！就是因为有了上述三条理由，我坚决不离开抚远县中队，坚决不去大庆。我请求指导员能帮我做好父母的工作，让我留下来。"

望着这年轻的战友英俊的面庞，听着他金声玉振般的决心，董哲峰感到由衷的高兴。是啊，多么好的战友！是啊，多么好的决心！董哲峰被王明刚深深地感动了。这一次又一次的感动，更加坚定了"党代表"的决心：有这么好的一群战友，哪能建设不好抚远县中队呢？

他满面笑容地答应了王明刚的请求。

第二天，董哲峰召开了军人大会。会上，他代表党支部，表扬了王明刚扎根边陲、报效祖国的决心，号召大家都要向王明刚学习。

会后，董哲峰立即给王明刚的父母打了电话，介绍了中队建设的情况和王明刚思想、工作方面的进步，介绍了王明刚扎根抚远的决心。

后来，王明刚的父母见他矢志不渝，也就打消了调他走的念头。

同王明刚一样，矢志不渝的还有宋宪刚。

## （二十八）

猪是人类驯服了的野兽。

猪供给人类以肉食、皮、毛、骨和粪肥。

猪是人类的朋友。

如果有人问："连队里什么工作最脏、最累？"我想，谁都会毫不犹豫地回答道："当饲养员，养猪。"

那么，有没有人主动要求养猪、主动要求当饲养员呢？

有。一班长宋宪刚便是一个典型。

宋宪刚是1997年入伍的战士，由于学习和工作都很积极努力，所以，很快成为中队的骨干，并当了战斗班的班长。

1998年5月，宋宪刚参加了支队骨干集训，其军事素质出类拔萃，成为教导队里的排头兵。结业考核中，宋宪刚的各科成绩均获优秀，是整个支队骨干中的执牛耳者。鉴于宋宪刚的突出表现和突出成绩，教导队建议抚远县中队，宋宪刚可直接担任班长。宋宪刚回到中队以后，支部根据平时对他的考核，根据他在骨干集训中的成绩和教导队的建议，打算让他担任战斗班班长。这时候，宋宪刚又是怎么想的呢？他首先想到了中队后勤工作这个环节还相当薄弱，尤其是养猪这个岗位上的工作，一直没有太大的起色；其次他想到了自己的特长。宋宪刚的家是养猪专业户。他从小就通过家人的耳濡目染，通过自己的观察，谙熟了猪的习性、饮食和疾病预防等知识，谙熟了猪的交配、繁殖与仔猪的饲养等知识。他认为这才是自己“舍我其谁”的优势。正是基于上述这两点的考虑，他主动向党支部提出申请，要求当炊事员和饲养员。支部觉得他的申请合情合理，就尊重了他的选择，批准他到了炊事班，并当上了饲养员。

饲养员这个活确实又脏又累。这是由猪的脏与懒决定的。猪，除了吃与睡之外，便是屙屎撒尿了。屎尿充斥着猪圈，能不脏不臭吗？美国作家马克·吐温在《哈克贝利·费恩历险记》中，是以这样幽默风趣的笔调描写母猪的懒散的：“所有的街道和胡同都满地是泥……那些猪到处转来转去，哼呀呀地直叫。你可以看到一只满身稀泥的母猪带着一窝小猪懒洋洋地顺着大街走过来，一翻身就在当街躺下，过路人还得绕着道躲开它。它就伸开腿来，闭上眼睛，甩着耳朵，让小猪儿吃奶。它那样子倒挺快活，就像是按月能拿薪水似的。”在马克·吐温笔下，这口美国母猪何等可厌而又可笑！

宋宪刚的可贵之处，恰恰在于他对这样的脏家伙、懒家伙情有独钟。他把猪圈管理得井井有条。

管理是门学问，也是一份责任。总部党委关于“在后勤建设上，要由注重设施建设转变到加强管理、向管理要效益上来”的要求，为基层连队的后勤工作指明了方向。

俗话说：“建设一日就，管理千日功。”抚远县中队的基础设施建设，是从指导员杨春水 1994 年 8 月上任就开始抓的一场重头戏。他抓得很有成绩，菜地、食堂、菜窖、猪圈都一应俱全。但执勤管理工作却仍在摸索中，尤其是规范化管理，还有欠缺。

宋宪刚决心配合司务长对猪圈实行规范化管理，无论是调剂饲料，还是清扫猪圈；无论是母猪、公猪还是猪崽，他都管理得有条不紊，井然有序，并且保证每月出栏一口肥猪。

杀猪时，猪的惨叫声总能带给年轻人以刺激，以欢乐。

这恰恰表现出了人性中的残忍。

人类不残忍行吗?

人类至今离不开鱼、肉、蛋。

人类自始至终以动物的尸体为佐餐的主料。

我们的祖先正是在渔猎生活中一点点走向成熟、走向文明的。

我国现存的有文字记载的最早的一首诗《弹歌》所咏唱的，正是原始先民的狩猎生活：“断竹，续竹；飞土，逐肉。”

这是一首节奏明快，总共四行、八字的二言诗，写的是狩猎的过程。“断”与“续”是两个反义的动词，写的是以竹子为原材料，制造武器的过程；后两句写的是狩猎及其收获。我们可怜而可敬的先民，以最为原始而简陋的武器，奔跑着并袭击着野兽，为的是“逐肉”!

肉，都来自于动物的尸体。

人类将粮食、饲料喂进动物的肚子里，让动物一天天长肉、长脂肪、长膘；然后再杀死动物，饕餮般地吃掉它的肉。

宋宪刚干的正是这个差事。

宋宪刚干得有声有色。

宋宪刚在炊事班负责采买，柴米菜蔬、油盐酱醋都靠他上街去砍价。抚远这地方蔬菜贵，不砍价不行。他必须精打细算，斤斤计较，宁可磨破嘴皮，也得把价钱砍下来。

宋宪刚有个富有的家庭，临入伍时，叔叔塞给他一个存折，那上面工工整整地写着“拾万元”。但他并未因为家庭的富有而成为养尊处优的纨绔子弟。母猪下崽前，为了那窝虎头虎脑的小猪崽儿，他能够住进猪圈，同又脏又臭的老母猪为伍、为伴。他一旦发现了老母猪有个“风吹草动”，便整夜整夜不阖眼……

多么可爱的战士!

多么可贵的品质!

我军的千千万万个连队，不正是因为有了一批又一批像宋宪刚这样的战友，后勤工作才管得井井有条，干得有声有色，因而才能真正发挥“保障有力”的作用吗？

1999年4月25日，宋宪刚累病了。

他每天负责买菜、喂猪，还帮炊事员做饭；一有空闲，就跑到护坡工地上去干，连日劳累，超了负荷，病倒了。

他躺在床上打吊瓶。

可他的心却仍然在猪舍里。猪舍里的那头母猪，这两天就要下崽了。

他不能离开这个“孕妇”。

他把床铺搬进了猪舍，日夜守护着这头母猪。

卫生员急了：“这怎么行呢？还怎么打吊瓶？”

宋宪刚不紧不慢地笑着说：“别急，那还不好办吗？把吊瓶吊在猪圈里不就行了吗？”

卫生员拿他实在没办法，只好把吊瓶吊在了猪舍的棚上。

四月末的抚远天气，夜里仍然很凉。

宋宪刚躺在猪舍里的床上，一边打着吊瓶，一边不眨眼地关注着母猪的动静。

母猪静静地躺着，呼哧呼哧地喘着粗气。

母猪和它肚子里的猪崽儿，可知道宋宪刚带着病，在日夜守护着它们吗？

母猪和她肚子里的猪崽儿，会不会对宋宪刚的守护表达出一点儿敬意呢？

中队的领导和战友们被宋宪刚爱岗敬业的精神所感动，纷纷到猪舍来慰问他。指导员董哲峰对卫生员说：“赶快把小宋的病治好，可千万别让他再感冒了。”

卫生员噘着小嘴，说道：“夜里这么冷，他又住在猪舍里，不感冒才怪呢！”

董哲峰说："你去把我的大衣拿来，让他夜里压在被上，也好暖和暖和。"

卫生员去拿来了大衣。

卫生员也带来了"党代表"的一片温暖。

同宋宪刚一样，姚万贞也非常热爱养猪工作，他对猪的感情，使我想起了刘备。刘备深爱他的白马。那马，救过他的性命，

关公也深爱他的赤兔。那赤兔，曾抖过这员"温酒斩华雄"的战将的神威。

毛泽东也深爱他的白马。战略转移，撤离陕北时，有意"放飞"了这匹集苦劳与功劳于一身的坐骑。

古今中外的战史上，骑兵与战马、军人与军犬之间演绎出多少人马情、人犬情的动人故事……

我们这里讲述的，是给养员姚万贞与猪的故事，给养员姚万贞对猪的深情。

2001 年 4 月 23 日，清明节虽然已过去了半个月，抚远的短暂的春天，仍然是凉风袭人。这天下午，早就该下的第一场春雨总算在风的催促之下，姗姗来迟。

雨，淅淅沥沥，越下越大了。

给养员姚万贞坐不住了。

他牵挂着圈里出生不到十天的那群猪羔儿。

他脱下上衣，顶在头上，大步流星地向猪舍跑去。

小猪的猪舍果然漏雨了。十五只毛乎乎的小猪羔儿挤在猪舍的一角，"吱吱哇哇"地乱叫。

猪舍里积水很深了，过一会儿，就要灌着这十五只小猪羔儿了。

这样下去不行！怎么办？

姚万贞的脑袋里急闪出一个个念头：把猪舍的顶棚苫上？来不及了。就是来得及，现在猪舍里的积水也是小猪羔吃不消的。

那还能怎么办？

只好给小猪羔儿搬家，把它们搬到大猪舍去。

时不我待。姚万贞说干就干。他纵身跳进了猪舍，用上衣裹好猪羔儿，像抱着婴儿一样，抱到大猪舍去。一只、两只、三只……

姚万贞左一趟，右一趟，终于冒着大雨，把十五只小猪羔儿一只只用上衣裹好，抱到了大猪舍里……

他的衣服早已淋透。他成了落汤鸡，嘴唇冻得青紫青紫的。

再看他的那件裹过十五只猪羔儿的上衣，更是惨不忍睹，不光是湿得直滴水，还沾满了猪舍里的稀泥和猪粪，又脏又臭。

姚万贞不在乎这些。他站在雨中，又望了望了猪舍里活蹦乱跳的十五只小猪羔，会心地笑了，那笑，很得意，很满意……

## （二十九）

抚远中队的兵个个都是好样的。采访中，我了解到很多动人的事迹，像战士戴洪誉，尽管尺骨断裂，仍然坚持训练。我们知道，骨头是脊椎动物支持身体、保护内脏的坚硬组织。

人都有筋骨，即筋肉和骨头。

人也应该有风骨，即刚强不屈的气概和品格。

人还应该有傲骨，即高傲不屈的性格。

硬骨头，指的不仅仅是筋骨，还包括风骨和傲骨。

民族英雄林则徐赴粤登程时，曾吟诗一首，以示家人。诗中曰："苟利国家生死以，岂因祸福避趋之。"意思是说，如果对国家有利，生死都应置之度外，岂能趋福避祸？这是硬骨头。

唐诗人李益《塞下曲》曰："伏波惟愿裹尸还，定远何须生入关？莫遣只轮归海窟，仍留一箭定天山。"伏波将军马援曾表示要战死疆场，用马革裹尸还葬；定远侯班超居西域三十一年，后上书请求调回，有"但愿生入玉门关"句。"一箭"是说唐高宗时，薛仁贵曾领兵迎击九姓突厥十万余众，发三箭射杀了三个挑战的人，其余便都下马请降了。军中喝道：“将军三箭定天山，战士长歌入汉关。”李益的这首《塞下曲》，通过马援、班超和薛仁贵三个“硬骨头”人物，歌颂了塞下将士们视死如归、英勇作战的大无畏的硬骨头精神。

在抚远中队，戴洪誉是个“硬骨头”。

1999 年 6 月，中队组织官兵进行倒功训练。担任擒敌教员的是二班副班长戴洪誉。

这教员不好当。

当教员，就要做示范动作。

为了确保训练质量，戴洪誉不厌其烦地一遍遍地倒地起立。

这是比技能、比功夫。

这也是比体力、比气力。

人们常说：“小胳膊拧不过大腿。”

而这倒地起立，却恰恰是用两臂这“小胳膊”来代替那两条“大腿”——人，大头朝下，双腿并拢，倒栽葱般地直立起来之后，顿时，全身的重量便无情地压向了两臂这“小胳膊”了。

久而久之，“小胳膊”吃得消吗？

一天天就这样倒地起立地过去了。

一个月就这样倒地起立地过去了。

戴洪誉的双臂一点点地肿了起来。

双臂的一块块肌肉，肿得像一个个皮球了。

双臂在隐隐作痛。

双臂在剧烈疼痛。

双臂疼得难忍了。

在战友们的督促下，戴洪誉不得不到医院去拍片。

天呀！他左臂肘部的尺骨已经断裂！他肘关节的一小块骨头已经分离！

医生肯定地说，分离的这块，已经没有复位的可能了。

医生惊讶地说，这么重的骨伤，真不知道你是怎么挺过来的。

戴洪誉却很平静，而且很欣慰——他毕竟圆满地完成了擒敌科目的教学任务。

戴洪誉的左臂里，至今还残留着那块分离了的骨头，用手轻轻一摸就能摸到。对此，他并不介意——他毕竟是抚远县中队的硬骨头！

姚万贞也是个同戴洪誉一样的硬汉子。

2001 年 3 月 20 日，中队为了改善伙食，决定杀猪。

给养员姚万贞磨刀霍霍。

猪被按倒了，绑上了。

姚万贞握好了尖刀。

就在要杀的时候，猪开始了垂死挣扎。

它猛地一头撞在了姚万贞的身上。

姚万贞一个趔趄，后退一步，不慎踩在了刚烧开、准备烫猪毛的水里。

死猪不怕开水烫。

活人能不怕开水烫吗？

姚万贞的右小腿深二度烫伤。

姚万贞是中队的党员骨干。他深知新兵刚刚下队，中队工作正忙，自己无论如何也不能躺倒休息。

他借上街买菜的机会，偷偷到了医院，医生仔细地检查了他的右小腿，劝他立即住院治疗。他拒绝了医生的好意，笑了笑说：不能住院，也用不着住院，工作太忙，开点药回去擦擦就行。

医生给他开了些药。

他回到宿舍，偷偷地擦了起来，擦完之后，又把药藏了起来。他担心战友发现了，又要小题大做，劝他休息了。

他继续上街买菜，帮助炊事班做饭，从来不肯消停一会儿。

他的伤口发炎了。

他的右小腿肿得像馒头一样了，每走一步都钻心地疼。

指导员董哲峰终于发现了他的伤势，一边抚摸着他的伤腿，一边流下了心疼的热泪。

指导员董哲峰不顾他的反对，硬是把他送进了医院，按在了病床上。

现在，哪位战友有个头痛脑热的，还都不大在乎地说："这算什么！和姚万贞的腿比比，还不是小菜一碟？"

## （三十）

人生的过程，实际上是个选择的过程。

买书、买衣服，得选择。

吃饭、吃菜，得选择。

处对象，得选择；找工作，也得选择……

司务长李建军两次面临过人生的重大选择。他是何去何从的呢？

李建军是1995年从大连入伍的，家庭非常富裕。

1997年11月，作为一名退伍老兵，他已经领了复员证和复员费，并且上交了军衔和领花，打好了背包，收拾好了拎兜，再有两个小时就要登上大客车启程了。

就在这个时候，支队警务股突然打来电话，令他留队。

走，还是留？

如果他坚持要走，可以，大连的家人将举起双臂欢迎他、拥抱他。

如果他坚持留下来，战友们当然鼓掌欢迎了，那么，他就得继续工作、生活在抚远这小山沟里。

他没有犹豫，毅然地选择了后者。

他的这一选择，令战友们很高兴，也很受感动。

1999年初，李建军作为预提警官，被派往武汉学习。

毕业前夕，家里在大连市为他办好了工作调转关系，让他一毕业就回大连去。

又是一次面临抚远与大连之间的选择。

实际是城与乡、海与山之间的选择。

这一次，他又是毫不犹豫地选择了抚远，选择了抚远这个小山沟。

他在写给支队政委的信中表示："我坚决不回大连。毕业后，我仍要求回抚远县中队。"他说："能把自己的青春献给抚远县中队警营，是无上的光荣。我的这两次选择，今生无悔！"

谈到"选择"，我还想起了战士何涛。

1998 年兵何涛，原籍大庆，是家里的长子、长孙，是爷爷、父母两辈人的掌中珍宝。1999 年 6 月，何涛的爷爷患肺癌住进了医院。

人们大多谈癌色变。我们的医学至今还未能发展到足以制服癌症的水平。何涛的爷爷毕竟年纪大了，经不起病魔的折腾，曾多次昏迷过去。就在老人家昏迷不醒时，不清的神智里总还跳动着他的长孙何涛的乳名"涛涛"。老人家一遍遍地念叨着，清醒时，又一遍遍地催促何涛的父母急电抚远，把孙子招回到他的病床前。

说实话，老人家的这一愿望并非过分的奢求。老人家自觉病得不轻，想在这有生之年，最后一次亲眼看看孙子，拉拉孙子的手、摸摸孙子的头，再嘱咐孙子几句话——这些，都是人之常情、常理，是爷爷、孙子的"题中应有之意"。但何涛的父母知道，孩子是武警战士，战士就应该手握钢枪坚守在神圣的哨位上，不能婆婆妈妈地说走就走，不能让孩子为难。正因为这样，爷爷催促时，何涛的父母总是想方设法地搪塞，借各种理由推脱。后来，爷爷的病一天天重了，思念孙子的心情也随之一天天地更为迫切了。这时，何涛的父母才给中队干部打了电话，说明了爷爷病重，急切想见何涛的心情。中队领导答应了何涛的父母，表示让何涛享受一次特殊的探亲假，立即赶回到爷爷的病床前。

何涛听说爷爷病了，得的是癌症，而且又病得很重，急盼自己回去见上一面，他的心里非常悲痛。他从小是在爷爷的呵护下长大的。爷爷视他为何家的未来和希望，视他为自己生命的延续。用一句庄稼话说，爷爷一直把他当成自己的“命根子”！入伍之前，何涛一直同爷爷吃在一起、住在一起，除了上学，一步都未曾离开过。如今，爷爷已在弥留之际，爷爷盼孙心切啊！孙子想爷爷也想得苦啊！人人都有骨肉情、手足爱。此时此刻，何涛多想插上双翅，飞到爷爷的病床前。想到这里，他泪如泉涌……中队长劝他止住眼泪，打点东西，赶快回大庆。

是的，是得回去，哪怕在爷爷的病床前站上五分钟，也了却了爷爷的心愿，更尽到了孝子贤孙的职责。可是，就在这时候，正赶上支队举行军事比武——这是武警战士一展身手的舞台，是祖国和人民对战士的检阅与考验。何涛想，自己是中队的一名军事骨干，面临比武，怎么能请假离开战场呢？人人都懂得“养兵千日，用兵一时”的道理。在亲人病重与支队比武的两难选择中，他以指导员董哲峰为榜样——“作为亲人，我对不起家庭；作为军人，我别无选择！”就这样，何涛将对爷爷的不尽牵挂化作了练武的巨大动力，毅然地拒绝了中队长特批的探亲假……

这样的“选择”，在抚远县中队的老兵、新兵中，耳濡目染，代代相传……

## （三十一）

老兵，曾经是新兵。

新兵，总有一天要成为老兵的。

新兵是在老兵的关怀和帮助下，一点点成长起来的。

我军从创建的那天起，七十多年来，一直有着老兵对新兵传、帮、带的优良传统。

这个传统在抚远县中队得到了充分的发扬。

2001 年 5 月 2 日，春风骤起，乌云密布。

给养员姚万贞带领着刚刚入伍的新兵丁国强，一起到塑料大棚里移植菜苗。

大棚里，一派春意盎然的怡人景象。地上的、架上的和空中的各色菜苗绿莹莹的讨人喜爱，恰如明人蒋一葵所云："故园长尺许，青叶更堪齑。"两个年轻人顾不得欣赏棚中春色，各背了一袋黑土之后，便埋头移起苗来。

这是个细致活儿，需要小心翼翼地把密密麻麻的一株株菜苗连根下的土一块儿挖起来，再按照等距离，栽在用刚刚背来的黑土垫起的田埂间。仔细观察起来，他俩现在正干着的这活儿，就好像诗人在稿纸的空格里一句句地写诗一样，一个格里栽一棵菜苗，一句句地写着一首首"田园诗"。

他俩正干得有条不紊时，不知不觉中，听到了大棚顶上雨点的"噼啪"声。"不好，要下大雨了，我们得赶快再去背些黑土来!"姚万贞说完，拿起铁锹和丝袋子就冲出了大棚，冲进了雨中，向三十多米外的山坡上跑去。

雨，越下越大了。

丁国强在大棚里待不住了，也操起铁锹和丝袋子冲向雨中，向山坡上跑去，在离姚万贞不远处挖起土来。

姚万贞三下五除二地装满了一袋子土，正要背起时，猛一抬头，发现丁国强在不远处也在挖土。他急眼了，三步并作两步地跑了过去，一把夺下了丁国强手中的铁锹呵斥道："谁叫你来的？赶快回大棚去，淋感冒了怎么办?"

这是命令口吻，是不容商量和争辩的。

丁国强蔫头蔫脑地说："那我把这袋子装满，背回去不行吗?"

"不行！赶快跑回大棚去!"姚万贞斩钉截铁地说。

丁国强还能再说什么呢？作为新兵，他心里明白，这是老兵对自己的关心和照顾。他只好跑回了大棚，继续移植菜苗。

就这样，姚万贞一个人冒着大雨，坡上坡下地来回跑着背土。他背了一袋又一袋，一口气背了八袋黑土，移植菜苗足够了。

这时候再看姚万贞的脸上、身上，汗水加雨水，把衣服全湿透了，肩上、背上都是泥。他把上衣脱了下来，两手一拧，那水哗哗地淌满了一地。丁国强说："给养员，回去换件衣服吧，你也别感冒了。"姚万贞说："不怕的，干完了活再换也不晚。"说完，他又带着新兵，一格格、一行行地写起"田园诗"来。

他们的可爱之处，还体现在劳动中。

砂子即细碎的石粒，沉得厉害。

为了平整好训练场，砂子再沉，也得一袋袋往回背。

那是 2000 年 5 月，半年考核的时间快到了，可训练场还未垫完，仍然是坑坑洼洼，一下点雨就积水。

军人大会上，全体官兵一致同意考核前必须垫好训练场，利用休息时间，大家上山去，背砂子。

休息那天，天正下雨。

山路不近，来回三里多。

中队长、指导员和司务长带头，挽起裤腿，拿起铁锹和丝袋子，最先冲进了雨里。

紧接着，党员冲了出去，班长冲了出去，团员也冲了出去……

山路被雨水一浇，太滑。渐渐地，山路上流起了一条小河。官兵们只好蹚着水爬山。

到了山上就挖砂子、装袋子。

一锹接一锹。一袋接一袋。

中队长杨立冬第一个把砂袋子扛在了肩上，扛上肩就往山下跑。

战友们一个接着一个地扛起了砂袋子，一个接着一个地往山下跑。

雨，越下越大。

砂袋子被雨水一浇，越来越沉。

刚刚背了两趟，一个个就累得气喘吁吁了。再看看一个个脚上、身上，浑身上下像个泥猴，狼狈不堪。但累不垮的是精神。大家有说有笑的，有的喊“加油!”，有的喊“快追!”就在这雨中、水中，不到一上午，官兵们就把近一百立方米的砂子背到了训练场上，垫到了训练场上了。

每粒砂子都各得其所。

训练场垫得平平整整。

官兵们的脸上，露出了欣慰的笑容。

在这些官兵中，刘方忠是司务长，而“不回家的新郎官”是司务长刘方忠的绰号，也是战友们对他的美誉。

他的家离中队并不远，只有一道之隔。

他结婚还不到两个月，战友们就发现他婚前婚后一个样，一直坚持与战友同吃同住，很少回家去。

家，对任何人来说，都是最具吸引力、诱惑力的地方，尤其是对刚刚结婚的新人来说，则更是这样。

刘方忠的婚恋，也是一波三折，成家并非易事。

1994 年，他调到抚远中队担任司务长，一干就是六年多。

原来，他在佳木斯时，处了一个对象，两人关系越来越密切。但姑娘不愿过这种两地分居的生活，最终含泪与他“再见”了。

这之后，在佳木斯的亲朋好友又先后给他介绍了几个姑娘。可人家一听说他远在几百公里之外的抚远，就都亮出了“免谈”牌。

这不能怨姑娘。

我国古代就有许许多多女人思夫的故事。

至今，辽西的海岸上，还高高屹立着“望夫石”。

至今，我们还在诵读两千多年前的《诗经》中的《君子于役》。诗中写道，丈夫服役（兵役、劳役）去了，什么时候才能回来呢？小鸡进窝了，牛羊也从山上回来了，可是，我的丈夫什么时候才能回来与我团聚呢？

至今，我们还可以背诵唐诗中的那首有名的“闺怨”诗：“打起黄莺儿，莫在枝上啼。啼时惊妾梦，不得到辽西。”诗中说，我要把窗前大树上的黄莺赶跑，别让它总在早晨鸣啭。为什么呢？因为它这一叫，就会把我吵醒，使我再也无法在梦中跑到辽西，去会我服役的丈夫了。

闺怨，也称妇怨，成了我国古典诗词中的一个大类。

大约正是基于这一“怨”，便演绎出众多军人家属悲欢离合的故事来。

大约正是基于这一“怨”，便使得刘方忠在佳木斯求偶的愿望终成水月镜花，终成泡影。

大约正是基于这一“怨”，刘方忠的父母开始东奔西走，托关系、找门路，一心想把刘方忠调回佳木斯。

刘方忠毅然拒绝了父母的好意。

刘方忠对父母说：“抚远确实太远。但再远也得有武警官兵执勤。如果人人都嫌远，人人都想往佳木斯调，那里的执勤、站岗任务由谁来完成呢？”

父母拿他没办法，只好作罢。

刘方忠却把司务长的工作干得有声有色、有滋有味。

他已经三次荣立三等功。

他已经被总队评为“优秀司务长”。

他已经两次被总队评为“优秀团干部”。

他的事迹在中队有口皆碑。

他的事迹在驻地广为传颂。

他的事迹在当地一位做生意的姑娘的心里生了根、发了芽、开了花。

花儿很艳、很香。

刘方忠感觉到了花的艳丽与芳香。

刘方忠热情地接受了姑娘的爱。

于是，花儿结果了。

于是，刘方忠于1999年3月结婚了。

于是，刘方忠荣膺了“不回家的新郎官”的美誉。

后来，刘方忠的妻子怀孕了。

刘方忠仍然很少回家，顾不上照料妻子。

妻子理解他，也佩服他。

妻子不得不放下生意，回到娘家住，让老妈照顾。

妻子的内心深处，也常常呼唤这个“不回家的新郎官”。

在这里，我们又提起了“家”的话题。

## （三十二）

家，是个令人向往、令人一望而顿生亲热感的概念。从指导员杨春水上任的那天起，就喊出了建设好中队这个大家庭的响亮口号，并带领战友们日夜兼程，大张旗鼓地搞起了中队建设。后来，指导员董哲峰接替了杨春水，仍然带领战友们一项项地建设着中队这个大家庭。如今，这个大家庭的营房内外都建得齐齐整整了，这个大家庭的内部关系，像官与兵之间的关系、兵与兵之间的关系，都情同手足，亲如家人了。

尤其难能可贵的是，无论老兵还是新兵，都爱队如家，默默地为这个大家庭做着贡献。

2000年度新兵王威来自农村。开春时，他给家里发了一封信，让家人把花籽寄来一些。没过多久，一小口袋花籽就寄到了中队。那口袋里装的，不仅仅是鲜艳与芬芳；同时，也装着王威和家人对中队这个大家庭的一片拳拳之心。

夏天到了，天气热了，为了净化室内的空气，2000年度新兵吴立国便用自己的津贴费，买了一瓶空气清新剂，在各班的宿舍里喷了起来，那味道让人一闻，就大有精神为之一振之感。

家住哈尔滨的1999年度兵王新鼎回到哈尔滨，在总队学习。休息时，他放弃了回家的机会，到商店去，为中队这个大家庭买了几套影碟盒。

2000年度新兵郁宗友，用自己节省下来的20元津贴费，为中队买了两副篮球网，不声不响地挂在了篮球架子上。

1999年度兵刘建辉在退伍的前两天，跑到日杂商店去，为中队这个大家庭买了对儿水桶。

中队是个家，人人建设它。

这么多年来，抚远县中队之所以一直是叫得响的标兵中队，是同它具有大家庭的凝聚力和亲和力分不开的，是同这个大家庭的每个成员都能这样地关心它、爱护它和自动自觉地建设它、完善它分不开的。

抚远县中队的官兵们，不仅把中队视为一个大家庭，在他们的观念、他们的行为中，“家”的外延在一步步扩大。

## 中队和老百姓——鱼水情深力量大

### （三十三）

《古诗源》中的《帝载歌》唱道：“日月有常，星辰有行。”这表现了数千年前，我们的祖先对日月星辰运行规律的认识水平。在那“日出而作，日入而息。凿井而饮，耕田而食”的上古时期，在自耕自食、互不往来又互不依靠的小生产者生活中，人们自得其乐，又不时地观察着大自然，思索着大自然，其中包括观察、思索着天象、气候。到了晋代，田园诗人陶渊明唱道：“日月不肯迟，四时相催迫。”在这位“少无世俗韵，性本爱丘山”“采菊东篱下，悠然见南山”的诗人看来，日与月都被人格化了之后，竟然十分明确地写出了它们“不肯迟”，向来是按照春夏秋冬的“四时”“相催迫”的。

诗人能够将日月人格化，自然也能将人比作日月，即将人“物化”。这在修辞格中，称拟物，比如将可爱的儿童比作“朝阳”，而将可敬的老人比作“夕阳”，等等。

无论出自谁的笔下，朝阳总是鲜活的、可爱的、充满了希望的。

在抚远县中队官兵的心目中，地处祖国最东端的东华小学校的孩子们，就是从祖国东方的地平线上，刚刚升起的一轮轮朝阳。

这是一所很小的农村小学校。

全校只有26名学生，分为六个年级。

全校只有一名校长、两名老师。

这又是一所贫穷的小学校。

许多孩子都从来没离开过贫穷的小山村。

许多孩子甚至从来都没看过电视。

许多孩子从来未曾目睹过长街短巷、大厦高楼，或霓虹闪烁、火树银花……

贫穷，切断了个别孩子求知的道路。

贫穷，必然产生愚昧。

而愚昧又必然结出穷果。

1997年3月至今，在两任指导员杨春水和董哲峰的带动下，抚远县中队的一茬茬官兵，就一直坚持开展同东华小学之间的“手拉手——为希望工程献爱心”活动，每逢重大节假日，官兵们都无一例外地要向小朋友们捐赠图书和学习用品，还常常同小朋友们一起搞联欢活动。

1997年国庆节这天，秋高气爽，万里无云。指导员杨春水带领着中队官兵，来到了东华小学校，把全校师生请到了中队营区，同官兵一起举行升旗仪式，共同高唱国歌，庆祝伟人的新中国诞生48周年。

升旗仪式结束后，中队官兵还同小朋友一起，举行了以“赞国旗”为主题的诗歌朗诵会。

诗，以其强大的辐射力和穿透力，千秋万代地传了下来，四面八方地铺展开来。哪怕在祖国最东端的警营，哪怕在祖国最东端的如此贫困的学校，诗，都以鲜活的生命，绿化并美化、优化着每一个人的生命。听，刘军小朋友是这样吟诵的："天上的星星亮晶晶，站在抚远望北京。望到北京天安门，迎着太阳国旗升。条条大道通北京。"

北京城中的天安门城楼，我们伟大祖国国徽上的天安门城楼，连接着每一位中华儿女的心。无论在天之涯，还是在海之角，我们的心都永远向往北京城，永远连接着天安门。刘军小朋友的诗，正是道出了这样共同的心声。

1997 年的国庆节，对东华小学校的每个小朋友来说，都是欢乐的、幸福的一天，都是一生难以忘记的一天。

在东华小学，还有一名叫高亮的小朋友，家境贫寒，几近辍学。中队官兵听到这一情况后，立即从各自微薄的工资或津贴中捐出一部分钱来资助他。这钱上还散发着武警叔叔的体温，散发着武警叔叔对高亮小朋友真挚的爱意。如今高亮早已在东华小学完成了六年学业。如今，中队官兵已捐助过许多名失学儿童重返校园。

在我们写了中队官兵与东华小学校的"朝阳"的故事后，再来写写中队官兵与抚远县敬老院的"夕阳"间的故事。

人，都是由"朝阳"走向"夕阳"的。

据我们的祖先说，主管太阳的神叫羲和。

韩愈诗曰："羲和驱明，疾急不可待"，说的是日月运行之速。

白居易诗曰："羲和走驭趁年光，不许人间日月长。遂使四时都是电，争教两鬓不成霜。"这诗写的仍然是人生苦短。

是的，人这一辈子，七八十年，两万多天，太短了。转眼间，人便由旭日东升到如日中天，再到残阳如血——看，诗鬼李贺写时光易逝，写得更为奇特而瑰丽："羲和调日玻璃声，劫灰飞尽古今平。"

日暮，总给人以苍凉悲壮之感。



唐人刘长卿诗云："日暮苍山远，天寒白屋贫。"

宋人张来诗云："日暮北风吹雨去，数峰清瘦出云来。"

唐人白居易诗云："日沉红有影，风定绿无波。"

唐人李端诗云："日落众山小，萧萧暮雨繁。"

唐人宋之问诗云："日落西山阴，众草起寒色。"

呜呼！无论是"日暮"还是"日沉"，总是令人"怆然而泪下"的！

然而，毕竟一千来年过去了。

然而，抚远县敬老院的老人们，过得仍然安详而幸福，特别是当他们提到中队官兵的时候，更是个个赞不绝口，更是异口同声地称官兵们为"兵儿子"。

中队官兵从1995年杨春水任指导员的时候起，就一直坚持为敬老院的老人们服务，定期为老人们理发、梳头、洗衣服；定期到敬老院的农田里耕耘、播种、锄草、收割，等等。这些，多年来都是风雨无阻、雷打不动的，尽管在这期间，中队的干部调走了一批又一批，战士换了一茬又一茬，但对敬老院的老人们的孝敬之情却一直在延续着。这使老人们十分感动，所以，一提起中队官兵，老人们便总是老泪纵横地说："那都是我们的'兵儿子'，好儿子！"

## （三十四）

抚远中队的官兵，在万分危急的关头，总是挺身而出。在火中、在水中、在危险面前，他们就是一道摧不垮的橄榄绿防线。

水火无情。

所以，古人有救斯民于水火一说。

所以，法国人流传着一个火中取栗的寓言。这个故事写的是猴子骗猫从火中取出了栗子，结果猫没吃着栗子，反而把脚上的毛烧掉了。后来，人们便常用这个寓言来比喻为别人冒险出力，吃了苦头而捞不到好处。

火是物体燃烧时所发的光和焰。

火是无情的。

1999年3月9日凌晨3点30分，中队的自卫哨突然发现距中队营区八百米远处的李大爷家失火。火在牛棚外越蹿越烈。

火光就是命令。

自卫哨迅速发出警报。

睡梦中的中队全体官兵紧急集合，迅速赶到失火现场，冒着被火烧伤和被烧塌的牛棚砸伤的危险，冲进了火焰中。

李大爷家的牛棚是因用火不当才导致这场大火的。牛棚里拴着的三匹马和五头牛正在“吱哇”乱叫，左冲右突。这可是李大爷贷款买进的，是他全家人的命根子呀！李大爷一家人望着浓烟烈火哭天抢地，急得直跺脚。就在他们束手无策的时候，跑来了武警官兵。

北方的3月，又是凌晨时分，小北风“嗖嗖”地刮着。官兵们不顾天寒地冻，每个人都是兜头浇上一身水，便冲进了火舌直舔的牛棚里。

战士们把马一匹匹牵了出来。

战士们把牛一头头牵了出来。

战士们在李大爷家的住房与牛棚之间，打通了一条隔离道，避免了大火烧着住房。经过一个来小时的奋勇扑救，大火终于被官兵们降服了、扑灭了。

这时候，再看看我们的灭火勇士：

有的头发、眉毛被烧焦了。

有的脸上、手上满是水泡。

有的警服上一边冒着烟，一边结着冰。

所幸，李大爷的家人无恙，住房被保住了，马和牛有惊无险，只伤了一点儿皮毛。

李大爷老泪纵横，握着战士们的手说：“多亏了你们了，救了我们全家，救了我家的马和牛，谢谢你们了，谢谢你们了！”

军民鱼水情，情深灭大火。

这份情，又怎能一个“谢”字了得！

“祸”与“福”相对，指的是灾难、不幸的事儿。

天灾——人祸。

天灾常常不可逆转、不可抗拒，如水灾、旱灾、蝗灾，如雪崩、地震、山体滑坡……

人祸是人为之祸。

车祸多属于人祸。

2000年11月25日，司务长李建军带领戴洪誉等六名战士，在佳木斯客运站搭乘长途大客车，返回抚远。

三九严寒，雪大路滑。

大客车沿着公路一直向北驶进。

当大客车行至距离富锦市区十公里左右时，由于司机处理紧急情况不当，一下子翻进了公路旁的深沟里。

李建军、戴洪誉以及另外三名乘客被甩出了车厢外。

车厢里顿时乱作一团，受伤的乘客你压我、我压你，翻来倒去，孩子哭、老婆叫，成了一锅粥……

李建军和班长戴洪誉被甩在雪地里，身上、腿上都受了伤。但他们的头脑是清醒的。他们艰难地爬了起来，拍打了一下身上的雪，立即组织战友，从车里一个个抢救出受伤的乘客。

“沧海横流，方显出英雄本色。”这个时候，武警战士是受伤乘客最亲近的人。李建军在大声地发号施令，指挥着他的战友抢救伤员。戴洪誉双腿受伤了，还是一瘸一拐地从车中背出了两名摔昏了的乘客。

在一片混乱中，半个小时过去了。

李建军和他的战友们一起，从车中共抢救出了13名伤员，其中妇女、儿童5人。这些人伤势轻重不等，亟须送医院抢救。

这时，武警战士在公路旁拦住了一辆汽车，将13名伤员全部送到了富锦市医院，由于抢救及时，全部脱离了危险。直到这时，李建军和他的战友才总算是松了一口气。

目睹抢救全过程的富锦市两名做服装生意的，被武警战士无私奉献的高尚品格感动，特意拿出了六件皮大衣，披在了六名浑身上下全是血污的武警战士身上，还同他们一起，把13名伤员送进了医院。

这起车祸，显然是个偶然事件。

而武警官兵在大祸临头之际，解民于倒悬的无私表现，却是必然的。

它所直接体现的，是我军全心全意为人民服务的宗旨。

它所诠释的，是军民之间的鱼水情深。

正是这种鱼水关系，才使得他们在危难时刻挺身而出、舍生忘死。

唐代大诗人白居易有“可使寸寸折，不能绕指柔”的名句。这是对晋代刘琨的“何意百炼钢，化为绕指柔”的诗句的反其意而用之，表现出一种宁折不弯的英雄气概来。

我们正可以把白诗中的这两句，用在“抗洪勇士”李建军的身上。

李建军是中共党员。

1998年9月，正当洪魔侵袭时，李建军病了，发高烧，打吊瓶。

抗洪的命令下达到中队后，他便再也躺不住了。他不顾战友们的再三劝阻，拔下腕上的针头，登上了开赴抗洪前线的大卡车，来到了黑鱼泡抢险段。他们这支抗洪突击队的主要任务，是立即到80米外的地方装沙袋，再扛回沙袋固提。突击队长考虑到李建军正在生病，就让他挖沙装袋。李建军不肯，他把铁锹交到新兵手里，扛起沙袋子就奔向了大堤。道路泥泞难走，李建军又是高烧未退，所以，跑了几个来回，他便一身虚汗。晚上，就在大堤上宿营。他见草袋子太少，就把身下的草袋子抽了出来，让给了生病的新战友，自己躺在又潮又凉的土坎上；有时，他干脆就不睡了，同巡堤的战友一起排查险情……

9月2日，第三次洪峰又涌向了这黑鱼泡险段，李建军不顾日益加重的病情，连续几天奋战在大堤上。就在大堤出现险情时，他奋不顾身地跳进了刺骨的江水中。9月的抚远，风刺人，水刺骨。李建军虽然浑身发抖，但却一直坚持搏斗了几个小时，直到逼退洪水，保住了大堤，他才被战友们从洪水中托出来。他确实精疲力竭了，连说话的力气都没有了，是的，在穷凶极恶的洪水面前，他确确实实是“可使寸寸折，不能绕指柔”的钢铁硬汉。他被共青团黑龙江省委员会授予了“抗洪勇士”的荣誉称号。第二年，又被破格提干。

这些“钢铁硬汉”们的事迹说也说不完。

1998年7月29日，抚远县公安局看守所一名犯罪嫌疑人在被提审时，趁看守人员不备，脱逃了。

中队官兵接到公安局命令之后紧急集合，火速出击。

他们兵分三路：

一路由中队长带队。这是一支战斗力最强的防暴小分队，沿着犯罪嫌疑人逃跑的方向追捕。

一路由指导员带队，沿松花江畔布控，防止犯罪嫌疑人逃往俄罗斯。

一路由司务长带队，在抚远镇唯一的一处公路出口设卡堵截。

这就是养兵千日，用兵一时。

这就是足以令犯罪嫌疑人插翅难逃的天罗地网。

这就是一柄寒光闪闪的法律之剑、正义之剑……

仅仅经过一个来小时的围追堵截，企图逃进深山老林里的犯罪嫌疑人终于被中队长带领的防暴小分队擒获，成了瓮中之鳖。

多么漂亮的一次捕歼战！

多么顽强的一支小分队！

多么周详的战略、战术！

这使我想起了陶渊明的两句诗：“密网裁而鱼骇，宏罗制而鸟惊。”

这就是罗网密布。

这就是猛虎下山、蛟龙出海。

这就是迅雷不及掩耳。

这就是道高一尺，魔高一丈！

## 日记里的心——真情真意真表达

### （三十五）

古人将“心”这个人体器官的功能夸大了，误以为它也能思维，甚至就直接将其指代了思想与感情。这样一来，汉字中凡与“思”“想”“感”“志”有关的字，就都无一例外地加了一个“心”字，像“忘”“忍”“忠”“忿”“怨”“怒”“恋”“恶”“恩”“愿”，等等。

心声，即从内心发出的声音。

人们在会上的发言应该是心声。

人们在信中写的话，应该是心声。

人们在日记里写的话，更应该是心声。

日记是应用文，具有自己写、写自己、自己看和天天写的突出特点。

日记是人的生命历程的记录，也是人的情感轨迹的记录，更是人的操守、志趣与品位的记录。因为它有着自己写、写自己和自己看的特点，所以，写起来可以毫无避讳，为所欲为，酣畅淋漓，可长可短。可以说，日记是心灵的一面镜子，心灵的一幅长卷，心灵的一首赞歌……

采访中，笔者有幸看到了抚远县中队部分战友的日记，征得了他们的同意之后，在这里一一披露出来，以飨读者。

战士丁国强在日记中，记录了抚远县中队吃水的困难：“水是生命之源，这对我们抚远县武警中队来说，更是生命的源泉。这么大的一个中队，每天30来名官兵的生活用水都得靠我们自己用水桶从1里多外的地方挑回来，多么不容易啊！

“为了节约用水，冬天，中队所有官兵用雪洗脸，洗衣服用洗衣机洗，一次水把所有衣服都洗一遍，然后再换水，冲洗一遍，就行了。夏天，我们在下雨天把桶、盆都接得满满的，洗衣服时再用。战士们都能自觉做到节约每一滴水，少花费一些时间挑水，把节省下来的时间用在训练上。

“节约用水，是我们中队全体官兵的优良传统，我们一定要保持发扬下去。”

警营附近就是大江，但吃水、用水却如此困难。对此，我们的官兵毫无怨言，并表示了节约用水的决心。这让笔者想到我军在战争岁月中缺水的艰难。长征路上，草地里的积水伴着草根为指战员们充饥；上甘岭那场著名的恶战中，为了水，我们的战友流了多少鲜血……如今，我们的供给虽然有了极大改善，但生活中，总有不尽如人意之处。笔者相信，随着经济环境的不断优化，抚远中队吃水难的问题，迟早会得以彻底改善。

丁国强的另一篇日记写于2001年元旦期间，写的是“全副武装五公里长跑”的感受，写了自己在队长和指导员的鼓励下，终于从倒数第三名追到前数第三名的不甘落后的精神：

“中午，紧急的哨音，把我从梦乡中叫起。‘取枪！’值班员一声令下，军械库门开了。‘一定是全副武装五公里。’我在自言自语。

“中队所有官兵都扛着枪，背着洗漱用具、雨衣、水壶、弹袋，戴着帽子，扎着腰带，准备跑五公里。跑着跑着，在二十多名官兵中，我却落到了倒数第三名。我看到队长、指导员和司务长为我加油，还有总队派人为我们拍着录像。我说什么也不能落后，决不能给中队抹黑，一定要为中队的集体荣誉着想。我拼命地跑，我感到心里闷，上不来气。但是，我咬紧牙关，低着头，一直往前冲，终于‘功夫不负有心人’，我最终从倒数第三名冲到了前面第三名。我很高兴，跑完后，我虽然感到呼吸困难、汗流浃背，有要死的感觉，但我心里仍然十分高兴，因为我第一次取得这么好的成绩！这时，我才真正体会到'功夫不负有心人'这句话的含义。下次我一定努力，争取更好的成绩。"

另一位战士也写了这件事。

"今天跑五公里，说是五公里，不如说是十多公里。在跑的过程中，同志们始终都能保持高度的训练热情，以至于二十多里地只用了一个半小时就跑完了。跑时战士们一个个争先恐后，不时地你超我，我超你。从这次跑五公里可以看出我们中队冬练考核绝非虚名。它饱含了战士们的汗水，更饱含了战士们对中队这个大家庭无限的爱。

"五公里跑完了，战友们的衣服都湿了。这时班长让我们靠着暖气片。班长关心我们，使我们倍受感动。这表明了我们兵兵关系的融洽，也说明了我们的战斗集体的团结。可以说中队考核是与战友们的团结奋斗分不开的。"

上面两名战友所写的长跑，是部队日常训练中的一门必修课。它所体现的是民族英雄辛弃疾所写的那种"金戈铁马，气吞万里如虎"的我军指战员们的英雄气概，是开国领袖毛泽东所写的那种"不到长城非好汉，屈指行程二万"的钢铁意志和坚如磐石般的信心。

宋人辛弃疾生于今山东济南。金兵南犯后，他以二十几岁热血青年的爱国之心，在济南南部山区聚众两千人马，高举起了抗金义旗，曾率区区五十骑于五万金兵阵中劫出叛徒，缚置马上，连夜押回建康，斩首示众，令宋高宗龙颜大悦。后又在湖南创办"飞虎军"，为抗金准备了雄厚的有生力量。"军成，雄镇一方，为江上诸军之冠。"（《宋史·辛弃疾传》）。

辛弃疾同苏东坡一道，被誉为豪放派词人之执牛耳者。

毛泽东对古曲诗词向来的态度都是"偏于豪放，不废婉约"的。他曾一而再，再而三地圈画了98首辛词，其中有五首是他亲手书过的，充分地说明了他对这五首词的喜爱程度。此外，毛泽东在自己作的诗词中，还多次借鉴过辛词的名作，如毛词《沁园春·雪》："山舞银蛇，原驰腊象，欲与天公试比高。"辛词《沁园春·山齐庵赋，时筑偃湖未成》："叠嶂西驰，万马回旋，众山欲东。"

辛弃疾将重重叠叠的静态的群山比拟成回旋奔驰之万马，且呈"欲东"之势；毛泽东则把"千里冰峰，万里雪飘"的广阔的北国群山比喻成飞舞的银蛇，把秦晋高原比拟为奔驰的白象。一言以蔽之，毛词也是将静态的山原写得奔驰甚至飞舞起来了。

在这里，应该说是毛泽东对辛弃疾词的借鉴、点化，也可以说是"英雄所见略同"罢。

毛泽东在世的那个时代，是个英雄辈出的时代，其中的一位榜样就是河南兰考县当年的县委书记焦裕禄。战士张战升在自己的日记中，不仅暗含了焦裕禄，还引用了宋代民族英雄文天祥的脍炙人口的诗句："人生自古谁无死，留取丹心照汗青。"

这诗句取自文天祥的《过零丁洋》，全诗是："辛苦遭逢起一经，干戈寥落四周星。山河破碎风飘絮，身世浮沉雨打萍。惶恐滩头说惶恐，零丁洋里叹零丁。人生自古谁无死，留取丹心照汗青。"

文天祥，今江西吉安人。1256 年进士第一，任刑郎官，知瑞州、赣州等。1275 年，元军进攻临安（今杭州）。他组织义军，入卫宋都临安。次年，出任右丞相，出使元营谈判，被扣留，后于镇江脱险，组织军队抵御元军，转战于浙江、福建、江西各地。1278 年，在今广东海丰兵败被俘，押往元都燕京，虽囚禁四年，但始终坚贞不屈，英勇斗争，直到从容就义。就义时，年仅 47 岁。其毕生诗词，多慷慨悲歌，抒发了刚毅不屈的民族气节与昂扬的斗志。

毛泽东极为推崇民族英雄文天祥其人其作。他曾在一本《西江诗话》中圈点过这首《过零丁洋》，并手书过这首诗。1964 年，他曾让一位亲戚读这首诗，并问："假如敌人把你抓去了，你怎么办?"那亲戚回答说："人生自古谁无死，留取丹心照汗青。"毛答道："对了"。

文天祥的这首诗，是作者在兵败被俘后，1279 年初经过零丁洋时所作。当时，元军将领张弘范强迫文天祥随船同去追击在崖山的宋帝，经过零丁洋时，作者虑及自己兵败被俘，求死不能，又无法前去率领宋军抗元，反而还得亲见元军进攻宋军，内心感慨系之，写下了这首七律。当元将张弘范一再逼他写信给在崖山的宋军将领张世杰，劝张投降时，文天祥毅然抄录了此诗给张弘范，表明了自己坚贞不屈的心态，以及为国捐躯、死而无憾的高风亮节。

该诗首联，作者回顾了自己的一生：由科举而入仕途，从组织义军，起兵勤王，孤军奋战，难以御敌，直到五岭坡兵败被俘，已有四年了。颔联，感叹祖国的悲惨命运和个人的不幸遭遇，意思是说：整个宋室江山都破碎不堪，犹如暴风飘起的柳絮，时东时西；自己坎坷不平的身世，好像骤雨急打的浮萍，时沉时浮。颈联，抒写自己作战失利与被俘时的心境。作者巧妙地利用了这两个极具感情色彩的地名"惶恐滩"与"零丁洋"，来表达自己惶恐不安和孤苦零丁的心情，形成了极为工整、严谨的对仗。前三联的情调相当低沉悲郁，但尾联，诗人却以高亢的声调，磅礴的气势，突然宕开一笔，并立即收结全诗，表现出诗人崇高的民族气节与舍生而取义的生死观，形成了一曲千古不朽的悲壮之歌。

汗青：古时无纸，字，只能写在竹简上，需先用火熏烤，使青竹出"汗"。这样处理后不仅便于书写，而且不生蛀虫。这种加工过程就叫"汗青"或"杀青"。后人把它作为历史书籍的代称。文天祥这两句诗所表达的爱国主义思想，千百年来，曾经激励过多少民族志士、中华儿女？抚远县中队的武警战士张战升就是其中的一位。

张战生很有些文采，在日记书写的是自己的志向：

"我们中华民族是个群星灿烂的民族，古老而优秀的文化曾哺育了千千万万的民族精英，是他们以殷红的血水默默浇铸着华夏大厦的基石，是他们用遒劲的羊毫亢奋地书写着中华文明的进程，走伟人志士和英雄成长的道路，乃是时代的要求，乃是历史的呼唤。

“当你面对生命的安危，想一想文天祥‘人生自古谁无死，留取丹心照汗青’的不屈精神，当你面对人民生命财产的安危，想一想徐洪刚舍身救人的壮举，在一个个闪光的偶像面前，我们将寻得一个个闪光的人生坐标，因为前辈为我们留下了一句至理名言：‘榜样的力量是无穷的！’

“‘榜样的力量是无穷的’这句话，来自穆青等人20世纪60年代撰写的焦裕禄的人物通讯中，几十年来，一直被人们视为格言并广泛地加以应用。是的，‘榜样’本身就是一种力量，一种巨大的、无穷的力量。想想看，从古至今，在我们英雄辈出的中华民族中，曾涌现出众多的榜样啊！别的不说，就是在我党、我军的历史上，一串串闪光的名字后面绘就的，不就是一幅幅英雄群像的长卷吗？不就是一曲曲英雄的颂歌吗？像‘铁肩担道义，妙手著文章’的李大钊，像十六岁的女共产党员刘胡兰，像‘八女投江’的抗联战士，像‘狼牙山五壮士’，像‘为了新中国，前进’的董存瑞……他们既体现了民族英雄辛弃疾、文天祥的强烈的爱国主义精神，又代表着一个政党的铮铮铁骨，或一支军队的耿耿丹心。他们是我们民族的骄傲，是永远值得我们学习的好榜样！”

战士戴洪誉在喜迎新世纪的日记中，是满怀豪情的：

“今天我们中队召开了座谈会。会上每名战士可以说都感到非常开心。大家在一起畅所欲言，谈论世纪前工作，布置下世纪任务，都为自己是跨世纪的一代而骄傲与自豪，更认为能有今天是自己的福分。每人都发言了，平时少言寡语的人，今天也破例开了言路，都能够结合自身实践，谈论工作方法，切磋不足之处，总结经验教训。都感觉到自己的担子很重，任重而道远。

“最后，大家都不谋而合，决心为争创标兵中队而奋斗，为争创更高的荣誉而奋斗，以实际行动，向2001年交上一份合格的答卷。”

战士李振丰的日记写的是过生日。这是抚远县中队的一个规矩：为每位官兵过生日。

每个人都有自己的诞生日。这一天，事实上是人生的一个转折点，一个里程碑。每个人在过生日的这一天，都应该反思这一年的收获，制订下个生日之前的规划；都应该像李振丰这样，从中感受到党组织对自己的关怀和希望：

“今天中队给我们三个战士补上了本该在一月份过的生日。这时代理队长给我们讲了很多祝福和希望的话，也组织了活动，还有指导员也讲了话。中队党支部对我们的生日如此重视，真让人感动和感激。生日过得有意义，我很高兴。这也许是自己最后一次在部队过生日了。自从来到中队，中队给我们一个个过生日，这种好的传统，不仅融洽了官兵关系，更浓化了一个集体中人与人之间的爱，让我们感到非常的幸福和温暖。这也许就是我们中队的特色吧！

“过完生日后我很高兴，谢谢中队对我们的关怀和爱护，更谢谢中队领导还记得我们的生日。”

老兵姚万贞是抚远县中队的骨干，曾任后勤班班长。一次，他在杀猪时，不慎被开水烫伤，暂时丧失了生活自理的能力。正是在这种“欲动不能”的困境中，他切切实实地感受到了中队这个大家庭的温暖，切切实实地感受到了中队长、指导员对自己的关心，感受到了战友们对自己的深情厚爱。所以，他给自己的这篇日记起了个题目，叫《战友情，如兄弟》。

“我说的这句话，最能体现在军营里。这就像歌中唱的那样：‘战友、战友，亲如兄弟，革命、革命……’

队长、指导员有如父亲、母亲，班长、老兵有如大哥。部队就形成了亲人网，无论干什么事，都离不开大家庭。就比如我有病时，牵连多少人、多少事、多少情。可以这么说，战友情，我终生难忘。它是用金钱买不到的。我深深地体会到了中队大家庭的温暖。

我在部队将近3年了，称得上是个老兵。在日常生活中和战友们非常融洽。我一直拿下属当兄弟看，平时和他们非常能处得来，也有时和他们发牢骚，但我反过来想想不应该。从我的腿被开水烫伤后，他们对我非常关心。这让我深深感到温暖。这也使我对军营这个大家庭的含义有了更直接、更深刻的理解。”

姚万贞把中队称为“大家庭”。

抚远县中队的官兵都把警营当作了“家”。

家中，总是充满了友情与亲情的。

友情无价。

友情来自于人的相遇、相识、相知。

鲁迅先生与我党早期主要领导人瞿秋白的关系甚密，感情益笃，曾写过这样的名句：“人生得一知己足矣，斯世当以同怀视之。”

先生说，人这一辈子，有一位像瞿秋白这样的知己就足够了，一生一世我都要以“同怀”来看待他。

同怀：同样的怀抱也，志同也，道合也。

知己：彼此了解而情谊深厚的人也。

对知己，大诗人、大政治家、宋朝宰相王安石也曾写过这样的诗句：“汉恩自浅胡自深，人生乐在相知心。”

知心：相互了解而情谊深的，如知心人、知心话，等等。

战友之间能够彼此视为“知己”“知心”，确实如姚万贞所说，是“战友情，如兄弟”的具体表现。这在我们中华民族的历史上，常常被作为“美谈”而千古传诵着。

有一副写关公的对联，写得十分精当：兄玄德，弟翼德，德兄德弟；师卧龙，友子龙，龙师龙友。

横批是：亘古一人。

这副歌颂关云长的对联，关涉刘备、张飞、诸葛亮和赵云，是副群星荟萃于巴山蜀水的名联，是副歌颂群星情同手足的名联。

诸葛亮神机妙算，运筹帷幄，胸中自有雄兵百万，所以，爱国诗人陆游才这样赞美他："出师一表真名世，千载谁堪伯仲间！"

诸葛亮出师之前，曾给后主刘禅写了一份叫《出师表》的奏表。伯仲：古时称兄为伯，弟为仲，后来作为"差不多""不相上下"的代词。这两句诗的意思是：《出师表》写得多么好，多么有名气！千百年来谁又可以与诸葛亮这位军师相提并论?!

诗人姚怀光写了一首《武侯》（武侯为诸葛亮在蜀国的职务），其中有句："星落惊司马，风高冷木牛。"

星落：《晋阳秋》载"有星赤而芒角，自东北西南流，投于亮营，三投再还，径大还小，俄而亮卒。"指诸葛亮死于五丈原。司马：指司马迁。木牛：指诸葛亮出祁山伐魏时所设计的运输工具木牛流马。诗人在这里十分巧妙地将复姓"司马"与"木牛"对仗，可见功力不浅。

诸葛亮是爱护部将的，即使街亭失守，不得不依照军令状而动了极刑痛杀部将，也是再再"挥泪"的。

在我军数十年的战斗历程中，官知兵、官爱兵更是一个传之久远的光荣传统。他们知得详细，爱得细微，正是于细微处见爱心。战士吴斌斌的这篇日记，就记载了他目睹过的中队长杨立冬爱护战士的一件小事：

"已经半夜12点多了，我刚下岗脱下衣服躺下。不一会儿门开了，只见一个人进来了，看看这，看看那，接着他来到了一个战士面前，那位战士把被子蹬了，身体蜷作一团。他就把被子给那位战士轻轻地盖上了。这时我想那位战士肯定又感觉到了丝丝的暖意。

"为战士盖被子的那个人是谁呢？就是我们队长。他关心爱护我们，照顾我们。每到查铺时都会给我们战士盖被子，关心战士的冷暖，真是我们的好队长。这么晚了，队长还没睡，还坚持在自己的岗位上，认真履行自己的职责。这能让战士不感动吗？队长，你是好样的，你是我们抚远县中队官兵的好榜样、好大哥。

“三月十八日。今天是每周升旗的日子。我们排好了早操队列，并以响亮的口号迈着整齐的步伐走到了升旗台的前面。这是最庄严的时刻。我们致注目礼望着鲜艳的五星红旗冉冉升起，我仿佛看到了中队的未来、祖国的未来。我们中队发展前景是非常广阔的。将来一定会争到全国标兵中队。我觉得我作为一名抚远县中队的战士，就应该为中队的发展做出贡献。虽然这里很苦，但我会永远爱我的中队，因为我爱中队的国旗、哨位、日出，更爱我们中队这个温暖的大家庭。

“三月二十五日。今天，我们中队因为建设需要木头。中队为了省钱，发扬我们中队艰苦奋斗的创业精神，队长亲自带我们到几公里外的深山用爬犁拉木头。同志们的双脚一步一滑，因为地上的雪有一尺多厚，特别冷，但大家都是以高涨的热情把雪爬犁装满。回来的路更难走，一会儿上山，一会儿下山，特别滑。同志们劲头十足。我们回到中队的时候，雪爬犁全坏了。好多同志的脚都冻在鞋上，队长也一样。但同志们没一个叫苦叫累的。我记得有首歌中有这样的歌词：‘当兵的吃苦受累算什么’，真的算不了什么。为自己的家园建设做贡献，再苦再累也心甘。我们抚远县中队所积蓄的就是这种精神，我们还要继续保持和发扬我们抚远县中队‘不怕苦、不怕累’的这种精神。”

## （三十六）

杨立冬是“党代表”董哲峰的同级战友，但他年龄比董哲峰小，军龄比董哲峰短，到抚远县中队的时间也比董哲峰晚。采访时，杨立冬很诚恳地对笔者说，他是在“党代表”的悉心帮助下逐渐开展工作的。他们并肩作战以来，作为中队的两名主官，一直是配合默契、相得益彰的。但“党代表”的原则性更强些。他对杨立冬帮助归帮助，批评也是常有的事儿。一次一名战士在他这里请假碰了个钉子，到中队长那儿一说就准假了。这怎么能行？支委会上，董哲峰当面鼓、对面锣，尖锐地指出了杨立冬丧失原则的错误。两个人由于知己、知心，所以，越是批评，越使杨立冬感到“党代表”是爱护自己，帮助自己，所以，关系益发亲密了。在中队这个大家庭里，两位主官从来都是以长兄的身份“知兵、爱兵”的。董哲峰在冬天的夜里，悄悄地为战士烤大头鞋、烤鞋垫；而杨立冬则在夜深人静时，悄悄地到各班，为战士盖被子。对于像董哲峰和杨立冬这样的主官，战友们还有啥说的？战友们又怎能不把他们当成自己的朋友、自己的兄长呢？战友们又怎能不热爱自己所在的中队、自己的这个大家庭呢？

战士杨兵强的日记，道出的就是他对中队的拳拳热爱之情和建设好这个大家庭的耿耿赤诚的心。

杨兵强的日记，写到了抚远县中队争创全国标兵中队的决心。这，早已成为全中队官兵共同的心愿，共同的目标。

人生，离不开目标的吸引与呼唤。

人生，是一个不断地为自己树立目标的漫长过程。一个目标实现了，视线又紧紧地拴在了一个新的目标上……

抚远县中队在杨春水担任指导员的时候，加强了基础设施建设，健全了党、团组织生活制度，使整个中队全面地打赢了翻身仗，开始大踏步地跨入了先进中队的行列；紧接着，董哲峰接替了杨春水，使得抚远县中队百尺竿头又进一步，一年一个新台阶，无论是在中队建设方面，还是在支部建设方面，都扎扎实实地植根于先进中队的行列中。这期间，杨春水、董哲峰又都多次被评为支队的、总队和总部的模范指导员。

他们都是当之无愧的“党代表”，是我党基层支部的模范“班长”，模范带头人。

战士葛珂伟的日记与众不同。

他的四则日记，分别关涉到书法、兵味、职责和创造美的问题，读了让人感到这是一名勤于学习、勤于思索的年轻人。他有思想、有抱负、有上进心。

他认为，一个人“字写得好坏、美丑，是个脸面问题、门面问题”。

此言不差。

书法，是汉字独有的一门知识、一门学问、一门艺术。

唐代画家张彦远说：“书画之艺，皆须意气而成，亦非懦夫所能作也。”

意气：意志与气概也，如意气风发，如意气相投。

一个没有意志、气概和志趣的人岂不成了懦夫？

一个没有意志、气概和志趣的人又怎能笔走龙蛇，精于书画艺术？

张氏又说：“无以传其意，故有书；无以见其形，故有画。”可见，书法乃是传“意”的艺术。这里所说的“意”，是意思、是心愿、是题旨即主题。书家常常在运思、运笔的同时，在龙飞凤舞的横、竖、钩、点之中，便酣畅淋漓地表达了沸腾于心中的思想与情感。

张氏还说，“工画者多善书”“骨气神似，皆本于立意而归于用笔。”

诗、书、画原本同宗同祖。

唐诗人李颀诗云：“画为无声诗，诗为有声画。”

唐诗人卢照邻云：“寸步千里，咫尺山河。”

宋诗人黄庭坚云：“凡书画当观韵。”

宋画家张舜民云：“诗是无形画，画是有形诗。”

在我中华民族漫长的数千年的文明史中，曾经涌现出多少诗、书、画皆妙的大家？清代的山东潍县县令郑板桥乃“扬州八怪”之一，被誉为诗、书、画三绝者。

在我军七十余年的建军历史中，数以百万计的指战员里，就涌现出无以计数的诗人、画家和书法家。他们都像毛泽东当年在延安时写丁玲的一首诗中所云：“昔日文小姐，今日武将军。”——文武兼备，亦笔亦枪。

下面，就让我们来品味一下葛珂伟关于书法的这篇日记：

“字写得好坏、美丑是一个人的脸面。由于学生时代我没有利用好时机，没有认识到写一手好字的重要性，现在后悔莫及。但是我不会浪费在警营这段时光。我要把握好这次机会，因为我们中队的钢笔字帖非常全，这又帮了我一个大忙，不单是练字，还要多看些书，以便增加我的大脑储存量，为我将来报效祖国奠定基础，为建设我们中队奠定基础。”

很显然，葛珂伟说的是硬笔书法。

我国传统的书法艺术指的是毛笔字。钢笔这劳什子传入我国时间不长，后来又渐次被油笔和碳素笔所取代。硬笔书法同毛笔书法比较起来，年轻得多了。

我国的大书法家，如王羲之、柳公权、怀素等，近人如于右任、启功等，都是领一代风骚的书法宗师。尤其值得一提的是开国领袖毛泽东，那毛氏狂草，龙飞凤舞，得心应手，足见其神采飞扬的诗人本色。恰如唐宋八大家之一的苏东坡所云：“出新意与法度之中，寄妙理于豪放之外。”记得20世纪70年代初期，田中角荣访华时，毛泽东在接见之后，曾送其一本怀素的狂草字帖。

擅长书法如王羲之、怀素等人，均恋杯中物，常于欲醉欲仙之际，以千钧之力写出珍品、精品。唐代书法大家张旭往往于大醉之后呼喊狂走，然后落笔，草书惊人，人称“张颠”。在当时，张旭的狂草，伴之以李白的诗歌及斐旻剑舞，被并称“三绝”。稍后，诗圣杜甫以一首《饮中八仙歌》描写张旭发癫狂草之状：“张旭三杯草圣传，脱帽露顶王公前，挥毫落低为之烟。”

清代诗人、画家钱泳云：“工书者，不精小楷，不能称书家。”蝇头小楷常见书家功力。



清人郑板桥云：“掀无揭地之文，震电惊雪之字，呵神骂鬼之谈，无古无今之画，原不在寻常眼孔中也。”在郑氏看来，作家、书法家和画家，均为不寻常之人。

清代学者松年云认为：“不到铁砚磨穿之时，未易超凡入圣。”苏东坡说得更是直截了当：“非人磨墨墨磨人”。愿葛珂伟同所有喜欢书法的战友们都能以磨穿铁砚的决心，超凡入圣，成为当今的书法大家。

葛珂伟的另一则日记《兵味》，写的是对摸、爬、滚、打等军事训练的感受。

“时间确实无情。当兵之初，真不敢想象漫长时间如何过。转眼间半年多了，失去的是时间，得到的是当兵的体验，使我热爱上了摸爬滚打的兵的生活，仿佛只有在运动时才能使自己的军旅生活更加充实，仿佛军人的存在只集中于一个训练上，我不知道这种感觉是什么，也许这就是自己的‘兵味’更浓了吧？”

这则短文写得很有见地。

味，味道也，如辣味、甜味。

味，气味也，如香味、臭味。

味，情趣也，如意味无穷、津津有味。

味，体会也，辨别也，如耐人寻味、细味其言等等。

诗，得有韵味；菜，得有滋味；人，得有品位、品味；兵，得有况味、兵味。

葛珂伟的第三则日记写的是对战士职责的认识。

“作为一名武警战士，我们应当自觉遵守纪律，特别是在执勤中，一定要树立高度的纪律观念。这就像《警钟长鸣》上写的：‘执勤就是战斗，哨位就是阵地’。我要高度重视这两句话，切实做到‘在岗一分钟，警惕六十秒’。如果我们不能履行职责，不能遵守纪律，那么不就像在战场上没有枪一样只有挨打的份儿吗？”

职责即职务与责任。作为一名武警战士，其主要的责任就是保护人民，打击敌人。对广大人民群众来说，武警是“忠诚的卫士”，人民的子弟兵。我们精心维护人民的民主权利和合法权益，全力保卫人民的生命财产安全，全心全意为人民服务；对于蓄意破坏和推翻社会主义制度的敌对势力及其他犯罪分子，武警则是“利剑”和“铁拳”，是压迫的工具，是暴力。正是由于我们武警具有这样的自身职责和社会功能，所以，葛珂伟才念念不忘“执勤就是战斗，哨位就是阵地”，念念不忘“在岗一分钟，警惕六十秒”。

葛珂伟的第四则日记，谈的是创造军人美的这么个大问题：

“九九归一。当我们以创造性的姿态，面对人生时，首先应该明确地意识到：我们是军人。军人的岗位，是我们创造美的出发地；军人职责的需要，是我们创造美的瞄准点。因此，在美的领域里，我们首先创造的应该是崇高壮丽的军人美。”

何谓美?

从“美”字的构成上看，“羊大”为美。

原来，我们的祖先在祭祀时，总以牛羊为牺牲品。谁如果对神灵特别忠诚，谁就会挑选大羊为祭品，那么，谁就“自然美”了。

美，就是漂亮，就是好。

孔子认为：“里仁为美。”

孟子认为：“充实之为美。”

荀子认为：“不全不粹之不足以为美。”

张载认为：“充内形外之谓美。”

军人当然应该具备军人美。

军人美是由现代军人的素质决定的。

现代军人的素质包括政治素质（坚定的政治信念、高度的思想觉悟、强烈的爱国主义情感和科学的思想方法）、军事素质（具备一定的军事理论知识、掌握过硬的军事技能和养成良好的战斗作风）、文化素质（合理的知识结构和运用知识的能力）、法纪素质（知法要通、守法要恒、执法要严和护法要勇）、道德素质（高尚的道德观念、可贵的道德情操和文明的道德行为）、交往素质（强化交往意识、具备交往知识、坚持交往原则和掌握交往方法）、身体素质和心理素质（认识系统健全、良好，动力系统积极、稳定，调节系统坚强、有力）等共计八个方面。具备了这八个方面，一个现代军人就具备了心灵美即内在美，同时也具备了体质美即健康美。

此外，笔者还认为，现代的“军人美”还应该包括风度美与气质美。

风度是人的形态、仪态与神态的高度和谐，是一种作用于人心的力度与强度。它应该无时无刻不在诱惑着、迷惑着又蛊惑着我们现代的军人在参与和实践的过程中感到豁然、陶然、昂然与超然。

气质是现代军人的内在品格、内在素质。它总是以独特的个性色彩荡漾在威武不屈、坚毅勇敢的军人的赤胆忠心里。

如果说彩虹升华了水、鲜花升华了土壤的话，那么，现代的中国军人以独有的“军人美”，则升华了我们炎黄子孙的优良传统和优秀品质！

战士王新鼎的日记，写的是“回忆”。

回忆是以记忆为基础的，是对记忆的复制。

回忆的内涵是酸甜苦辣都有的，它可能甜蜜，也可能酸楚；可能苦涩，也可能辛辣。

老庄稼把式春天披件破棉袄，叼着旱烟袋，几个人蹲在向阳的墙根下回忆往事时，值得欣慰的只有三件事，那就是年轻时的饭量、力气和生殖力。

诗人则不同。

诗人的朵朵心灵之花永不凋零。

诗人千方百计地把自己心灵沃土上的朵朵鲜花，移植在他的读者的心灵里，绿化和美化着千千万万人的记忆与回忆。

诗，便是他的发言、宣言、誓言、格言和遗言。

王新鼎的日记，头一句就说："回忆是美好的。它就像一首甜美的诗。"此言甚真！一个年仅二十岁的武警战士，当然有自己幸福的童年和少年时代，有无数值得回忆的美好的人物和事物。

王新鼎的日记是这样写的：

"回忆是美好的。它就像一首甜美的诗，但人们不能总生活在美好的回忆之中。回忆的内涵只能说明过去，不能代表今天，更不能代表将来。总是生活在回忆之中，只能沉湎于过去。回到现实生活中来吧，把回忆变成一种对将来美好生活的憧憬。

"回忆同样也能激励进步，只要正确运用回忆的力量，它能够不断催人奋进，同时也能绿化、美化和优化人的精神世界。"

王新鼎提醒人们，不要总是生活在美好的回忆之中，而要从回忆中汲取催人奋进的力量。

战士蒋海波的日记，一口气提出了五个问题：

"如果你是一滴水，你是否滋润了一寸土地？如果你是一线阳光，你是否驱逐了一分黑暗？如果你是一粒粮食，你是否哺育了有用的生命？如果你是一颗最小的螺丝钉，你是否永远坚守在你的岗位上？你既然活着，你又是否为了未来的人类生活付出你的劳动，以便使世界一天天变得更美好？我想问你为未来带来了什么？在生活的仓库里，我们应该是个供应者，而不应该只是个无穷无尽的支付者。"

质疑与追问是一种高智心态。

美国学者亚当斯说过："质疑的态度从最广泛的意义上说是促进创造性思维所必需的。如果你盲目地接受现状，你就不会有创新的动因，你就不会看到需求和问题之所在。所以对问题的敏感性是一个人富于创造力的特征之一。"

蒋海波的问题提得好，提得中肯、实在。在这里，既有对战友的提示，更有对自己的鞭策，而作为日记的内容，最主要的是对自己的鞭策。

战士赵坚的日记里有两个内容：一个写的是“钉子”，一个写的是“影子”。

“有人说工作忙，没有时间学习。我认为问题不在工作忙而在于你愿不愿学习，会不会挤时间。

“要学习，时间是有的，问题在于我们善于不善于挤，愿不愿意钻。

“一块好好的木板，上面一个眼也没有，但钉子为什么能钉进去呢？这就是靠压力挤进去的，硬钻进去的。

“由此看来，钉子有两个长处：一个是挤劲，一个是钻劲。我们在学习上也要发扬这种‘钉子’精神，善于挤和善于钻。

“影子常常是高大的。人有时会被自己高大的影子所迷惑。所以说迷路的原因，常常就因为人总是在欣赏自己的影子。

“我要关注自己脚下的路，关注中队的集体荣誉，而不应该总是关心自己的影子。”

“钉子精神”是从共产主义战士雷锋生前日记中提炼出的一种挤时间用来学习的精神。学习雷锋，就要像赵坚说的这样，要有钉子的那种挤劲儿和钻劲儿。

影子，是阴影，是光照在人、物上所投射出的阴影。赵坚在关于影子的议论中，表明了对中队建设和对集体荣誉关注的决心。

赵坚的另一篇日记谈的是“苦难”。

“我们的苦难就是我们的财富。

“苦难是人所畏惧，人所避讳的。但我要说：‘苦难常常是人的一种财富。’

“法国大作家巴尔扎克曾经说过：‘世界上的事永远不是绝对的，结果完全因人而异，苦难对天才是一块垫脚石，对能干的人是一笔财富，对弱者却是一个万丈深渊。’他的话是千金难买的至理名言。

“痛苦的意义被发现以后，就不再痛苦了。如果能将痛苦的意义转化为生活的动力，痛苦也就转化成了财富——难道不是这样吗？

“苦难，乃人生的一大财富。

“对于成功者来说，苦难便是他冲向成功之门的垫脚石、砥砺意志的磨刀石和检测信心的试金石。

“只有热爱生活、热爱生命并爱得深沉的人，才有深沉的痛苦。

“只有那些放然于大苦者才深知大乐。

“只有那些大智大勇者才放然于大苦。

“孤独，是生命的支点。

“而痛苦，则是生命的摇篮。”

笔者虽然刚届不惑之年，但就自己的下乡入伍的历程而言，已初知痛苦三昧。

痛苦正是一个人的切身感受和生命体验。

人因为痛苦的独有才会深深感受到孤独；又因为孤独感而深化了自己的痛苦感。

可以说，越是有思想的人，就越痛苦；越是有追求的人，就越痛苦；越是严以律己并上下求索的人，就越痛苦。

人生就是这样：无梦的人生太苍白了，而多梦的季节又太痛苦。

幸福是树上的花朵、天上的彩云、脸上的微笑；而痛苦则是那树下的根、海底的涌和心头的浪。

勇者能像赵坚所说将沉重的孤独感和痛苦感视为一笔巨大的财富，并能随心所欲地将这笔财富转化为自己的内驱力，从而使自己的生命诗意化。

李德林的日记，涉及对绿色、对自信和对艰苦的认识。

“当我们剪断黑色长发，面对镜中绿色的自己，心中不免有几分失落，毕竟是爱美的年龄，爱做梦的季节。可是即将离队的老兵们说：‘新战友总有一天会觉得这身警服是一生中穿过的最美的衣裳。’感悟着老兵的话语，我们心中涌出许多憧憬。就是从那一刻起，我们懂得用心去领悟军旅生活中的点点滴滴。

“经过艰苦训练，我们拥有健美的身躯、整齐的警服、坚毅的性格。看，阳光下军姿挺拔、步伐整齐、精神饱满，从人们赞赏的眼神中，我们知道自己是最美的人。

“就是这样我们开始依恋绿色，我们心中有梦想，我们眼中有彩虹。我们今天无怨无悔。

“没有自信，便没有成功。一个获得巨大成功的人，必是一个自信者。有人说：‘自信是成功的一半。’如若不充分地认识这一点，有一天，你会连原来的另一半也失掉的。

“条件越艰苦，越能磨炼人。因为人要改变这艰苦的环境，用勤奋的双手和智慧的头脑，去改变任何一种恶劣环境。

“这是一个老兵对我所说的一段话。是的，我们要用自己辛勤的双手和智慧的头脑去改变、改造和改善周边的环境、身边的一草一木，以便把我们中队建设得更加美好。”

在这里，李德林对艰苦的认识，同赵坚对苦难的认识有着异曲同工之妙。对自信的认识同样是正确的。笔者一直认为，成功者所乘坐的是一辆三轮马车，那三个轮子便是兴趣、毅力和自信。

兴趣是一切成功者成功的基础。有了兴趣，才有好奇心，才有克服困难的勇气。毅力就是坚韧不拔、锲而不舍的一种精神，就是持之以恒、不达目的绝不罢休的那种精神。自信，就是相信“我能行”。它在人受到挫折、打击时，常常起着决定性的作用。

战士李哲丰的日记是篇夹叙夹议的记叙文：

“今天，天气很好！我们中队同三中的球队一起踢球。踢的过程中大家都很高兴，我们彼此用友谊第一的思想激励自己的感情。当我摔倒时，三中一名学生亲切地扶起我，让我感到非常温暖。在这一刻我突然发现自己变了，我想我也真的成熟了（同时也感觉到真情的力量）。过去那种放肆的行为和爆竹似的性格已悄然隐去，剩下的只有温暖和微笑。部队改变了我。今天，虽然我们输了，但输得很有绅士风度，输得很潇洒、痛快、值得！我想这可以进一步增进我们同共建单位之间的友谊。”

抚远县第三中学是抚远县中队警民共建单位。李振丰从一场球赛感知到三中学生对自己的关爱，并以此做了自我省视，表达了警民团结的决心。

在本文即将结束的时候，让我们再看一看一班战士解加磊的一篇日记：

“父母出差去了广东湛江，而我在黑龙江佳木斯抚远中队当兵。前一阵子，母亲来电话，说父亲患了肾结石，病情重，需要动手术。我听后心急如焚，挂断电话后，我一直闷闷不乐，无论执勤、训练、工作都毫无积极性。就这样一个半月过去了，一直没有得到父母的消息，我又联系不上。这下我实在忍不住了，心里感到非常焦虑。这一天，吃中午饭时，我看到桌上摆的西瓜，想起在家时，与父母一起吃西瓜的情景，我就更难过了。饭也没吃好，中午午睡时，越想心里越难受，眼泪夺眶而出。这时班长走了过来，问我说：‘怎么了，出什么事了?’我把事情的原委一五一十地告诉了班长。班长听过，说：‘现在我给你做思想工作也是无济于事，最重要的是先联系上你的家人。我这里有张IC卡，你拿去，你只要认为能够联系上时就打，要尽快联系，现在就去。’班长陪着我在电话边打了半个多小时，可是我试过许多次都联系不上，手机、呼机都不回应。班长见我着急，说：‘别心急！再试试，问问你的亲朋好友，看看他们是否能够联系上！’我按照他说的做了，最后我找到了我叔叔，叔叔说他可以帮我联系上，让我等母亲的电话。我听叔叔说后十分高兴。班长见我的情绪有所好转，就说：‘你先放松一下，去睡觉，没准等你睡醒了，你母亲就给你来电话了！’听到班长这么说，我心里平静且舒服多了。就在这周的星期六，母亲真的给我打来电话，告诉我父亲已经成功地做了手术，现在已经恢复健康了，前一段只是父亲的手机、传呼一下子都坏了，所以联系不上。这下我心中的石头可算落在了地上。班长知道了，会意地笑了笑，鼓励我说：‘现在问题都解决了，要积极工作了！’‘是！’我爽快地应道。此后我无论执勤、训练、工作都非常积极，我与班长之间无话不说，我感到班长就是我的亲哥哥。”

解加磊写的是一班长宋宪刚帮助他、关心他的事儿。从这篇日记里，我们不仅看到了中队这个大家庭中，人与人之间的兄弟般的情谊，还深入地了解了这个中队的内部关系为什么会这么默契、这么融洽。这是解加磊的心声。以上的这些日记，同样是发自于中队战友们的心声。

航海家以灯光为语言，交通警察以手势为语言，画家以颜料为语言，雕塑家以泥土为语言，音乐家以音标、音符、音调为语言，舞蹈家则以人体的动作姿态、节奏和表情为语言，而我们抚远县中队的武警战士则以心声为语言，把日记写得何等真挚、何等多彩又何等感人！

## 后　记

我当指导员的时候，是很用心、很能吃苦、很执着的，可谓踌躇满志、豪情万丈。那是在深山老林里跋涉的岁月，二十几岁的官，领导二十来岁的兵风里雨里泥里艰难度日，一同爬冰卧雪，一同风餐露宿，同甘共苦，苦中有乐，其乐无穷，很有意义。那时我就常想，指导员就应是勇于吃苦的形象，就应是挑战困难的示范者，就应是完成任务的领头人。

今年八月，我奉命到抚远县中队。百闻不如一见。在那里的所见所闻，令我感动。无数鲜活的事实说明，他们是与时俱进的实践者，是用思想、文化、智慧和形象爱兵、知兵、带兵的模范。从东极点上写青春的杨春水到优秀党员标兵董哲峰；从入伍前手里就有十万元存折的优秀班长宋宪刚到家里开金矿有三层楼宅的优秀士兵杨兵强；从中队领导自掏腰包给大家买微波炉到每周五全体党员为士兵洗衣、刷鞋的举动，许许多多感人的场景历历在目。一个战士患了疥疮，杨春水打听到蛇可以治疗疥疮，就不顾蚊虫叮咬，跋山涉水去抓蛇使之痊愈，而无法抽身去顾及患急病的女儿；当董哲峰背着战士到县医院看病时，却无暇寻找远在几百公里之外，露宿在佳木斯街头的患精神病的老母。战士过生日，指导员问大家有谁知道自己父母的生日，结果竟无一人知晓。指导员就顺势把给战士过生日变为爱父母、爱中队、爱祖国的大讨论，并让过生日的战士当升旗手，在庄严、激越的国歌声中，在鲜艳、神圣的国旗下，领悟士兵的责任、义务和使命。他们把战士看作是亲兄弟，常说："家家就这么一个孩子，他们的父母把孩子送到部队，不就是因为他们相信部队是一所关爱他们成长的大学校吗？我们这样做，不就是让天下的父母知道：孩子在部队，他们就放心吧！"

由此，我终于闻到一股山野的清香，终于悟出了这个位居偏远、高寒的小山沟的中队何以成为中共中央组织部授予的“全国先进基层党组织”，何以成为中国人民武装警察部队标兵中队了。他们堪称是在本职岗位上践行“三个代表”的模范。他们把理想与信念凝聚在祖国的东端上，使初升的太阳、飘扬的国旗和神圣的哨位一起把国歌唱响，从而把官兵建设祖国的美好心愿、热爱祖国的赤胆忠心和守望安宁的重大使命紧紧地浓缩在这里——“把太阳迎进祖国，将青春献给警营”，这就是抚远县中队之魂。

抚远县中队这特殊的地域，使他们成为最早把太阳迎进祖国的人。那天一大早，我登上了抚远最高处，目睹了日出全景、全过程。我看到：火红的太阳冉冉升起，在那无限苍茫寥廓的天空把灿烂的光辉洒下，大地上的一切都盈盈而生。阳光金色的因子透入万物的体内，生命的血液是鲜红的，植物的血液是碧绿的；它还光华万顷地涌入黑龙江、乌苏里江、松花江三江交汇处。于是，万物都在感到自身元气的膨胀、生机的亢奋和力量的迸发……

抚远县中队是太阳升起时的伴侣，国旗和哨位更是形影不离。通过这次抚远之行，我从心里感受到他们的平凡与伟大。沉默而又干实事，这是一种境界；已经干出了突出的业绩仍在默默奋斗，这就是一种高境界。我想，我有责任、有义务用心写出抚远县中队，让更多的人了解、熟知、读懂、学习。于是，我利用两个月的时间，写完了这本报告文学。写作的过程，就是我学习的过程，也是我思想不断升华的过程。我衷心地希望大家有机会去抚远县中队看一看。我相信你们的感受一定会比我更加强烈、更加深刻！

我要深深感谢总队首长、政治部首长的关怀和支持；深深感谢总队组织处、宣传处的同志提供的资料；深深感谢佳木斯市支队领导和抚远县中队官兵的支持；我更要深深感谢学校领导、有关同志和著名诗论家谢文利老师的鼎力相助！

刘继祥

2001 年 11 月 1 日

# 后记

# 上有千仞山，下有万丈冰

我常想，人假如没有文化的包围、渗透、统率，会是什么样？文化，不只是识字、撰文、说话，更是思想，是言行，是形象。公务员更是如此，从官到干部，再到公务员，称呼的转变本身就是文化的发展、文化的延伸和文化的更替。依我看，公务员文化主要应是德正其身、才胜其任、心灵宁静、善始善终的总和。公务员若是离开了文化，则是无源之水、无本之木。在人生的大舞台上，无论扮演什么角色，都可能不知所缺、不知所失、不知所向，对道德操守、理想取向更难知一二。如此循环，误己，误人，误国。可见，公务员文化对每个公务员来说都是不可或缺的。

细品起来，这么多年，我是干啥写啥，离不开生活的圈子，尽力用“吾手写吾口”。表述虽然一直很拙劣，但还是坚持不懈。小学的时候，我写了一篇抒情文，起名叫《茁壮成长》，并在万人大会上演讲。从那时开始我便对写作和朗诵有了兴趣，班主任张春青走到哪儿便把我说到哪儿。初中时写下长篇日记《中学时代》，满满一个日记本，带我写作的同学杨民看过后说没啥意思，用红墨水写了两页批语，这批语成了我模仿的句式。1975 年，县里召开评《水浒》座谈会，我当时是中学生代表，与工人代表和朱善璐等 5 人围坐一圈讲给上百人听。寒暑假到乡下爷爷家先后完成了短篇小说《沸腾的村庄》和《不会来事儿》，还写了不少诗歌。下乡当知青时，写了散文《铁青年》和《铲穷》。这个“铁青年”就是知青战友宋克义，他和李瑞文、许向军同学在做人做事等方面，都是我的榜样。我还经常躺在垄沟里大段大段背诵诗歌、散文。1977 年复习备考，老师把我写的《每当我唱起东方红》和《我的老师》当成范文推荐，当时，就连现任南京市委书记的朱善璐、齐齐哈尔师范专科学校党委书记杨民和文化部社会团体司副司长马文辉在一起听完后也问我此文，精心辅导我的张耀桓老师更是从心里高兴。我在北京黄金指挥部工作期间曾两次去北京大学拜望当时任北大团委书记的朱善璐，说历史，谈人生，话未来，热情、轻松、愉快，还谈起入伍后的事情。每天我都是早晨四点钟起床看书、写作、背诵，没误过一天。每个周末更是我最充实的日子，埋头写作，经常忘记吃饭。记得在湖北新兵连，那是在一个住了 200 人的高架房子里，早餐后，我趴在床头，一气呵成，写出了短篇小说《地主的女儿》和长诗《向地下“银行”进军》。有一次理论学习结束后，分班讨论，当我发言的时候，也许是声调高昂，也许是朗朗上口，其他班的讨论几乎都停下来，好多人都平心静气地把目光对向我。1980 年冬天，现任黑龙江省公安厅副厅长的王晓曦和我住在潮湿的帐篷里采访写作，共同发表稿件。这么多年，他一直关注我，战友情深。1983 年春天，在黑龙江大学哲学系参加了 3 分钟演讲《人活着》，当时，曾任省委宣传部长的衣俊卿老师坐在前排，是评委之一，我获得了一等奖。奖给我的笔记本至今留存，上面有“一等奖”并盖章的清晰印记。1984 年春天，在《新青年》杂志学习的时候，有一天谢文利老师半夜 12 点敲门，说：“睡得太早，不会有啥出息，得看书或写作。你可以想一想，别人睡觉你也睡觉，别人玩牌你也玩牌，那么，你出作品、出成绩的时间都在哪里？”文利、旭辰、惠民、方元老师对文字要求特别苛刻，对我影响很深。在北京黄金指挥部工作三年，我在组织处工作，处长胡相和把起草领导讲话的工作交给我，我便起早贪黑查找资料，专心写作，反复修改。那时是打铅字，有时来不及便让战友易耘兄帮助誊写，他的书法在全军获过奖，文字也好，人无杂念。我俩在一个宿舍共住三年，晚上，他铺开毡子写书法，我则看书，经常到后半夜。有一年开会，不会有人相信，当时冶金部部长戚元靖、副部长徐大铨和武警总部司令员李连秀的讲话都出自我一个 26 岁的士兵之手。我写的一篇《百万元户家庭士兵黄金梦》调研报告，军委、总部和指挥部领导均有批示，引起重视。我还有机会跑遍 100 个连队，仅搜集素材就有 15 本，约有 10 万字。回来后，在机关演讲，后来又在国家机关工委、冶金部机关和三个总队演讲，让军师团三级首长热泪盈眶，我获得了一等奖，团体二等奖。指挥部主任黄玉珩少将（他当时是中国黄金总公司总经理）特意批钱加菜款待我们，指挥部政治部主任高炎少将非常高兴地与我们共进午餐，同我握手时笑容里对我寄予厚望并当场说："我们在干部任用上可大胆地迈出一步，拿继祥做个试验。小步快跑，重点培养。"尽管在正团之后踏步前行，没有成行，我还是很骄傲。在亦官亦文的道路上越走越远。后来，创作出版了报告文学集《黄金般的史诗》《黄金魂》《黄金部队的赞歌》，《解放军报》编辑陈生庚、哈尔滨《新晚报》副刊编辑圆小玲分别刊发消息称："'刘继祥——从黄金里淘文学'，成为武警黄金部队家喻户晓的黄金题材开山之作。"高炎批示："发行到班，可作教材。"后来的《山野人生》《叩问灵魂》《守望灵魂》《叩问爱情》《山远人远》《橄榄绿防线》《忠诚铸丰碑》《大写的忠诚》等书在武警部队书库里均有席位。当干部处长为总队党委在干部管理、考核、任免等方面思考周全，参谋得当，拿出的第一方案和建议，两任党委都点头称是。在医院当政委，能把大家的心凝聚起来，队伍作风、医德医风等方面都顺理成章，是指挥部首长来哈尔滨视察必到必听的汇报单位。总部首长、指挥部首长来部队视察和总队首长下基层视察总是选我作为随从陪同。我从士兵到正团，跟随王成福少将和李永奇大校时间较长，他们对我要求严格，关心体贴，十分信任。侯立成政委和张万田总队长非常赏识我的为人和才干，曾对我的同期战友说："继祥的才能，你们可能学不来，可学学继祥的为人吧！"后来，我调任指挥学校跟随杨树清、龚洪琛大校工作，任学校副政委。五年间每年开学式和演讲等活动都由我发表讲话，学生说："听刘副政委讲话是一种享受。"所以带领他们抗洪、处突得心应手。官兵们说："刘继祥政委往前一站就是命令。"总队举办各支队主官学习班，总队全体首长、各支队主官专门听我演讲。转业后，我到哈尔滨市委办公厅综合一处、三处，克非秘书长，光辉、继泽、继权处长，对我影响很大，使我对写"同志们"、调研报告等类文体和在首脑机关工作特点有了更深的认识和提高。后来，到哈尔滨市松北区任群团部长、宣传部长和文化旅游局长这几个角色。松北新区的创新、务实、高效和拼搏，使我感受极深。镜铭书记和沿民区长等领导的人格魅力、领导魄力、创新能力和发展决心以及对宣传、文化、旅游的重视使我信心倍增。于是，我开始从提炼松北精神上下功夫。除了策划新区精神文明建设规划、理论教育、工青妇、科协、机关工委的日常工作，还在文化规划、旅游规划、构建文化长廊上下功夫，形成了松北文化旅游现象，打出了自己的独有品牌。同贾岩、吴颖湜一起策划、撰稿制作的三部电视片《松北·天堂》《松北魂》《松北的雪》和三部文化旅游作品均获全国文化旅游博览会一等奖和二等奖。除了写报告、讲话和正常工作外，还创作了长篇文学报告《大气松北·盛于久远》《来自太阳岛的报告》《冰雪魂》，长篇小说《太阳岛传》《穷人》，文集《行于心田》《上善若水》《厚德载物》《发于点滴》以及长篇文学报告《金泣》和《水泣》总计约有500多万字。1997年至2007年召开了两次我的作品研讨会，不少名流参加，规格不低，评价实在。第一次是由时任黑龙江人民出版社社长冯东海主持并讲话，彭放、叶柏泉、张一、谢文利等知名专家学者或褒或贬，评论非常热烈。黄金一总队首长孙景山、许佐民、李永奇、马自遴、王长顺大校及新闻媒体记者参会约有50余人；第二次由贵才书记主持，艳红区长作总结讲话，春清区长和各委办局的领导及相关人士共计70余人出席。主持、讲话富有品位和水准，研讨热烈，每位的发言都是一篇上乘之作。时任省作协主席冯健福和陈凤翚、靳国君、刘邦厚、王洪滨、冯毓云、王惠民、吕中山、李方元、丛坤、俞权中、杨成志、张永德、王远贺、董光辉、刘金祥等知名作家纷纷发言，对我和作品予以评价。读书、写作和工作使我一天到晚感到很充实。总部、军、师、团四级机关和连队的军队工作经历，市委办公厅及区宣传文化旅游部局主要领导经历，人民大会堂受到当时常委乔石的接见，多次在千人面前脱稿演讲，10余次参加全国全军大型笔会与当代大作家、大文豪接触，当面聆听其传授等，使我见识了许多，构成了我人生历程的一段美好画卷。在部队5年，我专门读书，10年内提升了7个职级，从普通一兵到一名正团职上校指挥员，再到地方一名正处级领导干部，我深感恩宠俱渥，愧蒙错爱，感恩有加。当指导员时，领导的连队荣立集体三等功，我个人二等功；当政委时，领导的支队列在指挥部（军部）的先进单位行列有通令奖状；当部长和局长时，在地方宣传文化旅游战线被列为突出贡献奖和先进单位，并被总结为创造了文化旅游工作“10个第一”。我试图做到为官有建树，为文有著述。著名作家陈凤翚在我的作品研讨会上评价：“继祥把为官为文的结合点找得很准，结合运用得都很好。”全国第一家冰雪文化研究会、全国第一次冰雪文化论坛、全国第一家农民工创作组、全国第一本《冰雪文化》杂志均是我的领导和我的同事一起努力并由我牵头策划和组织，这是很荣幸、很难得、很沉重的事情。著名作家冯健福、黄秋实、王洪斌说：“继祥除了自己勤奋写作外，每组织一项大的活动都富有品位、有声有色、产生影响，的确是一个有心人。”哈尔滨师范大学教授冯毓云老师在给学生讲课时曾拿我为例：“在很少有人读书的时代里，居然有一名中层领导干部还在埋头写作，好几百万字的作品有思想、有深度、有影响，真是令人称道。”

话说回来，我并非与众不同，只是每做一件事情都注重细节，多想对策，恐怕出错。无数次主持、汇报、演讲都精心准备。有一次，著名作家阿成来访，听我介绍，他很惊讶，说："十分钟就能把所做工作和思路说得一清二楚，且文化味很浓，我听了很高兴。"这不禁使我想起当年让阿成看我写的东西，草草翻看两页，便说太空就甩袖而去的一幕。一次评议结束后，一位领导说："继祥述职报告只用五分钟便让听者一目了然。"几位同事也在一起议论："后来，只要听到由刘继祥发言，台下就静下来，形成了一种现象。"向常委会、政府、人大、政协汇报，清晰、实在、可行，使文化和旅游的结合点达到了高层次，组织的活动有品位。评价是："创造了奇迹，让人震撼和鼓舞。"在市委党校优秀中青年干部学习班军训结业和学习结业式上，我代表男学员发言，郑喆副校长评价说有气势、有特点、有品位，在学员中有反响。无论是在部队带领几百人抗洪、处突，还是在地方岗位完成本职工作、组织大型活动，都是方案详达、镇定自若、有条不紊、无一漏洞。我力求把全局人员的积极性、主动性发挥到极致，以人为本，与人为善，做到小才大用，人尽其才，能写的便安排起草文章，写不来的便安排搜集资料或安排场地，到基层调研，人人都谈体会，大家都忙起来，在实践中锻炼。由五千余人参加的丰富多彩的松北首届文化旅游美食节阵容强、气势大、安全圆满、带来效益；首届"松北·太阳岛"冰雪文化论坛品位高、影响大、效果好，省内外专家、文化学者和与会同志一致称赞。每部作品、每部片子、每项活动，都组织全局人员一起讨论，集中大家智慧，也使大家从中受益和提高。这种方式凝聚了大家，感染了大家，让大家都感到充实和愉快。我的体会是，每天都读一点、写一点，是快乐的事情。我觉得作为公务员，读、写、说、办是必备的。读写可以清晰思路，可以提升境界，可以净化灵魂，更可以找到分析、判断、处理问题的准确坐标，可以不误入歧途。

沉默而又干实事，是一种境界，是一种执着，是一种追求，更是一种向上的力量。之所以提及以上经历和思考，主要是考虑我的文化根源的形成及其影响和实践。《深浅本末——公务员文化笔记》的起名，缘于我也是公务员。为什么都冠以“文化”字样？这是因为我考虑的和我认识的文化就是天地，就是大海，就是空气，就是灵魂。对公务员而言，文化决定方向，文化砥砺人生，文化忠告本末。公务员应该干什么，不干什么，怎么干，等等，在这里或许就有答案，那就是真善美……在真善美这个天平上千万不能失衡，千万不能把言行不一当水平，千万不能把盛气凌人当魄力，千万不能把弄虚作假当本事，千万不能把道貌岸然当形象。做好自己该做的事，想想深浅，看看本末。做人不易，做官更难。不同职别、不同岗位的官责任不同、压力各异、处境不一，处理问题的方式千变万化。总之，当官的与不当官的总要有差别，关键是平衡。

对有些事物的认识本身就很肤浅，所以恳请老师、朋友不留情面地批评。之所以把目录称为“将目录一阅到底”，我主要考虑在有限的篇幅里让这种文字得以升华。不管是什么题材的作品，标题本身就有意义，不能只是一行符号，可有可无；不能只是一篇文章的眉目，更应该有灵魂。标题是读下去的诱饵和磁石，其意味、韵味关键在于体味。这本书引用的诗句做标题有的是望文生义，有的是原创原意，更有的是一种联想联系，总之是一种渴望、一种深浅、一种本末。有的可能很牵强，可能文不对题，也可能相背相离，但细品一下，也可能文韵相通，字意相近，若即若离，殊途同归，也算实现初衷。怕就怕玷污这些诗句，故一字一句查译，便也松了一口气，权当再读了一遍经典诗吧。

# 刘继祥创作、演讲年表

1970年5月（小学三年级），语文课上朗读课文受到老师表扬后便爱上了朗读，每天早上未起床便大声朗诵，坚持至今；同时，每当黄昏饭后便领着二十几个与自己年龄相仿（也有年龄偏大）的男女小孩在众人聚集地搞京剧表演；在小学四年级后，每月有一次在全校师生面前朗诵的机会。

1972年05月（读小学5年时任红小兵团（后改为少先队）团长），以“茁壮成长”为题，代表全县青少年在万人大会上讲话。

1973年09月（读初中时），与一邻班生辩论，被一老师驻足看后拍肩膀说口才很好，从此便练口才，试写长篇小说《学生时代》，拿给高两年级的同学看后说只能算长篇日记《学生时代》。

1974年06月（读初中时），创作诗歌《赞运动员》。

1975年06月（读初中时），文章《学批联干是真经》在县里座谈会发言。

1976年05月（读高中时），散文《走向青春》发表在《嫩江日报》副刊。

1976年8月，担任拜泉一中学生会主席后，每周一次在全校师生面前讲评，脱稿发言从此开始。

1976年10月（读高中时），文章《坚决拥护心里亮》在两千名师生大会上宣读。

1977年06月（读高中时），创作诗歌《新绿向着太阳笑》小说

《沸腾的村庄》《不会来事儿》等。

1977 年，《到广阔天地去大有作为》在 1977 年全县下乡知识青年动员大会上宣读并在县广播站播放讲话录音；以“父老乡亲，我们来了”为题代表新下乡青年在欢迎仪式上脱稿讲话。

1977 年 8 月（下乡插队时），散文《铁青年》《铲穷》《躺在垄沟里想象》分别发表在《黑龙江日报》《嫩江日报》副刊上。

1977 年 11 月，创作《我的老师》《站在毛主席遗像前》《当我填写报考志愿的时候》和《每当我唱起东方红》，被老师当作范文向学生讲解。

1979 年 2 月（在湖北当新兵时），《向地下“银行”进军》《地主的女儿》在《基建工兵报》发表。

1980 年 3 月（当兵时），散文《栽富根》，通讯《一龙一虎四朵花》《一个新兵的脚印》、消息《黄金部队在阿木尔发现一金矿》发表在《黑龙江日报》头版和副刊上。

1981 年 9 月（当兵时），散文《大兴安岭所蕴育的》、消息《去年受处分今年荣立三等功》发表在《解放军报》头版和副刊上。

1982 年元旦，以“笑迎一轮红日”为题撰稿并主持支队文艺晚会。

1982 年（读大学时），散文《兴安岭趣闻》《深山铁脚》，散文诗《毅力》，报告文学《铁脚踏破万重难》《勘探祖国的富强》《走过高高的兴安岭》《八道卡上的一块黄金》，小说《深山赶猪》分别发表在《黑龙江青年》和《解放军报》上。

1983 年 5 月（在黑龙江大学读书时），以“时代的双手在拉着我们向前走”为题在新年联欢会上演讲；以“要艺术还是要思想”为主题在文学评论会上发言；以“人活着”为主题在黑龙江大学哲学系组织的演讲会上演讲；以“谈陆琴芳的形象”为题在文学评论会上发言。

1984 年 11 月，在总队演讲大会上以“义务、责任和黄金”为题发表演讲。

1986 年 7 月，在北京黄金指挥部、冶金部、国家机关工委以“大兴安岭之行”为题发表演讲。

1986 年（任干事时），报告文学《他和黄金》发表在《人民武警报》上。

1988 年（任指导员时），短篇小说《灵魂的哈哈镜》《太阳绝不是月亮》发表在《新青年》上。

1990 年 8 月，以“一块纯金”为题在总队发表演讲。

1991 年 7 月，以“信念之根”为题在总队演讲。

1991 年 12 月（任教导员时），报告文学《黄金般的史诗》由吉林人民出版社出版。

1992 年 8 月（任干部处长时），报告文学集《黄金部队的赞歌》由金盾出版社出版。

1993 年 10 月（任干部处长时），散文集《托着灿烂的梦》由春风文艺出版社出版。

1994 年 2 月至 10 月（任干部处长时），创作 350 篇随笔，结集印刷《敢问大写的人》和报告文学集《黄金部队》。

1997 年 6 月（任总队医院政委、党委书记时），报告文学《黄金魂》由黑龙江人民出版社出版。

同月，黑龙江人民出版社、哈市作协、武警黄金总队政治部举办《黄金魂》研讨会，评价很高。

1998 年 3 月（任武警指挥学校副政委时），长篇小说《山野人生》、长篇随笔《实话实说——关于婚恋、家庭的随想》由黑龙江人民出版社出版。

1998 年 5 月 4 日，以“让信念的双手托起希望的太阳”为题在武警哈尔滨指挥学校全校师生大会上发表演讲。

1998 年 6 月，在学员队以“想象与诗”为题作文学讲座。

1998 年 11 月（任武警指挥学校副政委时），报告文学《橄榄绿防线》由解放军文艺出版社出版发行。

1999 年 8 月（任武警指挥学校副政委时），报告文学集《忠诚铸丰碑》由哈尔滨出版社出版；为歌曲《太阳 · 国旗 · 哨位》作词并播出。

2000 年 11 月（任武警指挥学校副政委时），长篇小说《守望灵魂》由中国青年出版社出版；撰写《警官的摇篮》《更有新厦护摇篮》电视专题片解说词；担任“红肩章的汇报”文艺晚会总撰稿；为《学员之歌》作词。

2000 年 12 月（任武警指挥学校副政委时），随笔《著书的苦乐》发表在《解放军报》上。

2001 年 3 月（任武警指挥学校副政委时），长篇随笔《叩问灵魂》由黑龙江人民出版社出版。

2001 年 7 月，为武警黑龙江省总队千人唱党文艺演出撰稿。

2001 年 9 月，在总队团以上干部培训班上以“做学者型同时又能统班子的儒将——在学海涵育中培基远行”为题进行大会发言。

2001 年 11 月（任武警指挥学校副政委时），长篇小说《山远人远》由中国文联出版社出版。

2001 年 12 月（任武警指挥学校副政委时），论文《浅论新诗的诗美流向》《“自省、慎独”三题》、散文《把太阳迎进祖国》《选择》《想象与诗》《大海》分别发表在《北方论丛》《知识文库》《学理论》《人民武警报》上。

2002 年 11 月（任武警指挥学校副政委时），长篇纪实文学《有血的山》《阳光下，与时俱进的爱》《大写的忠诚》，长篇随笔《叩问诗人》《叩问爱情》，长篇小说《小屋》分别由黑龙江人民出版社出版和人民武警出版社出版。

1999 年至 2002 年，连续四次参加武警部队 10 名作家联席会，接触全国、全军名家；王树增看每人作品半天，交谈半天，他当时正在创作《1901》。

2003年10月（在市委办公厅任综合三处正处级副处长时），随笔《闲窗碎语》《业余的内涵》《追求的格调》《有为才能有位》《论机关干部的道德建设》等分别发表在《哈尔滨日报》和《学理论》杂志上。

2004年12月至2005年1月（在松北区任宣传部长时），任电视专题片《走进松北》总撰稿。

2005年1月（在松北区任宣传部长时），《走进松北，难忘松北》在《哈尔滨日报》发表。

2005年5月（在松北区任宣传部长时），为《塑造大松北》专题片撰稿。

2005年1月至5月（在松北区任宣传部长时），演讲稿《我骄傲，我是松北人》《松北魂》，分别在两次大会上演讲。

2005年5月（在松北区任宣传部长时），报告文学《大气熔铸松北魂》分别发表在《黑龙江日报》《哈尔滨日报》《学理论》杂志和香港《文汇报》《大公报》上。

2005年6月（在松北区任宣传部长时），创作出版作品选《上善若水》，由解放军文艺出版社出版发行。

2006年1月（在松北区任宣传部长时），报告文学《松北：一江居中，两地繁荣的世纪之作》分别发表在《黑龙江日报》《哈尔滨日报》上。

2006年5月（在松北区任宣传部长时），报告文学《大气塑造新松北》分别发表在《黑龙江日报》《哈尔滨日报》上。

2006年6月（在松北区任宣传部长时），长篇探索报告《盛于久远》、作品选《行于心田》分别由中国社会科学出版社、解放军文艺出版社出版。

2007年6月黑龙江省作家协会、哈尔滨市作家协会、松北区政府为其举行《盛于久远》——刘继祥作品研讨会，省内名流出席并发言给予真实评价，“刘继祥文化现象”由此得名。

2007年至2013年1月（任松北区首任文化旅游体育局局长时），

创作出版了文学报告《太阳岛传》《“北跃”730天》《冰雪魂》、文化随笔六部《深浅本末》《远近高低》《大小贵贱》《虚实厚薄》《是非曲直》《上下左右》、散文诗《为美而生》《真善美的家园》《静静的湿地》、报告文学《水泣》《金泣》、长篇小说《穷人》《雪火》《心泣》《梦泣》。

2013年7月，长篇小说《心泣》由中国青年出版社出版，并被中国现代文学馆收藏。

2014年，创作文学报告《松北好看——一个城管局长的思与行》。

2015年3月，《刘继祥长篇小说选》由北方文艺出版社出版。

2007年至2015年，在大学、中学、机关、企业讲座或演讲，一次比一次厚实和生动。

其中《大兴安岭所蕴育的》获《解放军报》优秀散文一等奖；《黄金魂》《穷人》获哈尔滨天鹅文艺奖二等奖、优秀图书奖；《黄金部队的赞歌》列为部队传统教育教材；《山野人生》获第三届“武警文艺奖”二等奖，哈尔滨市作家协会优秀作品一等奖；《守望灵魂》、歌曲《太阳·国旗·哨位》《学员之歌》（以上两首由刘继祥作词、仲军作曲）获第四届“武警文艺奖”二等奖；《叩问灵魂》《叩问爱情》获第五届“武警文艺奖”一等奖；《“自省、慎独”三题》《在明志与修养中升华素质》分获“中国人文理论”作品一等奖；《人活着》获黑龙江大学演讲比赛一等奖；《大兴安岭之行》获国家机关工委演讲比赛一等奖。